DES CONSÉQUENCES

DES CONDAMNATIONS PÉNALES.

CORBEIL, IMPRIMERIE DE CRÉTÉ.

DES CONSÉQUENCES

DES

CONDAMNATIONS PÉNALES

RELATIVEMENT

A LA CAPACITÉ DES PERSONNES

PAR

M. J. HANIN,

DOCTEUR EN DROIT, AVOCAT A LA COUR ROYALE DE PARIS.

CE MÉMOIRE A OBTENU LE SECOND PRIX DE DOCTORAT DANS LE CONCOURS DE 1845,

PRÈS LA FACULTÉ DE DROIT DE PARIS.

« Distinctio pœnarum ex delicto.
« TACITE, *Germania*, n° 12. »

« Dans un État modéré un bon législateur
« s'attachera moins à punir les crimes qu'à les
« prévenir; il s'appliquera plus à donner des
« mœurs qu'à infliger des supplices.
« MONTESQUIEU, *Esprit des lois*, l. 6, ch. 9. »

PARIS

JOUBERT, LIBRAIRE DE LA COUR DE CASSATION,

RUE DES GRÉS, 14, PRÈS DE L'ÉCOLE DE DROIT.

1848

PRÉFACE.

S'il est une matière où se révèle d'une manière frappante la perfectibilité de l'humanité, c'est certainement la législation pénale. A chaque changement de constitution politique vient s'adapter une modification dans le droit criminel, et en en examinant la série on reconnaît un progrès constant et en quelque sorte régulier.

Ainsi, quant au droit pénal proprement dit, la peine n'existe pas d'abord en France. C'est la période de la vengeance privée pendant laquelle chacun se rend justice à soi-même. Au rachat volontaire succède bientôt la composition forcée. La vengeance publique, ensuite, édicte des peines d'une sévérité inouïe, car alors la société oppose la force physique à la force physique. Enfin paraît une ère nouvelle donnant raison à l'auteur de l'*Esprit des lois* quand il dit que les peines diminuent à mesure qu'on s'approche de la liberté. Dans la législation actuelle les supplices ont donc disparu, les peines sont personnelles, et la proportion est mieux gardée entre le délit et la pénalité qui l'atteint.

Ce progrès est plus frappant encore dans la procédure criminelle. Aux tribunaux féodaux ont succédé les juridictions royales et à leur tête les parlements, pour faire place à leur tour au jury devenu le juge ordinaire des affaires criminelles. La procédure secrète et inquisitoriale est remplacée par des débats publics avec libre défense des accusés. Ce n'est plus à l'accusé à prouver son innocence, mais à l'accusateur à démontrer la culpabilité. Les épreuves, le duel judiciaire, la torture, tous ces modes de preuves des temps d'ignorance et de superstition, sont tombés dans l'oubli. La preuve testimoniale reste seule pour arriver à la découverte des coupables.

Comment se fait-il que sur un point spécial

du droit criminel on soit demeuré stationnaire ?
Pourquoi les législateurs modernes, lorsqu'ils
ont eu à apprécier et à déterminer les incapacités produites par les condamnations pénales,
sont-ils restés les esclaves des anciennes idées ?
Il n'entre pas dans notre plan de résoudre ces
questions. Constatons seulement ce fait que la
mort civile et ses conséquences souvent injustes,
la dégradation civique et ses prohibitions multi-
ples et perpétuelles, démentent cette loi du progrès dont on retrouve les traces évidentes dans
les autres parties de la loi pénale à laquelle nous
sommes actuellement soumis.

Si l'examen des effets de cette partie de notre
droit criminel pouvait convaincre de la nécessité comme de la justice d'une prompte réforme
en cette matière, l'utilité d'un tel travail serait
par cela seul incontestable. Quant à nous, l'étude
spéciale que nous en avons faite nous a donné
cette conviction, et nous nous estimerions heu-
reux si la lecture de cet ouvrage inspirait la même
opinion à tous ceux sous les yeux desquels il
pourra tomber.

Qu'il nous soit donc permis d'espérer la réa-
lisation prochaine du vœu des Chambres législa-

tives exprimé en 1832, c'est-à-dire l'abolition de la mort civile, peine accessoire profondément contraire aux principes de la morale, et son remplacement par une disposition destinée à donner les moyens de veiller à la bonne administration des biens du condamné, comme dans l'interdiction légale, tout en s'occupant aussi de pourvoir aux besoins de sa famille pendant la durée de la peine. Nous désirerions encore voir apporter des modifications sensibles dans les résultats et surtout dans l'application de la dégradation civique. Trop générale maintenant elle n'est juste qu'en quelques points, et peut même préjudicier aux droits des tiers en dispensant le condamné de remplir certaines obligations auxquelles il eût été tenu sans la condamnation. Ces réformes, mais principalement la première, feraient cesser l'anomalie qui existe par rapport à ces matières entre la loi et les idées suggérées par la justice et la raison.

DES CONSÉQUENCES

DES

CONDAMNATIONS PÉNALES

RELATIVEMENT

A LA CAPACITÉ DES PERSONNES.

---

1. La sociabilité est un des devoirs et un des droits de l'homme, être essentiellement faible, intelligent, libre, moral et social. Or, la société ne peut exister si, une fois constituée par une réunion d'hommes, il ne se rencontre pas pour la protéger des lois et un pouvoir social. Pour maintenir l'ordre social, ce pouvoir a besoin de moyens; il y a droit, puisque l'existence même de la société y est intéressée.

Parmi ces moyens, dont la légitimité n'est possible que si, conformes à la loi morale, ils sont proportionnés à l'utilité que doit en retirer la société, se trouve au sommet de l'échelle la peine, c'est-à-dire la rétribution du mal pour le mal faite par un juge légitime (1).

2. A Rome comme en France le législateur trouva dans la privation plus ou moins complète de la capacité des personnes une source féconde de pénalités, dont il pouvait tirer profit, mais à laquelle il aurait fallu, et c'est ce qu'il n'a pas fait, puiser avec mesure et discernement, dans la crainte de frapper moins le coupable que les innocents, et d'empêcher le condamné, au lieu de lui interdire certains droits, d'accomplir des devoirs et de rendre des services.

Quoi qu'il en soit, les condamnations pénales ont

(1) Ce n'est pas ici le lieu d'examiner d'une manière approfondie les théories des criminalistes sur la légitimité de la peine appliquée au nom de la société à l'auteur d'un acte qualifié *délit* par les lois pénales. Il suffit de rappeler les systèmes principaux des philosophes sur cette importante question. Puffendorf, J. J. Rousseau, Montesquieu, Beccaria, prenant l'homme à l'état d'isolement, fondent leur théorie sur le contrat social, par lequel les hommes pour vivre en société, auraient aliéné une partie de leurs droits, en investissant la société du droit de punir. Romagnosi et Fuerbach se basent sur le principe de la légitime défense pour la société. Bentham trouve l'origine philosophique du droit de punir dans son utilité. Kant, au contraire, mettant la société à la place de Dieu, lui reconnaît le droit de distribuer le mal pour le mal, le bien pour le bien, d'après les lois de justice absolue. Enfin un dernier système, parmi les partisans duquel on remarque MM. Guizot et Rossi, tient compte de l'élément moral et de l'élément matériel, et ne légitime la peine que quand elle atteint un acte tout à la fois contraire à la justice éternelle et nuisible à la société.

de tout temps influé plus ou moins, selon la gravité de la peine, sur la capacité des coupables, et c'est cette influence que nous nous proposons d'étudier tant en droit romain qu'en droit français.

5. Quatre parties bien distinctes se présentent dans cette recherche. Il est d'abord nécessaire de bien préciser quelles peines entraînent avec elles comme conséquence de la condamnation une incapacité plus ou moins étendue; puis il faut examiner à quel moment commence cette incapacité, voir ensuite en quoi elle consiste dans toutes ses variétés, et enfin rechercher si elle peut cesser, et quels sont les effets produits par la réintégration du condamné.

PREMIÈRE PARTIE.

DROIT ROMAIN.

CHAPITRE I.

4. Les jurisconsultes romains nous font connaître les peines en usage de leur temps.

Dans l'enfance de la république, sous la loi des
Douze Tables comme dans toute société qui naît, les
peines eurent un caractère privé plutôt que public.
L'intérêt individuel prédominait alors sur l'intérêt
social peu respecté encore. La rançon ou composition pécuniaire fut un moyen de répression des
délits fréquemment usité. Si cependant certains
faits coupables étaient jugés dignes de mériter une
peine publique, elle apparaissait avec toute la rigueur d'une pénalité barbare. On prodiguait, à
cette époque, la peine de mort, le saut de la Roche Tarpéienne, le supplice du feu. Dans cette pé-

riode la superstition était encore toute-puissante, aussi vit-on figurer parmi les peines le dévouement aux Dieux.

5. Le système des questions perpétuelles introduites d'abord pour certains crimes contre la société (1), étendues ensuite à des crimes contre les particuliers (2), donna plus de fixité à la législation pénale en déterminant le délit, la peine et la procédure pour les faits prévus et régis par chacune d'elles. Mais les peines restèrent toujours violentes et cruelles, bien que des adoucissements eussent été apportés à cette époque dans le droit criminel.

6. Après un retour vers la sévérité, et l'abandon des questions perpétuelles au moins quant à la procédure, les peines appliquées sous Justinien étaient : la mort, avec ses différents noms suivant le mode employé pour infliger le dernier supplice (3) ; le combat des bêtes ; le travail plus ou

(1) Pour le crime de concussion, an 605 de Rome, an 149 avant J. C. ; pour le crime de brigue, an 635 de Rome, an 119 avant J. C. ; pour le crime de détournement de deniers publics, an 635 de Rome, an 119 avant J. C. ; pour le crime de lèse-nation, an 652 de Rome, an 102 avant J. C. — Voët, l. XLVIII, t. 1, § 1.

(2) Pour le crime de faux, an 673 de Rome, an 81 avant J. C. ; pour le crime d'homicide, an 672 de Rome, an 81 avant J. C., etc., etc.

(3) *Crux* remplacée par *furca* d'après une constitution de Justinien, *crematio, decollatio.* — Paul, Sent., l. V, t. 17, § 3. — Cujas, Sent. ; Paul, l. V, t. 17. — Voët, l. XLVIII, t. 19, § 2.

moins rigoureux dans les mines (1) ; la déportation, remplaçant d'après une loi d'Auguste l'interdiction de l'eau et du feu (2) ; la relégation, l'exil,
le travail public, la punition corporelle du fouet ou
du bâton, l'amende avec infamie, la perte des dignités, et enfin la privation de quelque faculté (3).

7. Toutes ces peines étaient divisées en deux
grandes classes. Les unes étaient capitales, les autres ne l'étaient pas. En termes différents, les unes
privaient le condamné de la vie, de la liberté ou au
moins de la cité ; les autres n'atteignaient ni l'existence du coupable, ni ses droits d'homme libre, ni
ses droits de citoyen (4).

8. Parmi les peines capitales se rangeaient la
mort naturelle, le combat des bêtes, le travail des
mines, l'interdiction de l'eau et du feu tant qu'elle
fut usitée, et la déportation dès qu'elle eut pris sa
place. Toutes les autres peines, quelles qu'elles fussent, ne rentraient pas dans la classe des peines
capitales (5).

(1) *In metallum, et in opus metalli.* — Ulpien, D. 48, 19, 8. —
Voët, l. XLVIII, t. 19, § 2.

(2) Callistrate, D. 50, 13, 5, § 3. — Cujas, Obs., l. 6, ch. 9.

(3) Paul, Sent., l. V, t. 17, § 3. — Ulpien, D. 48, 19, 6, § 2, et
48, 19, 8. — Callistrate, D. 48, 19, 28, P et § 1 ; et 48, 19, 7.

(4) Inst. Just., 4, 18, 2. — Ulpien, D. 48, 19, 2, P. — Paul, D.
48, 1, 2. — Callistrate, D. 48, 19, 28, P et § 1. — Modestin, D. 50,
16, 103. — Voët, l. XLVIII, t. 19, § 2.

(5) Ulpien, D. 48, 19, 2, P. — Paul, D. 48, 1, 2. — Callistrate,
D. 48, 19, 28, P et § 1.

La condamnation à la peine de mort, dont l'exécution amenait l'extinction de la vie naturelle, privait des droits de cité et de liberté celui qui en était frappé (1). La condamnation aux mines ou aux bêtes, jusqu'à Justinien, enlevait au condamné ses droits de citoyen et d'homme libre en entraînant *la maxima capitis deminutio* (2).

Après l'interdiction de l'eau et du feu ou la déportation, et après la condamnation aux mines et aux bêtes depuis l'innovation introduite par la législation des Novelles (3), le condamné subissait *la media capitis deminutio* et perdait les droits de cité (4).

9. Les peines capitales avaient donc une influence considérable sur la capacité des condamnés. Mais toutes, il faut le remarquer, étaient perpétuelles. La condamnation au travail des mines, en effet, dut toujours être perpétuelle pour entraîner l'esclavage ou même la privation du droit de cité (5), et la déportation ne fut jamais temporaire à Rome (6).

(1) Gaïus, D. 48, 19, 29.

(2) Inst. Just., 1, 12, 4 et 3, et 1. 16, 1. — Ulpien, D. 48, 19, 8, § 12.

(3) Nov. Just., 22, ch. 8.

(4) Inst. Just., 1, XII, 1. — Ulpien, D. 48, 22, 6, P.

(5) Ulpien, D. 48, 19, 8, § 8. — Callistrate, D. 48, 19, 28, § 6. — Cujas, Obs., 1. VI, ch. 25.

(6) Pomponius, D, 48, 22, 18, § 1. — Voët, 1. XLVIII, ch. 22, § 4.

10. Les peines non capitales, au contraire, qu'elles fussent perpétuelles ou temporaires (1), en principe n'altéraient en rien les droits de liberté ou de cité du condamné. Mais quelques-unes cependant pouvaient, dans certains cas spéciaux, en le rendant infâme, l'atteindre dans sa capacité.

11. Pour conserver intacts leurs droits dans l'ordre public comme dans l'ordre privé, les Romains devaient jouir de la considération appelée *existimatio,* qui n'était autre chose que l'estime du citoyen fondée sur la loi et sur les mœurs (2).

La considération était détruite entièrement par une condamnation à une peine capitale (3). Quant aux autres peines, elles rendaient infâme, et, d'après l'expression de Varron (4), notaient comme ignominieux, dans deux circonstances seulement (5) : lorsqu'elles étaient le résultat

(1) La relégation pouvait être perpétuelle ou temporaire. — Cujas, D. 1. XLVIII, t. 22.

(2) Callistrate, D. 50, 13, 5, § 1.

(3) Callistrate, D. 50, 13, 5, § 3.

(4) Cujas, D. 1. IX, t. 5.

(5) Primitivement en fut-il ainsi? Le préteur a exposé dans son édit les divers cas d'infamie, et quant à ceux qui tirent leur origine d'une condamnation pénale, nous ne les y voyons pas figurer d'une manière aussi générale. A cette époque, il est parlé des *crimina extraordinaria* lorsque la condamnation privée était également infamante, ainsi pour le vol, l'injure, le vol de biens avec violence. On peut ajouter le stellionat, l'usure (Diocl. et Max., C. 2, 12, 20), etc. Mais pour les *judicia publica,* il n'est question

d'une procédure publique ou *judicium publicum* (1), nom donné aux procédures réglées par une loi spéciale définissant le crime et déterminant la peine ; ou lorsqu'elles étaient prononcées pour un de ces délits qui, n'ayant pas été l'objet d'une loi particulière, étaient toujours restés soumis à l'arbitraire le plus complet dans la pénalité et la procédure appelée *judicium extra ordinem*, quand il s'agissait en outre d'un fait pour lequel une condamnation privée était également infamante (2).

12. Bien que le mode de poursuite et la composition du tribunal, chargé primitivement de prononcer sur l'accusation dans les *judicia publica*, eussent disparu depuis longtemps (3), ils avaient conservé, sous Justinien, leur pénalité et leur nom par cela seul que chacun d'eux avait été réglementé par une loi particulière.

dans l'édit, par rapport à la naissance de l'infamie, que des condamnations pour calomnie et prévarication (Julien, D. 3, 2, 1). Un décret du sénat attacha l'infamie à la condamnation pour violence privée (Marcien, D. 48, 7, 1, P). Ensuite ce fut la conséquence de toute peine capitale, et finalement de tout *judicium publicum* lorsqu'il amenait la prononciation d'une peine (Macer, D. 48, 1. 7. — Paul. D. 17, 2, 50). On n'arriva donc à ce point que par degrés. — M. de Savigny, *Traité de droit romain*, t. II, ch. 2, § 77.

(1) Doneau, l. XVIII, ch. 8. — Macer, D. 48, 1, 7. — Voët, l. XLVI, t. 1, § 2.

(2) Macer, D. 48, 1, 7. — Voët, l. III, t. 2, § 1.

(3) Paul. D. 48, 1, 8. — Macer, D. 48, 1, 1.

Parmi les crimes de cette catégorie on peut citer : ceux de lèse-majesté (1), d'adultère et de séduction sans violence (2), de violence publique et de violence privée (3), de meurtre et d'empoisonnement (4), de parricide (5), de faux (6), de concussion (7), de péculat (8), de brigue (9), de coalition pour augmenter le prix des grains (10), de rétention de deniers publics (11), de plagiat ou rétention d'un citoyen (12).

13. Les crimes, dont la procédure était extraordinaire puisqu'ils n'avaient pas été l'objet d'une loi spéciale, étaient innombrables, et parmi eux on remarquait le vol, le pillage, l'enlèvement des bestiaux, le vol avec violence, le stellionat, l'ef-

---

(1) Loi *Julia majestatis*. — D. 48, 4. — Inst. Just., 4, 18, 3.

(2) Loi *Julia de adulteriis*. — D. 48, 5. — Inst. Just., 4, 18, 4.

(3) Loi *Julia de vi publica aut privata*. — D. 48, 6 et 7. — Inst. Just., 4, 18, 8.

(4) Loi *Cornelia de sicariis et veneficiis*. — D. 48, 8. — Inst. Just., 4, 18, 5.

(5) Loi *Pompeia de parricidiis*. — D. 48, 9. — Inst. Just., 4, 18, 6.

(6) Loi *Cornelia de falsis*. — D. 48, 10. — Inst. Just., 4, 18, 7.

(7) Loi *Julia repetundarum*. — D. 48, 11. — Inst. Just,, 4, 18, 11.

(8) Loi *Julia peculatus*. — D. 48, 13. — Inst. Just., 4, 18, 9.

(9) Loi *Julia ambitus*. — D. 48, 14. — Inst. Just., 4, 18, 11.

(10) Loi *Julia de annona*. — D. 48, 12, — Inst. Just., 4, 18, 11.

(11) Loi *Julia de residuis*. — Inst. Just., 4, 18, 11.

(12) Loi *Fabia de plagiariis*. — D. 48, 15. — Inst. Just., 4, 18, 10.

fraction, le changement de bornes, la prévarication et l'injure (1).

Si donc le fait, pour lequel on était poursuivi par une action publique *extra ordinem,* était un de ceux dont l'action privée avait pour conséquence nécessaire et directe de produire l'infamie, comme le vol, la violence, l'injure, la calomnie ou fausse accusation, la condamnation criminelle amenait le même résultat (2).

14. En résumé, dans le droit de Rome, en mettant de côté la peine de mort, par suite de laquelle le condamné, outre qu'il encourait la perte de la vie, se trouvait, quant aux actes antérieurs, dans la même position que l'esclave de la peine, les condamnations pénales jusqu'aux Novelles, plaçaient généralement le coupable dans l'une ou l'autre des trois situations suivantes. Elles en faisaient un esclave de la peine, le privaient de la cité sans lui faire perdre la liberté, ou le rendaient infâme en lui laissant la liberté et les droits de cité. Or, ces condamnations altéraient plus ou moins gravement la capacité du criminel atteint par la loi pénale.

Depuis la suppression de l'esclavage de la peine,

______

(1) Cujas, Observat., l. VIII, ch. 33. — Voët, l. XLVII, t. 11, § 1.

(2) Papinien, D. 22, 5, 13. — Macer, D. 48, 1, 7.

depuis qu'aucune condamnation n'eut plus pour effet de produire la perte de la liberté, deux catégories restèrent seules ; celle des peines emportant la privation des droits de citoyen, et celle des peines donnant naissance à l'infamie. Quant aux peines trop peu graves pour être classées parmi les peines infamantes, nous n'avons pas à nous en occuper, car elles laissaient intacte la capacité du condamné (1).

(1) Toutefois le juge pouvait prononcer les peines nommées *dignitatis aliqua depositio, alicujus actus prohibitio*. Ces peines, on le voit, engendraient encore des incapacités toutes spéciales mais dépendant entièrement de la volonté du juge. En d'autres termes, les incapacités formaient la peine principale, et ici nous ne nous occupons, à proprement parler, que des incapacités peines accessoires d'une condamnation à une peine principale.

CHAPITRE II.

**DU MOMENT OU COMMENCE L'ALTÉRATION DE LA CAPACITÉ
DES CONDAMNÉS.**

15. Un fait criminel ayant été commis, l'auteur
du délit, une fois connu, est accusé et poursuivi.
Sur cette accusation intervient une sentence rendue par le juge institué pour connaître des affaires criminelles, puis l'arrêt, porté ensuite à la
connaissance de l'accusé par la prononciation de
la condamnation, est mis à exécution. Tel est l'en-
chaînement des faits, se succédant les uns aux
autres, qui peuvent se classer en cinq périodes
différentes partant : de la perpétration du crime
jusqu'à l'accusation, de l'accusation jusqu'à la
sentence, de la condamnation jusqu'à sa prononciation, de la prononciation de l'arrêt jusqu'à son
exécution, de l'exécution enfin, sauf pour la peine
de mort, jusqu'à la mort du condamné.

L'état du coupable subissait-il quelque modification dans chacune de ces cinq périodes ?

16. Avant tout apparaît un principe incontestable de la procédure des Romains. Ouverte à tous les

citoyens (1), sauf quelques exceptions, l'accusation était facile. Il fallait donc y mettre un frein pour prévenir les abus qu'un tel système n'aurait pas manqué d'introduire. Ce frein on le chercha dans la crainte de la peine dont on frappait l'accusateur convaincu de calomnie ou fausse accusation (2).

Cette garantie néanmoins eût été insuffisante dans bien des cas, si les jurisconsultes n'avaient pas proclamé cette règle qu'un absent ne pouvait être condamné à une peine capitale ou afflictive (3).

17. Ainsi, le droit romain ne reconnaissait aucune condamnation grave et altérant l'état des personnes par contumace (4). Comme il fallait cependant craindre un autre abus, celui de permettre par la fuite d'éviter les conséquences de l'acte criminel dont on s'était rendu coupable, on annotait les biens du fugitif (5), en les mettant sous le séquestre pendant un an.

Si dans cet intervalle le contumax se représentait, ses biens lui étaient rendus avec les fruits recueillis depuis l'annotation (6), et on procédait contre lui comme s'il eût toujours été présent. S'il

(1) Inst. Just., 4, 18, 1.
(2) Marcien, D. 48, 16, 1.
(3) Marcien, D. 48, 17, 1, § 1.
(4) Marcien, D. 48, 17, 1, P.
(5) Marcien, D, 48, 17, 1, § 1. — Antonin, C. IX, 40, 1,
(6) Marcien, D. 48, 17, 1, § 4. — Modestin, D. 48, 17, 5, § 2.

mourait avant l'expiration de ce délai de grâce, ses héritiers lui succédaient suivant les règles ordinaires, sauf le cas où il s'agissait d'un crime à raison duquel la mémoire du coupable était poursuivie.

Mais quand ce laps d'un an s'était écoulé sans représentation du fugitif, les biens annotés étaient confisqués au profit du fisc, et définitivement perdus pour l'absent (1), lors même qu'à son retour il parvenait à démontrer son innocence et à se faire absoudre de l'accusation portée contre lui (2).

18. Sous l'empire des Novelles, les mêmes principes étaient restés en vigueur (3), bien que l'une d'entre elles ait pu faire naître quelque doute (4). Bien entendue en effet, elle ne contredisait pas les anciens usages, mais permettait seulement, et ce n'était pas même une innovation de Justinien (5), de prononcer des condamnations pécu-

______

(1) Marcien, D. 48, 17, 1, § 3. — Modestin, D. 48, 17, 5, P. — Macer, D. 48, 17, 2, P.

(2) Constantin, C. IX, 40, 1.

(3) La Novelle 112, ch. 3, de Justinien ne s'occupe que des matières civiles.

(4) Nov. Just., 69, 3, qui s'occupe évidemment de matières criminelles.

(5) En effet, les condamnations capitales et afflictives étaient seules défendues. D. 48, 17, 1, § 1. — Richer, *Traité de la mort civile*, part. 2, l. II, ch. 1.

niaires contre les absents, parce que les riches avaient pris l'habitude de ne pas réparer les dommages causés par leurs délits envers les pauvres, et d'éviter, en quittant le lieu où ils avaient été commis, une condamnation que les victimes ne pouvaient aller demander ailleurs par crainte des frais et des lenteurs d'un déplacement. Il ne s'agissait donc pas de crimes capitaux, mais de simples condamnations à des réparations pécuniaires. Une Novelle de Léon, en reproduisant la disposition de Justinien, n'a même parlé que d'actions civiles (1).

19. Pendant l'année de grâce accordée au contumax, et aussi pendant le temps, quelque long qu'il fût, écoulé depuis la confiscation des biens jusqu'à la représentation ou la mort de l'accusé, l'état de celui qui avait fui devant une condamnation ne souffrait aucune modification. Il ne devenait pas infâme, et conservait ses droits de citoyen. Une loi nous en donne une preuve évidente, en nous avertissant que le contumax pouvait usucaper ses propres biens sur le fisc, si celui-ci était resté vingt ans depuis l'annotation sans se mettre en possession (2). Or, l'usucapion est un

____

(1) Léon, Nov. 108.
(2) Macer, D. 48, 17, 2, § 1. — Macer, D. 48, 17, 4, § 1.

droit civil, réservé aux citoyens seuls capables d'acquérir le domaine Quiritaire.

Ainsi, aucune incapacité ne frappait l'accusé pendant la durée de son absence, même quand elle était volontaire. Seulement ses biens étaient séquestrés, et l'on devait faire en sorte, afin de ne pas faciliter sa fuite, ajoutait un jurisconsulte (1), que les débiteurs du contumax ne pussent payer leurs dettes entre ses mains.

20. Ces décisions étant hors de doute, il ne peut plus être question que d'une condamnation contradictoire. Mais la *maxima* ou la *media capitis deminutio*, mots dont nous renonçons à donner la traduction (2), et l'infamie étaient-elles encourues

(1) Modestin, D. 48, 17, 5, § 3.

(2) Cette expression de *capitis deminutio* est, en effet, intraduisible. On ne peut dire diminution de tête, car ces mots n'ont pas dans notre langue un sens se rapprochant quelque peu de l'idée que les Romains voulaient exprimer. On ne peut dire changement d'état, car tout changement d'état n'est pas une *capitis deminutio*, ainsi pour l'esclave qui devient libre, pour le fils qui devient *sui juris*. On ne peut dire non plus déchéance d'état, parce qu'on semble indiquer le passage dans une position inférieure, et que si cela se présente en fait dans la *capitis deminutio maxima et media*, il n'en est pas de même dans la *minima*. — Quant à l'étymologie de cette expression, nous ne pouvons adopter l'opinion d'Hottoman, Vinnius et Heineccius, quelque ingénieuse qu'elle soit. Par la *deminutio capitis*, disent-ils, la classe des hommes libres, celle des citoyens, ou la famille, perdent un membre, une tête; de sorte que primitivement l'expression de *deminutio* s'entendait de la classe. Plus tard, par une transposition d'idée, on l'aurait appliquée à l'individu. Nous croyons plutôt que la collection des droits de liberté,

par suite de la perpétration de l'acte criminel,
ou de l'accusation, ou de la condamnation, ou de
la prononciation de la sentence, ou seulement de
son exécution ?

21. Conséquence d'une condamnation. Ce nouvel état ne pouvait évidemment dériver d'un fait antérieur. Si donc un accusé était décédé avant la condamnation, les actes faits par lui étaient en général valables, son testament produisait tous ses effets (1), et s'il mourait ab intestat ses héritiers arrivaient à sa succession (2), sauf en cas de suicide inspiré par le délit (3).

22. La condamnation à une peine capitale n'avait pas d'effet rétroactif (4), excepté dans deux cas tout spéciaux où l'incapacité remontait au jour du délit, de telle façon que tous les actes postérieurs à cette époque étaient anéantis (5). Cette rétroactivité exceptionnelle avait lieu quand il s'agissait de crimes pour lesquels on poursui-

---

de cité et de famille, s'appelait *caput*, et que dès lors on devait appeler *deminutio capitis* la perte de l'un quelconque de ces droits, car alors le *caput* était véritablement diminué.

(1) Marcien, D. 28, 1, 13, § 2. — Domat, *Lois civiles*, part. 2, L. III, t. 1, sect. 2, § 14.

(2) Macer, D. 48, 21, 2, § 1.— Paul, D. 49, 14, 45, § 1.— Jousse, *Traité de la justice criminelle*, part. 1, t. 3, ch. 2, sect. 1, art. VI. § 1, n° 148.

(3) Paul, D. 49, 14, 45, § 2.

(4) Ulpien, D. 32, 1, § 3.

(5) Papinien, D. 39, 5, 31, § 4. — Ulpien, D. 48, 4, 11.

vait la mémoire du coupable, crimes qui, non éteints par la mort de leur auteur, se réduisaient à deux, celui de lèse-majesté au premier chef ou *perduellio* (1), et celui de concussion (2). Sauf dans ces deux cas, aucune condamnation criminelle ne pouvait avoir lieu après la mort de l'auteur du fait incriminé (3), et lorsqu'elle était prononcée pendant sa vie, ses effets quant à la *deminutio capitis* et à l'infamie ne rétroagissaient ni au jour de la perpétration du crime, ni à celui de l'accusation.

23. Toutefois était-ce l'époque de la condamnation, ou celle de la prononciation de la sentence, ou même celle de l'exécution qu'il fallait considérer? Les Romains ne s'attachaient pas à l'exécution. C'est un point hors de discussion. Souvent il arrivait, surtout dans la condamnation aux bêtes, que le supplice était retardé pendant longtemps, sans qu'il y eût cependant le moindre doute sur la situation du condamné relativement à sa capacité. Après une telle condamnation, en effet, il devenait esclave de la peine, bien qu'il n'y eût encore aucune exécution (4).

(1) Guerre au prince ou à l'empire. — Ulpien, D. 48, 4, 11. — Voët, L. XLVI, t. 1, § 2.

(2) Scævola, D. 48, 11, 2. — Modestin, D. 48, 2, 20. — Accurse. — Cujas, *Com. tit. de inj. rupt. ir. fact. test.* Loi *si quis filio.*

(3) Marcien, D. 48, 1, 6. — Paul, D. 48, 19, 20.

(4) Paul, Sent., 5, 17. — Gaius, D. 48, 19, 29. — Cujas, Observat., L. XIII, ch. 10. — Richer, part. 2, L. II, ch. 2, sect. 3.

24. Mais la question, en se resserrant, n'en présentait pas moins un très-grand intérêt pour les héritiers du condamné, si celui-ci par exemple mourait après la condamnation et avant sa prononciation en laissant un testament, car de sa solution dépendait la décision à prendre sur leur aptitude à recueillir l'hérédité testamentaire. Suffisait-il pour opérer l'altération de l'état du coupable qu'il y eût sentence de condamnation? ou ne fallait-il pas de plus qu'elle fût rendue publique par sa prononciation à l'accusé?

Un jugement ne peut avoir d'effet que s'il est connu, or il n'est connu que s'il est prononcé à l'accusé. En l'absence de toute disposition sur la matière, cela seul suffirait pour faire décider en faveur des héritiers dans l'espèce; mais il existe en outre un texte d'après lequel la succession du condamné s'ouvrait au profit de ses héritiers, s'il mourait avant la prononciation de la sentence (1). Ainsi, de cette époque seulement avait commencé l'incapacité; de cette époque la condamnation produisait ses effets légaux sur l'état du coupable (2).

(1) Macer, D. 48, 21, 2, § 1. — Jousse, part. 1, L. III, ch. 2, sect. 1, art. vi, § 1, n° 146.

(2) Ulpien, D. 28, 3, 6, § 6. — Macer, D. 48, 19, 10, § 1. — Richer toutefois fait dater l'incapacité du moment de la condamnation, part. 2, L. II, ch. 2, sect. 3.

25. Cependant le condamné pouvait user d'un droit que lui offrait la loi, et former appel du jugement rendu contre lui. S'il se servait de ce bénéfice tout était suspendu (1), car l'appel anéantissait la condamnation prononcée (2) et par conséquent ses effets.

Le testament de l'accusé s'il mourait pendant l'appel était donc valable (3), à moins qu'il ne fût question d'un délit dont la poursuite n'était pas éteinte par la mort du coupable (4).

Si le condamné vivait assez pour voir confirmer la sentence par le juge supérieur, du moment de la prononciation du nouvel arrêt commençait seulement la *deminutio capitis* ou l'infamie sans rétroactivité (5). C'était du reste controversé parmi les jurisconsultes romains (6).

26. La prononciation de la sentence, ou de l'arrêt de confirmation en cas d'appel, avait seule pour résultat, lorsque la peine était capitale ou infa-

---

(1) Ulpien, D. 28, 3, 6, § 8. — Richer, part. 2, L. II, ch. 2, sect. 2. — Ulpien, D. 49, 7. — Voët, L. III, t. 2, § 6.

(2) Ulpien, D. 48, 19, 2, § 2. — Marcien, D. 48, 16, 1, § 14. — Domat, part. 2, L. I, l. 1, sect. 3, § 36.

(3) Marcien, D. 28, 1, 13, § 2.

(4) Cujas, *Com. tit. de inj. rup. ir. f. test.* Loi *si quis filio.*

(5) Ulpien, D. 3, 2, 6, § 1. — Ulpien, D. 48, 19, 2, § 2. — Marcien, D. 48, 16, 1, § 14. — Voët, L. III, t. 2, § 6.

(6) Ainsi Scævola, D. 26, 57, 7, suppose la rétroactivité au jour de la première sentence. — C'était aussi l'opinion de Jousse, part. 1, t. III, ch. 2, sect. 1, art. vi, § 1, n° 173.

mante, d'enlever la liberté ou la cité, ou de rendre infâme, sans rétroactivité, sauf pour le cas de crimes atroces se poursuivant même après la mort de l'accusé. Mais il faut se demander si, avant que cet effet ne fût produit, l'auteur du crime jouissait d'une capacité entière, ou si, au contraire, quelques facultés ne lui étaient pas interdites. En d'autres termes pouvait-il, s'il mourait, transmettre sa succession testamentaire à ses héritiers institués ou légitimes? Était-il capable dans cet intervalle de recueillir des successions, d'administrer ses biens, ou de les aliéner à titre gratuit ou à titre onéreux?

27. Un des effets de la *deminutio capitis maxima* ou *media* était de rendre *irritum* le testament de celui qui l'encourait (1). Si l'accusé mourait pendant l'instruction ou pendant l'appel de la sentence de condamnation, son testament au contraire était valable (2), en faisant encore abstraction de ces délits dont la poursuite n'était pas éteinte par la mort du coupable. Ces derniers rendaient toujours nul le testament lorsqu'il survenait une condamnation (3).

----

(1) Ulpien, D. 28, 3, 6, §§ 5 et 6.— Cujas, *Com. tit. de inj. rup. ir. f. test.* Loi *si quis filio.*

(2) Ulpien, D. 28, 1, 3. — Marcien, D. 28, 1, 13 § 2.

(3) Modestin, D. 48, 2, 20.

Le suicide même de l'accusé n'annulait pas son testament, s'il avait pour cause le dégoût de la vie, la crainte des dettes, le chagrin, la fureur, ou quelque autre circonstance n'ayant aucun rapport avec le fait criminel pour lequel il était poursuivi. Si, au contraire, le délit, qui devait entraîner une peine capitale, en était la cause principale, on y voyait un aveu du coupable, et le testament, regardé comme non avenu, ne produisait aucun résultat (1).

28. L'accusé d'une peine capitale n'était pas privé des droits accordés aux citoyens avant la prononciation du jugement. Dès lors sa mort arrivée antérieurement à cet événement donnait ouverture à sa succession à laquelle étaient appelés, s'il n'y avait pas de testament, ses héritiers légitimes, à la charge par eux cependant de purger la mémoire du défunt de l'accusation s'il s'agissait du crime de lèse-majesté au premier chef ou de concussion (2). Il en était de même si la mort, postérieure à la sentence de condamnation, avait précédé le prononcé de l'arrêt du juge supérieur auquel le condamné avait soumis la révision

(1) Paul, Sent., 5, 12, § 1. — Ulpien, D. 28, 3, 6, § 7. — Marcien, D. 48, 21, 3. — Paul, D. 49, 14, §§ 1 et 2. — Cujas, *Com. tit. de inj. rup. ir. f. test.* Loi *si quis filio.*

(2) Ulpien, D. 28, 3, 6, § 6. — Paul, D. 49, 14, 45, §§ 1 et 2.

de la première décision au moyen d'un appel (1).

29. Tout accusé était présumé innocent. Jusqu'à ce que la condamnation pénale fût venue lui enlever sa capacité, il fallait donc le reconnaître apte à recueillir les successions, legs et fidéicommis, échus en sa faveur. C'était là une conséquence rigoureuse des principes qu'aucun texte ne contredisait.

30. Évidemment l'accusé pouvait aussi administrer ses biens, et l'on comprendrait difficilement qu'il n'en eût pas été ainsi. Son débiteur se libérait donc envers lui en lui remboursant le montant de sa dette (2). De son côté l'accusé pouvait également payer valablement à son créancier les sommes qu'il lui devait (3), preuve certaine, du reste, que les aliénations nécessaires lui étaient permises.

31. Mais que décider relativement aux aliénations en général, soit à titre gratuit, soit à titre onéreux? L'accusé d'un crime capital était-il capable de faire de tels actes? les anciens commentateurs ont établi sur ce point une controverse assez vive. Une réponse affirmative sur cette ques-

---

(1) Marcien, D. 28, 1, 13, § 2. — Domat, part. 2, L. I, t. 1, sect. 4, § 5.

(2) Papinien, D. 46, 3, 41. — Hermogénien, D. 49, 14, 46, § 6.

(3) Paul, D. 46, 3, 42.

tion nous paraît cependant seule conforme aux principes de la matière. D'ailleurs les jurisconsultes romains confirmaient eux-mêmes cette décision, en déclarant l'accusé capable d'affranchir, sauf dans le cas de lèse-majesté ou de concussion, parce que dans ces crimes, où l'on poursuivait même après la mort du coupable, la condamnation rétroagissait au jour de la perpétration de l'acte criminel (1). S'il pouvait affranchir, il avait la capacité nécessaire pour aliéner, car l'affranchissement n'est pas autre chose qu'une aliénation à titre gratuit au profit de l'affranchi.

La conclusion à tirer de ce principe était celle-ci : s'il s'agissait d'un crime atroce, les aliénations faites par l'accusé depuis le jour où le délit avait été commis tombaient en cas de condamnation, tandis qu'il n'en était·pas ainsi dans tous les autres genres de crimes, même dans ceux qui entraînaient une peine capitale et la confiscation des biens.

32. Cependant tout acte frauduleux, acte d'administration (2), ou acte d'aliénation (3), devait être annulé, et ce nouveau principe venait se combiner avec le précédent. Quand donc le crime

(1) Modestin, D. 48, 2, 20.
(2) Hermogénien, D. 49, 14, 46, § 6.
(3) Paul, D. 49, 14, 45, P.

amenait une condamnation régulièrement prononcée au coupable, si l'aliénation avait été faite par l'accusé en fraude du fisc, elle était considérée comme inhabile à produire quelque effet, lors même que l'accusé avait joui, au moment du contrat, de toute sa capacité. Celle-ci du reste ne pouvait pas être niée à l'instant de l'aliénation, car s'il mourait avant la prononciation de la sentence de condamnation, les actes par lui faits, même depuis l'accusation, étaient valables, puisqu'il était mort *integri status*. On n'aurait pu, d'ailleurs, les valider en aucune façon s'ils eussent été nuls dans le principe (1). La fraude seule empêchait donc l'aliénation de produire les résultats désirés par les parties.

55. Mais ici apparaissait une distinction entre les aliénations à titre gratuit et celles à titre onéreux.

Dans les premières, lorsqu'elles étaient postérieures au crime, on voyait un acte suspect, et la fraude était présumée. La donation était donc annulée (2), à moins de preuve certaine qu'elle n'avait pas été faite dans le but de nuire au fisc. Cette

(1) Paul, D. 50, 17, 29.

(2) Marcien, D. 39, 5, 15. — Jousse, part. 1, t. 3, ch. 2, sect. 1, art. vi, § 1, nº 157. — Richer, part. 2, L. II, ch. 2, sect. 1, dist. 4. — Merlin, *Répert.*, *Mort civile*, art. iv, § 2. — Voët, L. XLVIII, t. 20, § 4.

preuve pouvait se faire en cas de donations entre-vifs, mais elle était toujours interdite pour les donations à cause de mort (1).

Dans les aliénations à titre onéreux, au contraire, la fraude ne se présumait pas, et avec raison. Elles étaient par conséquent valables, jusqu'à ce qu'on prouvât la fraude (2).

34. Du reste la fraude consistait dans le fait et l'intention, de sorte qu'il ne suffisait pas de rencontrer un acte nuisible au fisc pour le déclarer frauduleux. Il fallait en outre qu'il eût été fait dans l'intention de lui causer un préjudice. Et même pour avoir droit à demander l'annulation d'un contrat à titre onéreux, il était nécessaire que la connivence du cocontractant par la connaissance de la fraude se fût jointe aux conditions indispensables pour constituer un acte entaché de fraude (3).

(1) Ulpien, D. 39, 6, 7.
(2) Paul, D. 49, 14, 45, P. — Voët, L. XLVIII, t. 20, § 4.
(3) Paul, D. 42, 8, 9. — Ulpien, D. 42, 8, 10, § 2. — Alciat. — Cujas. — Barthole.

CHAPITRE III.

35. Les condamnations pénales produisaient pour le condamné trois états différents : elles lui enlevaient la liberté, le privaient des droits de cité, ou le rendaient infâme seulement. Avant d'entrer dans l'examen de ces différents états, il est bon de se rappeler que le premier ne put plus dériver d'une condamnation depuis une Novelle de Justinien. Les peines dont il avait été la conséquence eurent en effet pour seul résultat, à partir de cette époque, de faire sortir le condamné de la classe des citoyens.

§ I. **De la** *maxima capitis deminutio.*

36. L'état du citoyen romain se composait de trois éléments : la liberté, la cité, la famille. La perte de l'un quelconque de ces trois éléments se nommait *capitis deminutio.* Avec la perte de la liberté disparaissaient la cité et la famille, et la *ca-*

pitis deminutio était *maxima* (1). Y avait-il seulement perte de la cité, ce qui enlevait les droits de famille, la *capitis deminutio* était *media* (2). La perte de la famille enfin, sans altération de la liberté ou de la cité, ayant lieu lorsqu'on sortait d'une famille pour entrer dans une autre ou en créer soi-même une nouvelle, produisait la *minima capitis deminutio* (3). La liberté, la cité, la famille, formaient l'état des personnes, le *caput ;* on comprend donc cette dénomination de *capitis deminutio* destinée à indiquer la perte de l'une ou de l'autre, ou de toutes ensemble.

37. Certaines peines, avons-nous vu, entraînaient la perte totale de ces trois éléments. Celui qui en était frappé devenait esclave, non pas du fisc ou de l'empereur, mais de la peine elle-même (4).

L'esclavage de la peine disparut enfin par suite des progrès de la civilisation et de l'empire pris par les idées chrétiennes. Une Novelle de Justinien (5) assimila, quant à ces effets, à la déportation, les peines plus graves consistant dans la

(1) Just., Inst., 1, 16, 1.
(2) Just., Inst., 1, 16, 2.
(3) Just., Inst., 1, 16, 3.
(4) Marcien, D. 48, 19, 17, P. — Callistrate, D. 49, 14, 12.
(5) Justinien, Novelle 22, ch. 8.

privation de la vie naturelle, le combat des bêtes et le travail dans les mines (1). Jusqu'à cette époque cependant ces peines produisaient la *maxima capitis deminutio* pour le condamné. Il importe donc d'en rechercher les conséquences par rapport à la capacité des coupables.

38. Tous les droits privés d'un être juridique peuvent se grouper sous cinq chefs principaux. Il s'agira en effet soit d'un droit de propriété ou de ses démembrements, soit d'un droit personnel, c'est-à-dire d'un rapport juridique dont la source est une obligation, soit d'un droit de famille, soit d'un droit de succession relativement à son acquisition ou à sa transmission, soit enfin d'un droit se rattachant à la faculté d'agir en justice comme demandeur ou comme défendeur. Quelle était sur eux l'influence de l'esclavage de la peine?

39. L'esclave était un être incapable par lui-même; sa capacité était tirée de la personne de son maître et disparaissait avec elle. Tout ce qu'il acquérait était à son maître (2). Il ne pouvait être propriétaire ni d'après le droit des Quirites, ni d'après le droit des gens (3); il ne lui était pas même possible de posséder pour lui-même, par-

---

(1) Gaius, D. 48, 19, 29. — Ulpien, D. 48, 19, 8, § 12.
(2) Inst. Just., 2, 9, § 3.
(3) M. de Savigny, tom. 2, ch. 2, §§ 65 et 69.

ce que, à jamais privé du droit de propriété, il était incapable de détenir *animo domini*.

40. Or, l'esclave de la peine n'avait pas de maître apte à lui donner la capacité qui lui manquait (1). Il n'acquérait donc ni pour lui ni pour personne; toutefois, comme nous le verrons plus loin, le condamné aux mines pouvait recevoir des legs ou fidéicommis à titre d'aliments (2), et un texte précis allait même jusqu'à accorder au condamné aux bêtes le droit de succéder à sa mère également à titre d'aliments (3). Ces deux dernières décisions, il faut le reconnaître, étaient contraires aux principes; l'humanité seule les avait dictées. Laissant la vie au condamné, on n'avait pas voulu lui enlever tous les moyens d'existence, et on avait validé ce qui avait pour but unique de venir en aide à sa conservation.

41. Non-seulement l'esclave de la peine était incapable d'acquérir, mais tous ses biens lui étaient enlevés, et sa succession s'ouvrait (4). Ses héritiers étaient donc appelés suivant les règles

---

(1) Marcien, D. 48, 19, 17, P. — Callistrate, D. 49, 14, 12.

(2) Marcien, D. 34, 8, 3, P.

(3) Ulpien, D. 38, 17, 1, § 6. — Richer, part. 2, L. III, art. 1, ch. 2, sect. 4. — Cujas se refuse néanmoins à admettre cette dernière dérogation aux principes généraux. Il s'appuie sur l'autorité d'Accurse.

(4) Richer, part. 2, L. III, art. II, ch. 1, sect. 1.

des successions *ab intestat*, s'il n'y avait pas de confiscation.

42. La dévolution au fisc, dont le déplorable effet venait frapper directement sur les innocents, sans atteindre le coupable lorsque la peine était assez grave pour ouvrir la succession, était inconnue sous la république au dire de Cicéron (1). Elle commença à paraître dans la législation romaine sous Sylla, dans une loi sur les proscrits (2). Bientôt, n'existant dans la relégation que si elle était spécialement prononcée (3), elle devint générale pour les condamnations à mort, à la servitude (4), et à la déportation (5). Les fils du condamné étaient donc privés de tous les biens auxquels ils auraient pu prétendre dans la succession (6).

Un adoucissement toutefois se fit jour sur ce point, au temps de Théodose et de Valentinien. En conservant la confiscation générale de l'ancien droit seulement quand le coupable n'avait pas laissé d'enfants, ils donnèrent aux descendants du

(1) Cicéron, *pro domo sua.*
(2) Loi *Cornelia De proscriptis.*
(3) Ulpien, D. 48, 22, 14, § 1. — Cujas, Observ., L. VI, ch. 23.
(4) Gordien, C. 9, 49, 4.
(5) Callistrate, D. 48, 22, 19, § 1.
(6) Dioclétien et Maximien, C. 9, 49, 6.

condamné, lorsqu'il en avait, moitié de ses biens (1). Les Novelles de Justinien signalèrent un nouveau progrès; elles accordèrent la succession aux descendants et ascendants jusqu'au troisième degré (2). Le fisc cependant s'emparait encore des biens en cas de mariage incestueux (3) s'il n'existait pas d'enfant né d'un mariage précédent, et lorsqu'il s'agissait de lèse-majesté (4). Pour ce dernier crime, en effet, les fils devaient souffrir, d'après les idées de l'époque, la même peine que leur père ; et si on leur laissait la vie par faveur, ils ne pouvaient rien recevoir, même des tiers, à titre de legs ou d'hérédité (5). Quant aux filles des condamnés pour lèse-majesté, il leur était accordé le quart de la succession maternelle à titre d'aliments (6).

43. Assimilé à un mort (7), l'esclave de la peine voyait, au moment où s'opérait la *maxima capitis deminutio*, s'éteindre l'usufruit constitué à son profit (8), et s'ouvrir la substitution dont ses

---

(1) Théodose et Valentinien, C. 9, 49, 10.

(2) Justinien, Nov., 17, ch. 12, an 526. — Justinien, Nov., 134, ch. 13. — Cujas, *Com. tit. qui test. fac. pos.*, L. VIII.

(3) Justinien, Nov., 12, ch. 1.

(4) Justinien, Nov., 134, ch. 13.

(5) Arcadius et Honorius, C. 9, 8, 5, § 1.

(6) Arcadius et Honorius, C. 9, 8, 5, § 2.

(7) Ulpien, D. 50, 17, 209. — Ulpien, D. 48, 20, 5, P. — M. de Savigny, tom. 2, ch. 2, § 69.

(8) Inst. Just., 2, 4, § 3. — Ulpien, D. 7, 4, 1.

biens pouvaient être grevés (1). Le substitué arrivait donc sur-le-champ sans attendre la mort naturelle.

44. Quant à la dot de la femme, lorsque le mari était condamné elle la reprenait tout entière (2). Si, au contraire, c'était la femme qui devenait esclave de la peine, le fisc s'emparait de la dot, pourvu que la condamnation eût pour cause un crime de lèse-majesté, de violence publique, de parricide, d'empoisonnement ou d'homicide (3). Mais quand il s'agissait de tout autre crime emportant la perte de la liberté, la femme se trouvait considérée comme morte, et la dot était conservée par le mari (4).

45. L'esclave de la peine n'était pas capable de s'obliger ni d'obliger envers lui (5), puisqu'il n'avait pas de personnalité civile, et qu'il n'était sous la puissance d'aucun maître apte à le rendre habile à contracter (6). Il ne pouvait certainement ni donner ni recevoir, soit entre-vifs, soit à

(1) Ulpien, D. 36, 1, 17, § 6. — Cujas, Observ., L. III, ch. 10.

(2) Arcadius et Honorius, C. 9, 49, 9, P. — Justinien, Nov., 134, ch. 13.

(3) Ulpien, D. 48, 20, 3.

(4) Ulpien, D. 48, 20, 5, P.

(5) Ulpien, D. 44, 7, 14. — M. de Savigny, tom. 2, ch. 2, §§ 65 et 69.

(6) Javolenus, D. 45, 3, 36.

cause de mort; on le considérait, pour ainsi dire, comme un être retranché du nombre des vivants (1).

46. Quant aux obligations antérieures à la *maxima capitis deminutio*, elles n'étaient pas éteintes, mais passaient au nouveau possesseur des biens, le fisc en cas de confiscation, et les héritiers naturels lorsqu'elle n'avait pas lieu (2).

47. Relativement aux droits de famille, les mêmes principes en dépouillaient complétement l'esclave de la peine. Privé du *connubium* (3), il lui était impossible de contracter le mariage romain ou justes noces. On lui refusait en outre la faculté de former l'union particulière nommée *concubinatus*.

Bien plus, l'esclavage de la peine anéantissait le mariage contracté avant la perte de la liberté (4), et c'est précisément dans le but d'éviter ce résultat contraire aux idées chrétiennes, que Justinien supprima la *maxima capitis deminutio* en tant que conséquence d'une condamnation pénale.

48. La puissance paternelle, ce droit éminem-

(1) Paul, D. 39, 6, 9.

(2) Ulpien, D. 4, 5, 2, P. — Paul, D. 4, 5, 7, § 2. — Pomponius, D. 45, 2, 19. — M. de Savigny, tom. 2, ch. 2, § 70.

(3) Ulpien, Frag. 5, § 5. — Cujas, *tit. ex corp.* — Ulp., 29, tit. 3, not. 1. — M. de Savigny, tom. 2, ch. 2, § 69.

(4) Paul, D. 24, 2, 1. — Constantin, C. 5, 16, 24. — Justinien, Nov., 22, 8. — Cujas, Nov., 22, 8.

ment réservé aux citoyens romains, disparaissait entièrement par suite de la *maxima capitis deminutio* (1), et il n'y avait plus pour le condamné ni famille, ni parenté à titre d'agnation ou de cognation, ni patronage, aux yeux de la loi civile (2). Il n'avait aucun droit non plus à réclamer pour lui les soins d'un tuteur ou d'un curateur (3), et sans aucun doute il ne pouvait servir lui-même de tuteur ou de curateur à un incapable (4).

49. Il est facile de comprendre que l'homme, maître de sa chose, puisse en disposer comme il l'entend pendant sa vie, et qu'en la transmettant à une autre personne, il mette celle-ci dans la position où il se trouvait lui-même avant cette opération. La faculté de transférer la propriété entrevifs est en effet dans la nature du droit même de propriété, et forme un de ses éléments essentiels (5). Mais il n'en est pas de même de la transmission des biens à un héritier ou légataire, au moyen d'un testament, après le décès du propriétaire. Ici l'on dispose d'une chose qu'on ne peut plus posséder, et on fait produire ses effets à sa

____

(1) Inst. Just., 1, 12, §§ 1 et 3.

(2) Inst. Just., 1, 16, § 6. — M. de Savigny, tom. 2, ch. 2, § 70.

(3) Inst. Just., 1, 13, P.

(4) Inst. Just., 1, 14, § 1.

(5) Inst. Just., 2, 4, § 4.

propre volonté au moment où on a cessé de pouvoir en avoir une. Si donc cette faculté est donnée à l'homme, il faut la regarder comme une faveur de la loi civile accordée par chaque peuple aux citoyens.

50. Les citoyens seuls en général (1) pouvant tester, l'esclave de la peine était évidemment incapable de laisser à sa mort un testament valable (2). Une exception fut faite cependant à ce principe en faveur du militaire condamné pour délit militaire. D'après un rescrit d'Adrien il put tester, mais de son pécule *castrans* seulement, s'il en avait obtenu la permission du prince (3). Le militaire dans ce cas était donc capable d'instituer un héritier, d'avoir un légataire, de laisser par fidéicommis (4), quant à ce qui composait son pécule *castrans*.

51. Le testament fait antérieurement à la prononciation de la sentence devenait *irritum* par la *maxima capitis deminutio* (5). Il en était de même

---

(1) L'esclave du peuple romain avait par exception faction de testament pour moitié. — Ulpien, Frag., 20, § 16.

(2) Gaius, D. 28, 1, 8, § 4.

(3) Ulpien, D. 29, 1, 11, P. — Ulpien, D. 28, 3, 6, § 6. — Valérien et Galien, C. 6, 21, 13. — Doneau, L. VI, ch. 28.

(4) Hermogénien, D. 32, 1, 21, § 1.

(5) Inst. Just., 2, 17, § 4. — Gaius, Com. 2, § 145. — Ulpien, Frag. 23, § 3. — Gaius, D. 28, 1, 8, § 4. — Ulpien, D. 28, 3, 6, § 6. — M. de Savigny, tom. 2, ch. 2, § 70.

de celui du condamné pour délit militaire; seulement, s'il obtenait la permission de tester, le premier testament renaissait par sa seule volonté, d'après l'application du principe général relatif aux testaments des soldats (1).

52. L'esclave ne pouvait être témoin dans un testament, à plus forte raison l'esclave de la peine avec lequel on n'avait pas faction de testament, droit indispensable pour celui qui voulait participer à la confection du testament (2).

53. Nul ne pouvait instituer l'esclave de la peine, pas même le militaire. Libre en général de choisir pour héritier celui qu'il voulait, ce dernier en était empêché ici par une disposition particulière (3). Dans le cas où l'institution avait précédé la condamnation prononcée au criminel, elle tombait entièrement, et le fisc n'héritait pas (4), car l'esclave de la peine n'était pas l'esclave du fisc.

L'esclavage de la peine rendait également incapable de recevoir des legs ou des fidéicommis, n'importe de qui, sauf toutefois si ces dispositions

(1) Ulpien, D. 28, 3, 6, § 6.
(2) Inst. Just., 2, 10, § 6. — Cujas, Inst. Just., L. II, ch. 10. — Domat, part. 2, L. 3, tit. 1, sect. 3, § 6.
(3) Ulpien, D. 29, 1, 13, § 2. — Doneau, L. VI, ch. 28.
(4) Marcien, D. 34, 8, 3, § 1.

avaient été faites à titre d'aliments en faveur d'un condamné aux mines (1).

54. Dépouillé de tous ses biens, dont s'emparaient le fisc ou les héritiers naturels lorsque la *maxima capitis deminutio* était encourue, et privé en outre de la possibilité d'en acquérir postérieurement, quand même la capacité nécessaire pour transmettre ses biens ne lui eût pas fait défaut, quand même tous les liens de parenté civile ou naturelle même dans ses effets civils n'eussent pas été rompus pour lui, l'esclave de la peine n'ayant rien à lui, n'avait pas à sa mort de succession *ab intestat*.

55. Incapable de transmettre, il ne pouvait pas non plus recueillir par succession. Cette faculté, du droit civil s'il en fut, était accordée aux seuls citoyens, et d'ailleurs le condamné devenu esclave n'avait plus selon le droit civil d'agnat ni de cognat.

La possession de biens lui était également refusée (2). Sous ce rapport son incapacité était absolue. Toutefois, par humanité, on laissait au condamné aux bêtes la faculté de recueillir à titre d'aliments la succession maternelle (3).

---

(1) Marcien, D. 34, 8, 3. P.—Doneau, L. VIII, ch. 6. — M. de Savigny, tom. II, ch. 2, § 72.

(2) Ulpien, D. 37, 4, 1, § 9. — Cujas, *Afric. tract.*, 5, L. 1.

(3) Ulpien, D. 38, 17, 1, § 6. — Richer, part. 2, L. III, art. 1, ch. 2, sect. 4. — Cujas nie cette exception.

56. Les citoyens seuls pouvaient agir en justice sous les actions de la loi. Dans les autres systèmes il n'en fut plus de même (1), mais jamais un esclave n'eut ce droit. L'esclave de la peine était donc incapable d'ester en justice, soit pour lui, soit pour autrui (2). Il lui était interdit d'intenter une accusation publique (3), et d'être témoin en justice (4), parce qu'on ne croyait pas devoir lui accorder quelque confiance.

57. L'esclavage de la peine privait, comme on vient de le voir, le condamné de toute capacité. Il entraînait avec lui la perte de tous les biens et l'impossibilité d'en acquérir, l'incapacité de contracter, et la privation de tous les droits de famille. Pour l'esclave de la peine, il y avait interdiction en général du droit de tester et incapacité de recevoir par testament. Toute succession *ab intestat* lui était également refusée, et lui-même ne pouvait en avoir une à transmettre. Enfin sous aucun prétexte il n'était apte à paraître en justice soit comme défendeur au civil, soit comme demandeur au civil ou au criminel, soit comme témoin. En un mot, l'esclave de la peine était considéré

(1) Gaius, Com. 4, § 37.
(2) Ulpien, D. 3, L. 1, § 6. — Doneau, L. 18, ch. 11. — Cujas, C. L. 2, tit. 11.
(3) Ulpien, D. 48, 1, 5, § 1. — Marcien, D. 49, 14, 18, § 2.
(4) Venuleius, D, 22, 5, 20.

comme mort (1), et des aliments pouvaient seulement être laissés à titre de legs ou de succession maternelle, aux condamnés aux mines ou aux bêtes.

58. Les droits politiques disparaissaient aussi sans exception, par suite de la *maxima capitis deminutio,* car elle faisait perdre et la liberté et la qualité de citoyen.

§ II. — De la *media capitis deminutio.*

59. Toute peine capitale depuis les Novelles (2), l'interdiction de l'eau et du feu, et ensuite la déportation (3), seules jusqu'à cette époque, emportaient la *media capitis deminutio,* c'est-à-dire la perte des droits de cité et de famille (4). Ce fut là l'origine de la mort civile.

Sans entraîner une incapacité absolue comme l'esclavage de la peine, la *media capitis deminutio* n'en avait pas moins des effets très-importants relativement à la capacité du condamné.

(1) Ulpien, D. 35, 1, 59, § 2. — Ulpien, D. 36, 1, 17, § 6. — Ulpien, D. 48, 20, 5, P. — M. de Savigny, tom. II, ch. 2, § 69.
(2) Justinien, Nov., 22, ch. 8.
(3) Callistrate, D. 50, 13, 5, § 3. — Cujas, Observ., L. VI, ch. 39.
(4) Inst. Just., 1, 12, § 1. — Ulpien, D. 48, 22, 6, P.

60. La condamnation à une peine capitale retranchait le coupable de la classe des citoyens. Assimilé aux étrangers (1), il perdait dès lors tous les droits attachés à la qualité de membre de la cité romaine. Ainsi il ne pouvait plus exercer une charge publique, ni donner son suffrage pour l'élection des magistrats de la république; la jouissance de tous les droits politiques était donc perdue pour lui (2). L'incapacité par rapport aux droits privés, bien que profonde, n'était pas cependant aussi générale.

61. Le domaine quiritaire, en tant que produit par des modes d'acquisition propres aux seuls citoyens romains, n'était pas accessible aux étrangers s'ils n'avaient pas obtenu le *jus commercii* (3). Quand donc il existait seul, les *peregrini*, et par conséquent les déportés, ne pouvaient devenir propriétaires; puisque c'était là une faculté réservée aux membres seuls de la cité. Plus tard seulement, lorsque des rapports plus fréquents avec les étrangers en eurent fait sentir le besoin, un autre genre de propriété, protégé par une action spéciale, vint constituer un domaine du droit des

(1) Ulpien, D. 2, 4, 10, § 6.
(2) M. de Savigny, tom. II, ch. 2, § 66.
(3) Ulpien, Frag. 19, § 4.— Ulpien, Frag. 19, § 5.— Gaius, Com. 2, § 65.

gens auquel tout homme libre pouvait aspirer (1), sans qu'il fût besoin pour en devenir le maître d'être en possession de la qualité de citoyen. Justinien, par suite de la désuétude dans laquelle était tombée cette distinction du domaine *ex jure Quiritium* et de l'*in bonis*, ne voulut plus reconnaître qu'une seule propriété (2).

Le déporté se rangeait parmi les pérégrins (3). Être vivant et libre, on ne pouvait lui refuser ce qui était accordé aux autres hommes qui comme lui n'avaient pas les droits de la cité, c'est-à-dire la capacité du droit des gens pour acquérir. Aussi est-il certain qu'il devenait alors propriétaire (4).

62. Quant aux biens qu'il pouvait avoir au mcment de sa condamnation, il était traité comme l'esclave de la peine ; sa succession s'ouvrait et passait à ses héritiers légitimes, sauf en cas de dévolution au fisc. Nous avons déjà dit que la confiscation des biens des condamnés avait pris naissance dans les dernières années de la république (5), pour s'appliquer à toutes les condamna-

---

(1) Gaius, Com. 2, § 40 ; 4, § 37. — M. de Savigny, tom. II, ch. 2, § 66.

(2) Justinien, C. 7, 25.

(3) Ulpien, D. 2, 4, 10, § 6. — Marcien, D. 48, 19, 17, § 1. — Voët, L. 48, tit. 22, § 4. — M. de Savigny, tom. 2, ch. 2, § 66.

(4) Paul, D. 48, 20, 7, § 5. — Marcien, D. 48, 22, 15, P.

(5) Loi *Cornelia de proscriptis*.

tions capitales sous l'empire (1). Modérée ensuite par Théodose et Valentinien (2), elle disparut sous Justinien dont une Novelle donna aux descendants et ascendants jusqu'au troisième degré la succession de ceux qui éprouvaient soit la *maxima*, soit la *media capitis deminutio*, sauf en cas de crime de lèse-majesté (3).

63. Toutefois l'empereur pouvait, au temps où la confiscation était dans toute sa puissance, laisser au déporté les biens qui sans cette faveur impériale auraient été attribués au fisc ; dans ce cas le déporté était tenu d'actions utiles envers ses anciens créanciers (4). Quant au patrimoine du condamné sujet à la confiscation, les créanciers antérieurs à la *deminutio capitis* passaient en effet avant le fisc (5), mais ils n'avaient aucun recours sur les biens acquis postérieurement (6).

64. La perte des droits de cité anéantissait l'usufruit comme l'esclavage de la peine (7). Elle ne don-

(1) Callistrate, D. 48, 20, 1, P. — Gordien, C. 9, 49, 4.
(2) Théodose et Valentinien, C. 9, 49, 10.
(3) Justinien, Nov., 134, ch. 13. — Voët, L. XLVIII, tit. 20, § 1. — Richer, part. 2, L. III, art. II, ch. 1, sect. 1.
(4) Ulpien, D. 48, 22, 14.
(5) Papinien, D. 49, 14, 37.
(6) Alexandre, C. 9, 51, 3. — Grotius. — Cujas, Observ., L. 15, ch. 35.
(7) Inst. Just., 2, 4, § 3. — Ulpien, D. 7, 4, 1, P. — M. de Savigny, tom. II, ch. 2, § 70.

nait pas au contraire ouverture à la substitution (1). Si donc un fidéicommis avait été laissé avec charge de rendre à certaines personnes parmi lesquelles le grevé devait faire un choix, la déportation ne changeait en rien la position de ce dernier, et il conservait toujours la faculté de désigner le substitué (2).

65. La donation entre mari et femme ne se trouvait pas non plus confirmée par la déportation (3) ; elle ne devenait irrévocable que par la mort naturelle du déporté.

66. Sans aucun doute, la condamnation du mari ne pouvait pas empêcher la femme de répéter sa dot (4). Celle de la femme, pour tout autre crime que ceux de lèse-majesté, parricide, empoisonnement et homicide, dont la peine emportait l'esclavage, ou celui de violence publique puni de mort sous Constantin et de la déportation sous Justinien, car alors le fisc s'emparait de la dot (5), laissait subsister le mariage dont la dissolution ne pouvait être produite que par la volonté de l'un des époux (6). Le mari, sauf dans ces

---

(1) Papinien, D. 31, 77, § 4.
(2) Ulpien, D. 36, 1, 17, § 6. — Cujas, Observ., L. III, ch. 10.
(3) Ulpien, D. 24, 1, 13, § 1. — Cujas, Observ., L. III, ch. 10.
(4) Arcadius et Honorius, C. 9, 49, 9, P. — Justinien, Nov., 134, ch. 13.
(5) Ulpien, D. 48, 20, 3.
(6) Ulpien, D. 48, 20, 5, § 1. — Alexandre, C. 5, 17, 1. — M. de Savigny, tom. II, ch. 2, § 72.

cinq cas, n'était donc pas tenu de la restituer.

67. Les obligations formées régulièrement avant la prononciation de la sentence de condamnation, passaient activement ou passivement soit aux héritiers naturels, soit au fisc lorsqu'il était appelé à recueillir les biens du déporté par suite de la confiscation (1). Le contrat de société était dissous néanmoins par suite de la *capitis deminutio, maxima* ou *media* (2).

68. Le déporté avait capacité suffisante pour tous les contrats du droit des gens; seulement une loi d'Auguste bornait à une certaine limite sa faculté de faire le commerce (3). Il pouvait donc acheter, vendre, prendre ou donner à bail, échanger, faire un *mutuum*, donner en gage sans fraude du fisc, s'obliger ou obliger envers lui, comme l'eût fait un pérégrin (4).

69. Aussi n'hesitons-nous pas à lui reconnaître le pouvoir de donner entre-vifs. La donation était

(1) Ulpien, D. 4, 5, 2, P. — Ulpien, D. 4, 5, 7, § 3. — Papinien, D. 46, 1, 47, P. — Pomponius, D. 45, 2, 19. — M. de Savigny, tom. II, ch. 2, § 70.

(2) Gaius, Com. 3, § 153. — Ulpien, D. 17, 2, 63, § 20. — Modestin, D. 17, 2, 4, § 1. — M. de Savigny, tom. II, ch. 2, § 74.

(3) Cujas, Observ., L. VI, ch. 38. — Richer, part. 2, liv. 3, art. 1, ch. 1.

(4) Gaius, Com. 4, § 37. — Marcien, D. 48, 22, 15, P. — Marcien, D. 48, 22, 10. — Cujas, Com. *de verb. oblig.*, L. 122. — M. de Savigny, tom. II, ch. 2, § 66.

une convention (1), du droit des gens comme toutes les conventions, soumise aux règles générales (2). Aucune défense positive n'était venue proclamer l'incapacité à son égard. D'ailleurs la faculté de donner dérive du droit de propriété : celui qui est propriétaire d'une chose peut s'en dessaisir à sa volonté et comme il l'entend ; pourquoi ne le ferait-il pas à titre gratuit comme à titre onéreux (3)?

70. Néanmoins le déporté ne pouvait faire une stipulation, ni s'obliger de cette manière dans l'origine. Son incapacité resta la même plus tard lorsqu'il voulait employer la formule propre aux citoyens romains (4) ; quant aux autres mots sacramentels, comme ils rentraient dans le droit des gens, il lui était possible de s'en servir. A plus forte raison était-il capable de stipuler quand cet acte fut affranchi avec tous les autres de la nécessité d'une formule, de telle façon qu'une interrogation et une réponse quelconque étaient devenues suffisantes pour créer l'obligation (5).

71. Maître de ses biens, le déporté pouvait les

---

(1) Javolenus, D. 44, 7, 55.
(2) Marcien, D. 48, 22, 15, P.
(3) Merlin, *Rép.*, *Mort civile*, art. ii, 6.
(4) *Dare spondes? spondeo.* — Gaius, Com. 3, § 93. — Cujas, Com. *de verb. oblig.*, L. 122.
(5) Léon, C. 8, 38, 10.

aliéner à titre onéreux ou à titre gratuit. Une seule incapacité se présentait, et c'était relativement à la libre disposition de ses esclaves. Leur vente était valable comme celle de toute autre chose composant le patrimoine du condamné; mais, privé des droits de la cité, il ne pouvait élever un esclave au rang de citoyen dont il était déchu, et le faire participer aux avantages qui y étaient attachés et auxquels il ne pouvait plus prétendre lui-même. Aussi le déclarait-on formellement incapable d'affranchir ses esclaves (1).

Le relégué, au contraire, par un affranchissement légal, donnait la liberté et la cité à ses esclaves; seulement le séjour de Rome était interdit à ses affranchis comme à lui-même (2).

72. La *media capitis deminutio* empêchait le condamné de contracter de justes noces, car il n'était plus citoyen et avait perdu le *connubium* (3). Cependant le droit des gens ratifiait l'union qu'il contractait, mais aucun résultat civil ne pouvait en découler (4). Le mariage antérieurement formé continuait à subsister (5) comme union du droit

(1) Marcien, D. 48, 22, 2. — Cujas, D. L. XLVIII, tit. 22.
(2) Paul, D. 48, 22, 13.
(3) Inst. Just., 1, 10, P.
(4) Gaius, Com. 1, § 68. — Ulpien, Frag. 7, § 4. — Alexandre, L. 5, 17, 1. — Constantin, L. 5, 16, 24. — Ulpien, D. 48, 20, 5, § 1. — M. de Savigny, L. II, ch. 2, § 66 et 69.
(5) Ulpien, D. 48, 20, 5, § 1. — Ulpien, D. 24, 1, 13, § 1. —

des gens, il est vrai, tandis qu'il était dissous par l'esclavage de la peine.

73. Le déporté était privé de la puissance paternelle sur ses enfants nés avant la déportation (1), et il lui était impossible de l'acquérir sur ceux dont la naissance était postérieure, puisque le citoyen seul était apte à jouir de ce droit.

Il cessait également d'être soumis à la puissance du père de famille dont il descendait (2).

74. Privé de toute parenté reconnue par la loi civile, l'agnation et la cognation n'existaient plus pour lui, sauf d'après le droit naturel (3). Ses enfants, conçus depuis la déportation, étaient légitimes sans doute puisque le mariage n'était pas dissous par la *media capitis deminutio*, mais ils étaient incapables de lui succéder (4). Le droit de patronage disparaissait également (5).

75. N'étant plus digne d'être protégé par la loi à l'égal des citoyens, mais seulement en tant

Alexandre, L. 5, 17, 1. — Constantin, L. 5, 16, 24. — Justinien, Nov., 22, ch. 8. — Cujas, Nov., 22.

(1) Inst. Just., 1, 12, 1 §§ et 3. — Inst. Just., 1, 10, P. — Doneau, L. II, ch. 26. — Cujas, D. L. XLVIII, tit. 22. — Richer, part., 2, L. III, art. I, ch. 6.

(2) Ulpien, D. 1, 6, 7. — Richer, part. 2, L. III, art. I, ch. 6.

(3) Inst. Just., 1, 16, § 1. — M. de Savigny, tom. II, ch. 2, §§ 69 et 70.

(4) Ulpien, D. 36, 1, 17, § 5.

(5) M. de Savigny, tom. II, ch. 2, § 70.

qu'homme, il n'avait pas droit comme eux à l'intervention d'un tuteur ou d'un curateur (1). Il était aussi incapable de remplir de pareilles fonctions auxquelles on appelait, à l'exclusion de tous autres, ceux dont les droits de cité étaient intacts.

76. Les individus retranchés du nombre des citoyens devenaient par cela même, car ce sont là des droits purement civils, incapables de tester (2) et de laisser par fidéicommis (3). Le soldat, condamné pour délit militaire, jouissait cependant, par exception, de la faculté d'avoir un testament relativement à son pécule *castrans*, s'il avait obtenu du prince la permission de tester (4). Dans ce dernier cas, on allait même jusqu'à valider la donation de son pécule *castrans* par lui faite à sa femme, en se fondant sur ce que l'individu capable de tester devait pouvoir donner à cause de mort (5).

(1) Inst. Just., 1, 13, P.

(2) Gaius, D. 28, 1, 8, §§ 1 et 2. — Ulpien, D. 32, 1, § 2. — Doneau, L. VI, ch. 5. — Cujas, Com. *Qui test. fac. pos.*, L. VIII. — Jousse, part. 1, t. 3, ch. 2, sect. 1, art. VI, § 1, n° 139.

(3) Ulpien, D. 32, 1, § 2. — Jousse, part. 1, tit. 3, ch. 2, sect. 1, art. VI, § 1, n° 139.

(4) Ulpien, D. 28, 3, 6, § 6. — Ulpien, D. 29, 1, 11, P. — Hermogénien, D. 32, 1, 22, § 1. — Valérien et Galien, C. 6, 21, 13. — Doneau, L. VI, ch. 28.

(5) Ulpien, D. 24, 1, 32, § 8.

77. La *media capitis deminutio* atteignait également le testament du condamné fait antérieurement, et le rendait *irritum* (1). Cet effet de toute condamnation capitale était produit pour le testament du condamné par suite d'une infraction aux lois militaires, comme pour celui de tout autre; seulement, dans le premier cas la simple volonté du militaire, si toutefois l'empereur ne lui avait pas refusé l'autorisation de tester, suffisait pour lui rendre sa force, ou plutôt pour en constituer un nouveau, d'après le privilége par suite duquel le soldat était affranchi de toute forme, quand il n'avait pas manqué à son serment (2).

78. Pour le déporté ainsi que pour l'esclave de la peine, il y avait impossibilité légale de figurer comme témoin dans un testament. Cette faculté était réservée à ceux qui ajoutaient à la faction de testament avec le testateur la qualité de citoyen (3).

79. On n'avait pas faction de testament avec les déportés. Les instituer héritiers (4), ou leur lais-

______

(1) Inst. Just., 2, 17, § 4. — Gaius, Com. 2, § 45. — Ulpien, Frag. 23, § 4.—Ulpien, D. 28, 3, 6, § 6.—M. de Savigny, tom. II, ch. 2, § 70.

(2) Ulpien, D. 28, 3, 6, § 6.

(3) Inst. Just., 2, 10, § 6. — Domat, part. 2, L. III, tit. 1, sect. 3, § 6.

(4) Marcien, D. 34, 8, 3, P. — Marcien, D. 48, 22, 16. — Antonin, C . 6, 24, 1. — Doneau, L. VI, ch. 17.

ser des legs ou même des fidéicommis (1), était donc chose inutile. Ils étaient en effet incapables de recueillir tout ou partie des biens d'une succession testamentaire. On exceptait avec raison de cette prohibition les legs ou fidéicommis à titre d'aliments (2), atténuation de la rigueur des principes applicables même à l'esclave de la peine.

80. Mais ce qui était particulier au condamné pour lequel l'altération de la liberté ne s'était pas jointe à la perte du titre de citoyen, c'est qu'il pouvait recevoir par testament soit une hérédité, soit un legs, soit un fidéicommis, bien qu'il ne fût nullement question de disposition alimentaire, si le testateur était un militaire (3). Un des nombreux priviléges des militaires par rapport à la faculté de tester, consistait en effet dans le droit de choisir qui bon leur semblait pour héritier ou légataire (4), sans s'inquiéter de savoir s'ils auraient eu faction de testament avec lui dans le cas où ils n'eussent pas fait partie de l'armée. Ce choix pouvait donc tomber sur un dé-

(1) Marcien, D. 34, 8, 3, P. — Marcien, D. 48, 22, 16. — Marcien, D. 48. 19, 17, § 1.

(2) Marcien, D. 34, 8, 3, P. — Cujas, Com. *de verb. oblig.*, L. 122.

(3) Ulpien, D. 29, 1, 13, § 2. — Richer, part. 2, L. III, art. 1, ch. 2, sect. 4.

(4) Alexandre, C. 6, 21, 5.

porté comme sur tout autre incapable. Si le militaire n'avait pas le même droit à l'égard d'un esclave (1), d'une femme avec laquelle il avait eu commerce (2), d'un hérétique qui ne pouvait jamais rien recevoir par testament (3), et d'un esclave de la peine (4), c'est que des lois spéciales étaient venues y mettre obstacle.

81. Le condamné privé de la qualité de citoyen ne pouvait plus prétendre à une succession civile *ab intestat*, ni à une possession de biens (5). Il n'avait plus de famille d'après la loi civile, et il lui était impossible de s'en créer une nouvelle. Sous ce point de vue aucune différence n'existait entre lui et l'esclave de la peine.

82. Quant aux biens acquis par lui depuis la condamnation (6), et il ne pouvait être question que de ceux-là puisqu'il avait été dépouillé des autres soit en faveur du fisc, soit en faveur de ses héritiers légitimes, ils étaient attribués au fisc, le déporté étant privé d'une part de toute parenté civile, et d'autre part du droit d'avoir une suc-

---

(1) Ulpien, D. 29, 1, 13, § 2.
(2) Tryphoninus, D. 29, 1, 41, § 1.
(3) Justinien, C. 1, 5, 22.
(4) Ulpien, D. 29, 1, 13, § 2.
(5) Ulpien, D. 37, 4, 1, § 9. — Richer, part. 2, L. III, art. i, ch. 2, sect. 1.
(6) Marcien, D. 48, 22, 15, P.

cession à transmettre (1). Cependant les empereurs parfois les abandonnaient aux parents naturels ; mais c'était là un pur don de leur part, et il n'avait d'autre effet que de les mettre à la place du fisc, sans leur donner personnellement la qualité d'héritiers.

Par rapport aux militaires, dont les biens passaient dans le droit commun aux héritiers légitimes et à leur défaut à la légion (2), s'ils avaient été condamnés pour délit militaire il fallait distinguer soigneusement entre le pécule *castrans* et tout ce qui n'en faisait pas partie. On attribuait au fisc ce qui par son origine ne pouvait entrer dans le pécule *castrans* (3), en réservant celui-ci, dans le cas où le condamné n'en avait pas disposé par testament, aux cognats jusqu'au cinquième degré, pour n'appeler le fisc qu'à leur défaut (4).

83. L'étranger incapable d'agir en justice dans l'antique procédure des actions de la loi, obtint cette faculté dès que le système formulaire eut remplacé les anciens usages (5). Fallait-il en dire autant du déporté ? Pouvait-il jouer dans une ac-

---

(1) Paul, D. 48, 20, 7, § 5. — Alexandre, C. 9, 49, 2. — Cujas, D. L. 48, tit. 22. — Cujas, Com., tit. *Qui test. fac. pos.*, L. VIII.
(2) Constance, C. 6, 62, 2.
(3) Valérien et Galien, C. 6, 21, 13.
(4) Papinien, D. 38, 12, 2.
(5) Gaius, Com. 4, § 37.

tion civile le rôle de demandeur ou celui de défendeur ? Pour ce dernier, des textes positifs reconnaissaient sa capacité : car, s'il avait conservé ses biens d'après la volonté de l'empereur, il était tenu d'actions utiles (1) ; et s'il était attaqué par un de ses affranchis, comme son droit de patron avait disparu avec sa qualité de citoyen, ce dernier était formellement dispensé de l'autorisation préalable du préteur (2), nécessaire pour pouvoir actionner un patron.

Aucune disposition précise, il est vrai, ne présentait une espèce dans laquelle le déporté était demandeur ; mais le silence même de la législation romaine sur ce point suffirait pour lui appliquer les principes généraux sur cette importante matière, et pour faire décider en faveur de sa capacité comme à l'égard des pérégrins (3). D'ailleurs un système opposé aurait conduit à une iniquité révoltante. On reconnaissait au déporté le droit de contracter. Il n'était donc pas possible, en permettant d'agir contre lui, de lui refuser la faculté de faire respecter les conventions dans lesquelles il avait été partie, et dont le cocontractant aurait pu autrement profiter, s'il y trouvait son

____

(1) Ulpien, D. 48, 22, 14, § 3.

(2) Ulpien, D. 2, 4, 10, § 6. — Le président Favre. — Doneau, L. XXIII, ch. 2.

(3) Merlin, *Questions de droit, Mort civile*, § 3.

avantage ,avec la puissance de les fouler aux pieds impunément lorsque ses intérêts le demandaient.

84. Mais le condamné était incapable de se porter accusateur dans une action criminelle. Obligé de répondre, comme tout le monde, à l'accusation formulée contre lui par tout homme capable s'il s'était rendu coupable d'un crime, la réciprocité ne lui était pas accordée. N'ayant rien à perdre, il se serait sans doute permis d'intenter des accusations dénuées de fondement, sans craindre comme les autres hommes la peine édictée par la loi contre ceux dont la calomnie était démontrée. Telle était du reste la raison donnée par les jurisconsultes romains pour motiver cette incapacité (1); et comme elle leur faisait défaut lorsqu'il s'agissait non plus de former une accusation, mais de continuer celle commencée en état de capacité, ils n'hésitaient pas à déclarer que le déporté pouvait agir dans ce cas (2). Cette dernière décision fournirait au besoin un nouvel argument pour prouver qu'il était apte à procéder en justice au civil.

85. Le condamné à une peine capitale ne pou-

(1) Ulpien, D. 48, 1, 5, § 1. — Marcien, D. 49, 14, 18, § 2.

(2) Ulpien, D. 48, 1, 5, § 2. — Marcien, D. 49, 14, 18, § 4. — Jousse, part. 1, tit. 3, ch. 2, sect. 1, art. vi, § 1, n° 138. — Richer, part. 2, L. III, art. i, ch. 4.

vait postuler pour autrui (1). Il lui était défendu d'être *procurator* (2). Ici, en effet, les motifs présentés à l'effet de lui permettre d'agir pour lui-même ne se rencontraient plus, et son incapacité devait être prononcée sans crainte de blesser les lois de la justice.

86. Enfin le déporté était, dans tous les cas, privé du droit d'être témoin en justice. Un de nos plus célèbres jurisconsultes (3) restreignait cette incapacité aux condamnés d'après les lois *Cornelia de falsis, Julia ambitus, Julia de adulteriis, Julia repetundarum*, et *Remmia de calumnia*. Il nous semble cependant qu'elle devait être généralisée (4), car, d'après un texte, le condamné par suite d'une procédure publique ne pouvait être témoin dans une accusation de violence (5). Une autre disposition lui enlevait d'ailleurs ce droit d'une manière complète, sans spécifier certaines espèces dans lesquelles seules l'incapacité aurait eu lieu (6).

87. La *maxima capitis deminutio* rendait esclave,

(1) Ulpien, D. 3, 1, 1, § 6. — Cujas, L. II, tit. 11.
(2) Doneau, L. XVIII, ch. 11.
(3) Cujas.
(4) Jousse, part. 1, tit. 3, ch. 2, sect. 3, art. vii, n° 217.—Richer, part. 2, L. III, art. i, ch. 5.
(5) Callistrate, D. 22, 5, 3, § 5.
(6) Venulcius, D. 22, 5, 20.

et retranchant pour ainsi dire le condamné du nombre des vivants, lui enlevait toute capacité. La *media capitis deminutio* n'allait pas si loin. Elle écartait le coupable de la cité en le privant de tous les droits politiques et civils, mais elle lui laissait la liberté et les facultés du droit des gens. Le déporté pouvait donc acquérir des biens et contracter, faculté interdite à l'esclave de la peine; son mariage n'était pas dissous, tandis qu'il en était autrement dans l'autre cas ; il avait la capacité nécessaire pour recevoir par testament d'un militaire, ce qui constituait encore une différence entre les deux positions ; il pouvait enfin ester en justice dans les affaires civiles, ce dont l'esclave était entièrement incapable. On aperçoit donc quelle fut l'importance de l'innovation de Justinien, lorsqu'il retrancha des institutions pénales de Rome l'esclavage de la peine. Ce changement et l'abolition de la confiscation, pour appeler les descendants ou ascendants à la succession des condamnés à une peine capitale au moment de la condamnation, furent deux adoucissements destinés par ce prince à mitiger un peu la rigueur du droit criminel.

§ II. — De l'Infamie.

88. Les peines à la suite desquelles ne se produisait pas la perte de la liberté, ou tout au moins celle de la cité, laissaient intacte en général la capacité des coupables. Toutefois la condamnation à l'une de ces peines, quelle qu'elle fût, entraînait souvent avec elle l'infamie, et par suite privation de certaines facultés tenant plus au droit public qu'au droit privé. Inutile de répéter que l'infamie résultait des condamnations prononcées pour un crime régi par un *judicium publicum* (**1**), ou pour un crime non prévu et réglementé par une loi spéciale, quand une condamnation civile relativement au même fait était également infamante (**2**).

89. L'infâme, tout en restant citoyen, était incapable de remplir une fonction publique (**3**), et de participer par son suffrage à la nomination des magistrats de la république. Les droits politiques,

(1) Doneau, L. XVIII, ch. 8.
(2) Macer, D. 48, 1, 7.
(3) Marcien, D. 48, 7, 1. — Antonin, C. 12, 36, 3. — Dioclétien et Maximien, C. 10, 54, 1. — Dioclétien et Maximien, C. 10, 31, 8. — Voët, L. III, tit. 2, § 4. — Jousse, part. 1, tit. 3, ch. 2, sect. 1, art. vii, n° 216. — M. de Savigny, tom. II, ch. 2, §§ 79 et 80.

en effet, et parmi eux le *suffragium*, lui étaient enlevés (1). Comme l'infamie cependant ne devait pas servir à celui qu'elle atteignait, le décurion devenu infâme était, il est vrai, privé des honneurs auxquels il aurait eu droit à raison de sa position, mais par là il n'était pas exempté des charges de la curie pesant sur sa personne ou sur ses biens (2).

90. Par rapport au droit privé, l'infamie entraînait aussi quelques incapacités. Ainsi, le juge ne pouvait admettre le témoignage de l'homme réputé infâme, sur la véracité duquel son état inspirait des soupçons (3). Il ne devait pas non plus écouter l'infâme intentant une accusation publique. C'était un droit dont le condamné était formellement privé, si elle n'avait pas pour objet un crime d'homicide sur la personne de l'enfant ou du patron de l'accusateur, ou si celui-ci ne tendait pas à recouvrer sa propre chose (4). Pour ces

(1) Cicéron, *pro Cluentio.* — M. de Savigny, tom. II, ch. 2, §§ 79 et 80.

(2) Antonin, C. 10, 54, 1. — Dioclétien et Maximien, C. 10, 57, 1. — Cujas, C., L. X, tit. 31, 12. — Cujas, C., L. X, tit. 58.

(3) Venuleius, D. 22, 5, 20. — Rousseau de la Combe, *Traité des matières criminelles*, part. 3, ch. 13, sect. 2, § 5. — M. de Savigny n'admet l'incapacité que pour les condamnés à certains crimes, tom. II, ch. 2, § 82.

(4) Ulpien, D. 48, 2, 4. — Macer, D. 48, 2, 8. — Richer, part. 2, L. III, art. 1, ch. 4. — Paul, D. 47, 23, 4. — M. de Savigny, tom. II, ch 2, § 82.

cas, la méfiance dont il était l'objet étant mise de côté, il rentrait dans les droits accordés à tout citoyen (1).

91. L'infâme, sans contredit, avait toute la capacité nécessaire pour agir en justice en matière civile dans ses propres affaires, mais il était privé du droit d'être *advocatus*, et de postuler, si ce n'est pour lui, pour ses proches parents ou pour son patron (2).

On considérait comme un honneur la faculté d'agir par l'intermédiaire d'un *procurator* ou d'un *cognitor*, aussi était-elle refusée à l'infâme. Celui-ci, de son côté, était incapable de remplir ces fonctions pour un autre, même du consentement de l'adversaire (3). Si donc l'infâme se présentait comme *cognitor* ou *procurator*, ou si un tiers s'offrait comme tel pour lui, l'adversaire était en droit de se servir d'une exception dilatoire, relativement à la personne du *cognitor* ou *procurator*, ou à celle du constituant (4).

Une autre conséquence de cette prohibition,

---

(1) A l'exemple des femmes. Ulpien, D. 47, 23, 6. — M. de Savigny, tom. II, ch. 2, § 82.

(2) Ulpien, D. 3, 1, 1, §§ 8 et 11. — Cujas, C., L. II, tit. 11.

(3) Paul, Sent. 1, 2, § 1. — Frag. vatic., §§ 322, 323 et 324. — M. de Savigny, tom. II, ch. 2, § 82.

(4) Inst. Just., 4, 13, § 11. — Cujas, Inst. Just., L. IV, ch. 13 et 16.

c'est que l'infâme ne pouvait être cessionnaire d'aucune action, car il aurait fallu le nommer *cognitor* ou *procurator* (1). Cette dernière incapacité disparut toutefois quand on put se servir d'actions utiles. Par ce moyen, il lui fut en effet possible d'agir en son propre nom.

A cause de l'abandon volontaire de cette exception dilatoire, son abrogation expresse fut prononcée au temps de Justinien (2).

92. Depuis longtemps déjà la loi *Julia* et les prohibitions de mariage entre les sénateurs et les personnes viles, au nombre desquelles les jurisconsultes plaçaient les infâmes, étaient aussi tombées en désuétude. A cet égard, les mœurs avaient amené successivement des modifications dans la législation. En effet, la loi *Julia* défendait aux sénateurs, et à leurs descendants mâles ou non, de contracter mariage avec les affranchis et certaines personnes viles spécialement désignées. Elle prohibait également le mariage entre les hommes nés libres et certaines femmes déshonorées qu'elle énumérait également. Seulement, les deux catégories n'étaient pas complétement pareilles.

(1) Paul, Sent., 1, 2, § 3. — Gaius, Com. 2, § 39. — Ulpien, D. 15, 3, 3, § 5. — M. de Savigny, tom. II, ch. 2, § 82.

(2) Justinien, C. 4, 39, 9. — M. de Savigny, tom. II, ch. 2, § 82.

Les jurisconsultes étendirent cette prohibition, et dans les deux cas défendirent de contracter mariage avec une personne infâme. Alors, il est vrai, la défense était simplement prohibitive. Elle avait pour unique sanction l'application des peines sur le célibat, comme s'il n'y avait pas eu d'union, car, une fois contracté, le mariage subsistait. Toutefois, un décret du sénat, porté sous Marc-Aurèle, prononçait la nullité même, mais par rapport seulement aux sénateurs lorsqu'ils épousaient des personnes exerçant certaines professions déshonorantes. Cette disposition d'ailleurs ne s'appliqua jamais aux noces avec les infâmes en général.

La prohibition de la loi *Julia* quant aux peines du célibat disparut sous les premiers empereurs chrétiens (1). Celle dirigée spécialement contre les sénateurs depuis Marc-Aurèle, fut à son tour abrogée peu à peu sous Justinien. Ainsi, d'abord il permit de maintenir le mariage s'il avait précédé l'acquisition de la qualité de sénateur (2); puis les sénateurs furent autorisés à épouser des comédiennes lorsqu'elles consentaient à quitter leur profession (3). Enfin toute prohibition cessa,

(1) Constantin, Constance et Constant, C. 8, 58, 1. — M. de Savigny, tom. II, ch. 2, § 82.

(2) Justinien, C. 5, 4, 28. — M. de Savigny, tom. II, ch. 2, § 82.

(3) Justinien, C. 5, 4, 29. — M. de Savigny, tom. II, ch. 2, § 82.

à la charge par les sénateurs, en se mariant, de dresser un contrat de mariage (1).

93. Nulle loi ne défendait à l'infâme de tester, et par conséquent il fallait lui reconnaître cette capacité. Au besoin, il serait possible de citer une espèce dans laquelle elle n'est pas contestée. Ainsi, il est dit positivement que la femme, après son mariage dans l'année de deuil, pouvait tester bien qu'infâme, car l'infamie résultait de causes nombreuses toutes énumérées dans les textes du Digeste, parmi lesquelles nous avions à nous occuper seulement des condamnations pénales.

94. L'infâme cependant était privé de la capacité indispensable pour être témoin dans un testament, bien qu'on eût faction de testament avec lui (2). Il formait une exception au principe général, et on ne peut qu'approuver une telle décision.

95. Le père de famille à Rome était libre d'abord de disposer selon sa volonté de son hérédité; ensuite pour que son testament ne fût pas vicié, il dut avoir le soin d'exhéréder ses descendants appelés à lui succéder à titre d'héritiers siens (3). Quant à la mère ou autres ascen-

(1) Justinien, Nov. 117, ch. 6.—M. de Savigny, tom. II, ch. 2, § 82.
(2) Gratien, Valentinien et Théodose, C. 5, 9, 1. — Doneau, L. VI, ch. 5.
(3) Inst. Just., 2, 10, 6. — Ulpien, D. 28, 1, 18, § 1. — Domat, part. 1, L. III, tit. 1, sect. 3, § 6.

dants maternels, leur silence valait exhérédation.

Un nouvel adoucissement fut bientôt introduit par les prudents à la rigueur du droit, et l'on imagina de permettre aux enfants et aux ascendants injustement exhérédés ou omis, et sans autre moyen d'arriver à la succession, d'attaquer le testament inofficieux, ainsi contraire aux devoirs de piété entre parents aussi proches, comme dénotant une volonté déraisonnable de la part du testateur. Par ce moyen ils parvenaient, en faisant prononcer la nullité de l'acte de dernière volonté, à la succession *ab intestat* (1). Cette plainte d'inofficiosité fut même accordée aux frères et sœurs agnats (2). Justinien par modification à l'ancien droit maintenu par Constantin (3), la donna également d'abord aux frères et sœurs consanguins (4), et ensuite par une Novelle aux frères et sœurs utérins. Mais la ligne collatérale n'y eut jamais droit, à l'opposé des descendants ou ascendants, sauf si l'institution était faite au profit de personnes viles, et parmi celles-ci figuraient les infâmes, souffrant donc ici encore de l'altération si profonde apportée à leur bonne renommée (5).

(1) Inst. Just., 1, 17, P, §§ 1 et 2.
(2) Inst. Just., 1, 17, § 1.
(3) Constantin, C. 3, 28, 27.
(4) Justinien, Nov. 118.
(5) Inst. Just., § 1, 17, 1. — Voët, L. III, tit. 2, §§ 4 et 9.

§ IV. — Des condamnations pénales des esclaves.

96. Tout ce que nous venons de reconnaître relativement aux conséquences des condamnations pénales sur la capacité des condamnés suppose évidemment qu'il s'agit d'hommes libres et citoyens avant leur condamnation. Si au contraire le coupable se trouvait être un esclave, nulle atteinte évidemment n'était portée à sa capacité puisqu'il n'en avait pas (1). Nous n'aurions donc pas à nous en occuper si l'esclave condamné devait nécessairement toujours rester tel. Il pouvait se faire néanmoins qu'un esclave condamné aux fers, ou aux bêtes, marqué avec un fer chaud, ou seulement mis à la question et trouvé coupable, fût affranchi. Quelle était alors l'influence de la condamnation sur son état?

Jusqu'au règne d'Auguste elle n'en avait aucune. Mais sous ce prince parut la loi Aelia Sentia assimilant les affranchis de cette espèce aux peuples qui, vaincus par les Romains, avaient dû se rendre à discrétion. On les nomma dès lors affranchis déditices (2).

97. Les affranchis de cette catégorie ne jouis-

____

(1) Inst. Just., 1, 16, § 4.

(2) Inst. Just., 1, 5, § 3. — Ulpien, Frag. 1, § 11. — Cujas. tit. *ex corp.*, Ulp., 29, tit. 1.

saient pas, ainsi que les affranchis citoyens, d'une pleine liberté. Ils ne vivaient pas comme hommes libres pour mourir comme esclaves à l'exemple des affranchis Latins Juniens; mais n'étant ni libres ni esclaves, ils avaient seulement, d'après l'expression de Cujas, une ombre de liberté (1).

Les déditices ne possédaient pas même à l'égal des Latins Juniens le *jus commercii* et la *factio testamenti*. A plus forte raison ne jouissaient-ils pas du *connubium* et de la puissance paternelle dont ceux-ci étaient privés. Ils ne pouvaient acquérir que par les modes du droit des gens, et étaient incapables de tester ou de recevoir par testament (2). Ils se trouvaient en outre forcés de ne pas paraître à Rome ni dans un rayon de cent milles sous peine d'être vendus publiquement (3).

Cet état, du reste, était irrévocable pour eux, car il leur était impossible de devenir citoyens (4).

98. Les biens acquis par les déditices revenaient à celui qui les avait affranchis, dès l'instant de leur mort. Une distinction cependant était à faire. Il s'en emparait par droit de succession quand l'affranchissement avait eu lieu par des modes so-

______

(1) Cujas, Observ., L. IV, ch. 5.

(2) Ulpien, Frag. 22, § 2. — Cujas, tit. *ex corp.*, Ulp., 29, tit. 22.

(3) Gaius, Com. 1, §§ 26 et 27.

(4) Gaius, Com. 1, § 25.

lennels dont l'effet eût été de rendre l'esclave citoyen, si la condamnation subie pendant l'esclavage n'y eût pas mis obstacle (1), et par droit de pécule au contraire lorsque les conditions nécessaires pour donner la cité avaient manqué à l'affranchissement (2).

99. Les deux espèces d'affranchis non citoyens avaient disparu avant Justinien, aussi s'empressat-il de retrancher ces distinctions tombées en désuétude. Dès lors tout affranchi fut citoyen (3). Les déditices ne se rencontrant déjà plus en fait dans l'empire romain, cessèrent donc alors d'exister légalement.

(1) Gaius, Com. 3, § 75.
(2) Gaius, Com. 3, § 76.
(3) Inst. Just., 1, 5, § 3. — Justinien, C. 7, 5 et 6.

CHAPITRE IV.

DE LA CESSATION DE L'ALTÉRATION DE LA CAPACITÉ DES CONDAMNÉS.

100. L'altération de la capacité du criminel, suite d'une condamnation, le suivait pendant toute son existence. Le condamné restait toujours esclave de la peine, privé de la cité ou infâme, quand la prononciation d'une sentence judiciaire lui avait infligé cette qualité.

Cependant le sénat d'abord (1), l'empereur ensuite (2), jouissaient du droit de faire grâce au coupable, soit avant, soit après la condamnation (3), quelle que fût la peine, et cette restitution produisait pour le gracié des résultats plus ou moins complets suivant la volonté de son auteur.

101. Deux genres de restitution se présentaient dans la législation romaine. Elle était en effet une réintégration entière dans la position occupée par le gracié avant la condamnation, ou bien

(1) Ulpien, D. 3, 1, § 10. — Doneau, L. XVIII, ch. 8.
(2) Ulpien, D. 48, 18, 1. § 27. — Callistrate, D. 48, 19, 27, § 1.
— Voët, L. XLVIII, tit. 23, § 1.
(3) Dioclétien et Maximien, C. 9, 51, 11. — Antonin, C. 9, 51, 2.

elle lui faisait recouvrer seulement une partie des droits dont il avait été dépouillé.

102. La *restitutio in integrum* rendait, soit à l'esclave de la peine, soit au déporté, ses biens, son rang, sa dignité, sa bonne renommée (1). Le droit de patronage (2), et la puissance paternelle renaissaient, ainsi que les liens de parenté, disparus aux yeux de la loi civile (3), avec leurs charges, telles que les tutelles par exemple (4). Toutefois les actes faits pendant la durée de la peine par le fils de famille étaient respectés (5), de telle sorte qu'une constitution impériale validait son testament malgré la controverse établie antérieurement sur ce point entre les jurisconsultes (6).

Pour l'esclave de la peine, dont le mariage avait été dissous, il fallait procéder à une nouvelle

(1) Ulpien, D. 50, 4, 3, § 2.—Antonin, C. 9, 51, 1.—Alexandre, C. 9, 51, 4. — Dioclétien et Maximien, C. 9, 51, 11 et 12. — Constantin, C. 9, 51, 13, P, §§ 3 et 4. — Voët, L. XLVIII, tit. 23, § 3.

(2) Ulpien, D. 48, 23, 1. — Antonin, C. 9, 51, 1. — Voët, L. XLVIII, tit. 23, § 3. — Duaren, L. XLVIII, tit. 23, ch. 2.

(3) Paul, D. 48, 23, 4. —Cujas. — Voët, L. XLVIII, tit. 23, § 3. — Duaren, L. XLVIII, tit. 23, ch. 2.

(4) Constantin, C. 9, 51, 13, § 3. —Papinien, D. 27, 3, 8, par analogie avec le cas de *postliminium*. — Voët, L. XLVIII, tit. 23, § 5.

(5) Constantin, C. 9, 51, 13, P. —Duaren, L. XLVIII, tit. 23, ch. 2.

(6) Constantin, C, 9, 51, 13, § 1. — C'est l'opinion de Papinien qui l'emporta sur celle de Paul et d'Ulpien.

union (1), s'il voulait se retrouver entièrement dans l'état où il était quand la condamnation était venue le frapper, car le mariage ne renaissait pas par la seule volonté du prince.

Les biens passés au fisc après la sentence du juge étant rendus au restitué (2), les actions qu'il avait pu avoir à exercer contre ses anciens débiteurs, ou celles au contraire dont ses anciens créanciers avaient eu le droit d'user contre lui avant sa condamnation, reprenaient toute leur force (3).

103. Néanmoins la restitution ne devait pas nuire aux droits acquis des tiers ; car dans plus d'une circonstance ils étaient préférés à la volonté même de l'empereur (4). Les tiers acquéreurs restaient donc maîtres des biens vendus par le fisc (5). On ne restituait pas non plus les fruits échus pendant le temps écoulé entre la confiscation et l'obtention de la grâce (6), et les individus

---

(1) Pomponius, D. 49, 15, 14, § 1. — Par analogie avec le prisonnier qui, malgré le *postliminium*, doit contracter mariage de nouveau.

(2) Antonin, C. 9, 51, 1.

(3) Papinien, D. 48, 33, 3. — Dioclétien et Maximien, C. 9, 51, 12. — Cujas, Com. *de verb. oblig.*, L. 122. — Voët, L. XLVIII, tit. 23, § 5.

(4) Ulpien, D. 43, 8, 2, § 16, qui empêche de bâtir sur un lieu public malgré l'autorisation du prince, si on nuit à autrui.

(5) Duaren, L. XLVIII, tit. 23, ch. 2.

(6) Voët, L. XLVIII, tit. 23, § 3. — Duaren, L. XLVIII, tit. 23, ch. 2.

qui avaient recueilli des hérédités par suite de l'incapacité du condamné n'étaient pas forcés de les rendre (1).

104. Le souverain avait également la faculté de remettre l'infamie (2) au moyen de la *restitutio in integrum*, dont la conséquence était de faire regarder la condamnation comme n'ayant pas eu lieu, sauf bien entendu en ce qui concerne les droits acquis des tiers.

105. Le condamné cependant pouvait n'obtenir qu'une restitution moins large dans ses effets, et alors son droit, résultant de l'acte impérial fait en sa faveur, variait suivant sa teneur. Ainsi il ne s'agissait peut-être que de la remise pure et simple de la peine, sans reddition des biens confisqués (3), et par conséquent des actions antérieures passives ou actives (4), de la puissance paternelle (5), de l'*existimatio* enfin (6). La restitution pouvait comprendre uniquement les droits de

---

(1) Voët, L. XLVIII, tit. 23, § 3.

(2) Ulpien, D. 3, 2, 1, § 10. — Antonin, C. 9, 51, 1. — Doneau, L. XVIII, ch. 8. — Voët, L. III, tit. 8, § 7.

(3) Antonin, C. 9, 51, 2. — Voët, L. XLVIII, tit. 23, § 2.

(4) Alexandre, C. 9, 51, 3, 4 et 5. — Voët, L. XLVIII, tit. 23, § 2.

(5) Dioclétien et Maximien, C. 9, 51, 9. —Voët, L. XLVIII, tit. 23, § 2.

(6) Philippe, C. 9, 51, 7. — Valentinien, Valens et Gratien, C. 9, 43, 3. —Voët, L. XLVIII, tit. 23, § 2.—Duaren, L. XLVIII, tit. 23, ch. 2.

cité, les honneurs et les dignités, et laisser subsister la perte des biens et celle de la puissance paternelle (1); ou bien encore la cité et les biens étaient recouvrés, mais l'infamie restait comme suite de la condamnation (2). On le voit, dans tous ces cas, la capacité du restitué était plus ou moins grande, suivant l'étendue de la grâce, mais elle n'était jamais complète comme dans la *restitutio in integrum* (3).

(1) Ulpien, D. 48, 23, 2. — Papinien, D. 48, 23, 3. — Gordien, C. 9, 51, 6.—Dioclétien et Maximien, C. 9, 51, 9.—Voët, L. XLVIII, tit. 23, § 2.

(2) Philippe, L. 9, 51, 7. — Valentinien, Valens et Gratien, L. 9. 43, 3.

(3) Voët, L. XLVIII, tit. 23, §§ 2, 3 et 5.—Duaren, L. XLVIII, tit. 23, ch. 2. — Richer, part. 2, L. IV, ch. 1.

SECONDE PARTIE.

DROIT FRANÇAIS.

106. Pour plus de clarté dans l'examen de la législation française par rapport à l'influence des condamnations pénales quant à la capacité des condamnés, nous croyons devoir diviser cette partie de notre étude en deux périodes comprenant : la première toute l'époque antérieure au Code civil, et la seconde le laps de temps écoulé depuis la confection du Code civil jusqu'à nos jours.

SECTION I.

DROIT ANCIEN ET DROIT INTERMÉDIAIRE.

CHAPITRE I.

DES PEINES EMPORTANT ALTÉRATION DE LA CAPACITÉ DES CONDAMNÉS.

107. Ce qui s'était produit au commencement de la société romaine, reparut en France d'une manière plus complète encore à l'enfance de la monarchie. Le principe dominant le droit pénal à cette époque de barbarie, c'est la vengeance privée et sa transmission héréditaire dans les familles comme un droit qui leur est dû. Ce droit de vengeance engendra bientôt le système des compositions, par suite duquel l'auteur d'un crime pouvait se racheter moyennant une somme d'argent payée à la victime ou à sa famille.

La société intervint enfin et força au rachat, purement volontaire précédemment. Dès lors le tarif en fut réglé d'une manière fixe, comme on peut le voir dans la nouvelle rédaction de la loi salique faite par ordre de Charlemagne (1). Jusqu'alors

---

(1) Legraverend, *Traité de la législation criminelle,* tom. 1, Introduction.

néanmoins la pénalité proprement dite n'apparaît pas, et quiconque est assez riche pour pouvoir payer la composition, peut commettre impunément le crime le plus atroce.

108. Un nouveau pas fut fait encore. Au droit des particuliers succéda celui de la nation, et la vengeance publique prit la place de la vengeance privée, jusqu'à ce que la base véritable de la pénalité se fût fait jour, ce qui eut lieu quand on vit simplement dans la peine une juste rétribution du mal par le mal dans les limites des besoins de la société (1).

109. Au moment où la peine prit un caractère public, elle fut atroce au dernier point, et malgré quelques adoucissements, elle resta cruellement sévère tant que les idées nouvelles ne vinrent pas faire prévaloir la pensée de la justice sur celle de la vengeance.

Dans cette période, s'étendant jusqu'à la révolution de 1789, il n'existait pas de Code pénal; les peines étaient presque toujours arbitraires, mais l'accusation n'était pas publique comme à Rome (2).

______

(1) Rossi, *Traité de droit pénal,* L. 1, ch. 12.

(2) Jousse, *Traité de la justice criminelle,* part. 1, tit. 1, art. 1, n° 3. — Rousseau de la Combe, *Traité des matières criminelles,* part. 1, ch. 1, n° 3.

110. Les criminalistes anciens donnent une énumération des peines en usage alors en France, et les rangent en cinq classes. Suivant eux, elles sont capitales, quand elles emportent privation de la vie naturelle (1), ou suivant quelques-uns, tout au moins la mort civile (2); corporelles, quand elles atteignent physiquement le corps du condamné; afflictives proprement dites, lorsqu'elles gênent seulement la liberté du corps; et infamantes, quand sans effet sur la personne du condamné, elles le frappent dans sa bonne renommée. Elles peuvent être enfin une de ces peines légères sans influence de droit même sur l'honneur du coupable (3).

111. Les peines capitales, en prenant ce mot dans le sens le plus étendu, sens tiré d'ailleurs du droit romain, étaient : la peine de mort avec ses différentes espèces de supplice, l'écartèlement, le feu vif, la roue venant d'Allemagne et paraissant pour la première fois sous François Iᵉʳ (4), sans

(1) Muyart de Vouglans, *Lois criminelles,* part. 1, L. II, tit. 3, n° 7.

(2) Jousse, part. 1, tit. 3, ch. 1, n° 3.—Richer, *Traité de la mort civile,* part. 2, L. I, ch. 2. — Denizart, *Collection de décisions nouvelles,* tom. 3, mot *Peines,* n° 3.

(3) Jousse, part. 1, tit. 3, ch. 1, n° 6. — Rousseau de la Combe, part. 1, ch. 1, n° 9. — Muyart de Vouglans, part. 2, L. II, tit. 4.

(4) Édit de janvier 1534.

être jamais appliquée aux femmes, la potence réservée aux vilains, et la décollation pour les nobles (1), pendus seulement quand le crime dérogeait à la noblesse, comme en cas de trahison,
larcin, parjure ou faux (2); les galères perpétuelles (3), toujours accompagnées de la marque (4),
dont on voit un seul exemple dans le droit romain (5), et qui inusitées dans la législation française avant Charles IX (6), ne s'appliquaient pas
aux femmes, pour lesquelles elles se changeaient
en un emprisonnement perpétuel (7); la prison ou
réclusion dans une maison de force, peu en usage
pour les hommes, mais fréquemment employée

(1) Loisel, Regul., 18, L. IV, tit. 2.—Jousse, part. 1, tit. 3, ch. 2,
sect. 1, art. i, § 5, n° 28.—Muyart de Vouglans, part. 1, L. II, tit. 4,
ch. 1.

(2) Pothier, *Traité des personnes*, part. 1, tit. 1, sect. 2, art. iv.

(3) Ord., 1670, tit. 25, art. xiii. — La peine des galères perpétuelles pouvait être prononcée non-seulement par les parlements
et les juges royaux, mais encore par de simples juges seigneuriaux.
Arrêt de la Tournelle, 27 octobre 1734. — Rousseau de la Combe,
part. 1, ch. 1, n° 30. — Muyart de Vouglans, part. 1, L. II, t. 4,
ch. 2, § 2, n° 9.

(4) Déclarat., 4 mars 1724, art. v.

(5) Auguste l'infligea à un imposteur qui se disait fils de sa sœur
Octavie, en le condamnant à servir de rameur sur les galères de
la république. — Valère Maxime, L. IX, ch. 15, n° 3.

(6) Merlin, *Rép.*, *Galères*, n° 1.

(7) Décl., 4 mars 1724, art. i. — Jousse, part. 1, t, 3, ch. 2,
sect. 1, art. 1, § 4, n° 27. — Rousseau de la Combe, part. 1, ch. 1,
n° 27. — Muyart de Vouglans, part. 1, L. II, t. 4, ch. 2, § 2, n° 6.
— Merlin, *Rép.*, *Galères*, n° 2.

pour les femmes (1), à l'égard desquelles elle remplaçait les galères perpétuelles ou le bannissement perpétuel hors du royaume, et dont l'existence, reconnue cependant par la généralité des auteurs (2), était déniée néanmoins par certains jurisconsultes qui voyaient en elle une peine canonique, et en dehors des lois ecclésiastiques un simple moyen de garder les coupables (3) ; enfin le bannissement (4), se convertissant pour les femmes en réclusion perpétuelle, quand il était à perpétuité et hors du royaume, deux conditions indispensables pour entraîner la mort civile (5).

(1) Décl., 4 mars 1724.

(2) Coquille, *sur la coutume du Nivernais*, Quest. 19. — Legrand sur l'art. 133, *Coutume de Troyes*, nº 47. — Fevret, *Traité de l'abus*, L. VIII, ch. 4, nº 9. — Jousse, part. 1, t. 3, ch. 2, sect. 1, art. 1, § 9, nº 41. — Muyart de Vouglans, part. 1, L. II, t. 4, ch. 3, § 3. — Richer, part. 2, L. I, ch. 2, sect. 4. — Merlin, *Rép.*, *Mort civile*, § 1, art. 1, nº 1, et *Peines*, nº 1.

(3) Rousseau de la Combe, part. 1, ch. 1, nº 5 et 31.

(4) Le bannissement hors du royaume ne pouvait pas être prononcé par les juges seigneuriaux, mais seulement par les parlements et les juges royaux. Déc., 4 août 1682. — Jousse, part. 1, t. 3, ch. 2, sect. 1, art. 1, § 10, nº 45, 46 et 47. — Merlin, *Rép.*, *Bannissement*, § 1, nº 6. Cependant dans la juridiction du parlement de Rouen et suivant Muyart de Vouglans, part. 1, L. II, t. 4, ch. 3, § 1, nº 6, les juges seigneuriaux devaient avoir ce même pouvoir. Rousseau de la Combe, part. 1, ch. 1, nº 40, au contraire, le refuse aux juges royaux.

(5) Jousse, part. 1, t. 3. ch. 2, sect. 1, art. 1, § 10, nºs 42 et 43. — Rousseau de la Combe, part. 1, ch. 1, nº 27. — Muyart de Vouglans, part. 1, L. III, t. 4, ch. 3, § 1. nº 5. — Domat, part. 2, L. I, t. 1, sect. 2, nº 11. — Pothier, *Tr. des pers.*, part. 1, t. 3, sect. 2,

112. Les peines corporelles étaient celle du fouet par la main du bourreau, celles de la flétrissure, du carcan, du pilori, celles enfin consistant dans la privation d'un membre, comme quand le poing est coupé, la langue coupée ou percée (1). Ces peines s'appliquaient rarement seules. On les adjoignait ordinairement à d'autres peines plus ou moins graves. La question rangée dans l'énumération des peines par quelques criminalistes anciens, et même par les textes (2), n'en était cependant pas une, mais seulement un moyen de preuve, ainsi que le remarquaient d'ailleurs ces jurisconsultes (3).

113. Les peines afflictives mais non corporelles étaient les galères à temps, accompagnées de la marque et réservées aux hommes ; la réclusion ou prison à temps pour les femmes condamnées aux galères à temps ou au bannissement temporaire

---

et *Introduction générale aux coutumes*, ch. 2, § 1, n° 30. — Richer, part. 2, L. 9, ch. 2, sect. 2. — Merlin, *Rép.*, *Mort civile*, § 9, art. 1, n° 1. — Ricard, *Traité des donations*, part. 9, ch. 3, sect. 4. n° 253.

(1) Jousse, part. 9, t. 3, ch. 2, sect. 9, art. 2, §§ 1 et 2, n° 54. — Rousseau de la Combe, part. 1, ch. 1, n° 1. — Muyart de Vouglans, part. 1, L. II, t. 4, ch. 2, §§ 3, 4 et 9. — Merlin, *Répert.*, *Peines*, n° 9.

(2) Ord., 1670, tit. 25, art. 13.

(3) Jousse, part. 9, t. 3, ch. 2, sect. 9, art. 2, § 5, n° 58. — Rousseau de la Combe, part. 1, ch. 1, n° 6. — Muyart de Vouglans, part. 1, L. II, t. 4, ch. 2, § 1, n° 2.

hors du royaume (1) ; l'authentique, peine venant de Justinien, et spéciale pour les femmes adultères qui étaient cloîtrées et rasées ; l'amende honorable ; le bannissement à temps hors du royaume pour les hommes seuls, ou le bannissement perpétuel ou à temps hors de la province ou de la juridiction du juge (2).

114. Le blâme, l'amende prononcée au criminel en dernier ressort ou par arrêt, la dégradation de noblesse, la privation à perpétuité d'offices ou de bénéfices, et la peine particulière pour les condamnés à mort dont la trop grande jeunesse empêchait l'exécution, et qui consistait à les faire assister à la pendaison de leurs complices, étaient les peines simplement infamantes (3).

115. Enfin les peines dont l'infamie n'était pas même la conséquence, consistaient dans l'admonition, l'abstention de certains lieux, l'interdiction à temps pour les officiers, l'aumône au criminel, la défense de récidiver, l'injonction d'être plus circonspect, et la demande de pardon (4).

(1) Décl., 4 mars 1724.

(2) Jousse, part. 1, t. 3, ch. 2, sect. 1, art. 3, n° 67 et suiv. — Rousseau de la Combe, part. 1, ch. 1, n° 6. —Muyart de Vouglans, part. 1, L. II, t. 4, ch. 3. — Merlin, *Rép.*, *Peines*, n° 1.

(3) Jousse, part. 1, tit. 3, ch. 2, sect. 1, art. 4, n° 88 et suiv.— Rousseau de la Combe, part. 1, ch. 1, n° 6. — Muyart de Vouglans, part. 1, L. II, t. 4, ch. 4.— Merlin, *Rép.*, *Peines*, n° 1.

(4) Jousse, part. 1, tit. 3, ch. 2, sect. 1, art. 5, n°s 111 et suiv.—

116. Presque toutes ces peines disparurent avec la monarchie absolue, et le Code pénal du 25 septembre 1791, après avoir proclamé ce grand principe que le juge pouvait appliquer seulement les peines déterminées par la loi, conserva, en ne s'occupant que des crimes dont le jury devait être le juge, la peine de mort, les fers pour remplacer les galères et dont le maximum était de vingt-quatre ans, la réclusion, la gêne, la détention, le carcan, et introduisit la déportation, seule peine perpétuelle sous ce régime, et la dégradation civique (1). La déportation, temporaire ou à vie en 1793 (2), devint ensuite perpétuelle dans tous les cas, à partir de l'an ii (3). Le bannissement fut une des peines supprimées par la Constituante.

La loi du 22 juillet 1791 s'était occupée des matières correctionnelles dont les peines étaient l'emprisonnement et l'amende, ni l'une ni l'autre infamante (4).

117. Le Code des délits et des peines rangea

Rousseau de la Combe, part. 1. ch. 1, n°s 6 et 9. — Muyart de Vouglans, part. 1, L. II, t. 4, ch. 5. — Merlin, *Rép.*, *Peines*, n° 1.

(1) Merlin, *Rép.*, *Peines*, n° 9.

(2) Loi, 7 juin 1793.

(3) Loi, 5 frimaire an ii. — Merlin, *Rép.*, *Déportation*, n° 5.

(4) D'Hambersart, *Rapport du projet de Code pénal au tribunat.*

parmi les peines infamantes la dégradation civique et le carcan, et parmi les peines afflictives la mort, la déportation, les fers, la réclusion dans les maisons de force, la gêne et la détention (1). Comme peines accessoires, il reconnut la confiscation, l'exposition et la flétrissure (2).

Nous n'avons pas à nous occuper des peines qui n'avaient pas pour effet d'entraîner l'infamie aux yeux de la loi.

118. Telles furent les dispositions pénales en usage jusqu'au Code de 1810. Quelles étaient leurs conséquences relativement à l'état des condamnés?

Sous ce dernier point de vue on peut dire que les peines, dans le droit ancien comme dans le droit intermédiaire, se groupaient en trois faisceaux, comprenant : l'un celles dont la mort civile était une suite, l'autre celles qui engendraient l'infamie, le dernier enfin celles après lesquelles on n'était ni mort civilement ni infâme. On n'avait jamais en effet reconnu en France l'esclavage de la peine rejeté par le droit romain lui-même sous Justinien.

119. Les peines entraînant avec elles la mort civile étaient précisément celles rangées parmi

(1) Loi, 3 brumaire an IV. — Merlin, *Rép.*, *Peines*, n° 1.
(2) Loi, 3 brumaire an IV.

les peines capitales. C'étaient donc dans l'ancienne législation : la peine de mort (1), dans tous les cas, bien que l'ordonnance de 1670 eût mentionné seulement la condamnation à mort par contumace, car quand elle avait été prononcée contradictoirement le condamné se trouvait dans la même position que s'il avait été atteint par une autre peine produisant la mort civile; les galères à perpétuité (2); le bannissement perpétuel (3) hors du royaume (4), mais non le simple exil par lettre de cachet, acte d'autorité absolue de la part du roi sans condamnation juridique, seule capable d'en-

(1) Jousse, part. 1, t. 3, ch. 2, sect. 1, art. 6, § 1, n° 135.— Muyart de Vouglans, part. 1, L. II, t. 4, ch. 4, § 1, n° 2. — Domat, part. 2, L. I, t. 1, sect. 2, n° 11. — Pothier, *Tr. des pers.*, part. 1, t. 3, sect. 2, et *Intr. gén. aux cout.*, ch. 2, § 1, n° 30. — Richer, part. 2, L. 1, ch. 2. — Merlin, *Rép.*, *Mort civile*, § 1, art. 1, n° 1.

(2) Ord., 1760, tit. 17, art. 29.—Rousseau de la Combe, part. 1, ch. 1, n° 24. — Jousse, part. 1, t. 3, ch. 2, sect. 1, art. 6, § 1, n° 135. — Muyart de Vouglans, part. 1, L. II, t. 4, ch. 4, § 1, n° 2.—Domat, part. 2, L. I, t. 1, sect. 2, n° 11. — Ricard, part. 1, ch. 3, sect. 4. — Pothier, *Tr. des pers.*, part. 1, tit. 3, sect. 2, et *Intr. gén. aux cout.*, ch. 2, § 1, n° 30. — Richer, part. 2, L. I, ch. 2, sect. 2.—Merlin, *Rép.*, *Mort civile*, § 1, art. 1, n° 1.

(3) Jousse, part. 1, tit. 3, ch. 2, sect. 1, art. 6, § 1, n° 135. — Rousseau de la Combe, part. 1, ch. 1, n° 24. — Muyart de Vouglans, part. 1, L. II, t. 4, ch. 4, § 1, n° 2. — Domat, part. 2, L. I, tit. 1, sect. 2, n° 11. — Ricard, part. 1, ch. 3, sect. 4, n° 253. — Pothier, *Tr. des pers.*, part. 1, t. 3. sect. 2, et *Intr. gén. aux cout.*, ch. 2, § 1, n° 30. — Richer, part. 2, L. I, ch. 2, sect. 2. — Merlin, *Rép.*, *Mort civile*, § 2, art. 1, n° 1.

(4) Ce qui fait que les femmes ne pouvaient encourir la *mort civile*

traîner la perte de la vie civile (1) ; enfin la réclusion perpétuelle dans une maison de force, dont nous reconnaissons l'emploi comme peine de droit commun (2).

Le principe sur lequel on s'appuyait était celui-ci : toute peine ayant pour résultat la séparation à perpétuité du condamné des membres de la société, doit emporter la mort civile. Il ne peut en être ainsi que si la peine est perpétuelle, par cette raison, reproduite en tout temps, que la fiction devant imiter la nature autant que possible, comme on ne peut mourir pour un temps d'après les lois naturelles, une peine perpétuelle doit seule amener la mort civile, résultat perpétuel de la condamnation.

120. Dans l'ancienne législation de la France

par suite du bannissement, quoi qu'en ait dit Argon, *Institutions au droit français*, L. III, ch. 39.— Pothier, part. 1, tit. 2, sect. 2.

(1) Jousse, part. 1, t. 3, ch. 2, sect. 1, art. 6, § 1, n° 135. — Rousseau de la Combe, part. 1, ch. 1, n° 24. — Muyart de Vouglans, part. 1, L. II. t. 4, ch. 4, § 1, n° 2.— Domat, part. 2, L. I, t. 1, sect. 2, n° 11. — Ricard, part. 1, ch. 3, sect. 4, n° 254. — Pothier, *Tr. des pers.*, part. 1, t. 3, sect. 2, et *Int. gén. aux cout.*, ch. 2, § 1, n° 30. — Richer, part. 2, L. I, ch. 2, sect. 5. — Merlin, *Rép.*, *Mort civile*, § 1, art. 1, n° 2.—M. Faustin Hélie, *Théorie du Code pénal*, tom. 1, ch. 6.

(2) Coquille, *Coutume de Nivernais*, Quest. 19. — Legrand, *Coutume de Troyes*, n° 47. — Jousse, part. 1, t. 3, ch. 2, sect. 1, art. 6, § 1, n° 135. — Muyart de Vouglans, part. 1, L. II, t. 4, ch. 3, § 3, n° 1.—Richer, part. 2, L. I, ch. 2, sect. 4.—Rousseau de la Combe, part. 1, ch. 1, n° 5, et part. 2, ch. 6, sect. 5, soutient l'opinion opposée.

certaines condamnations rendaient infâmes. Sans aucun doute les peines capitales avaient cet effet, sauf cependant la mort par décollation (1); mais sous le point de vue de l'état des personnes, cela importait peu, puisqu'elles produisaient en outre la mort civile (2).

L'infamie résultait encore des condamnations aux peines corporelles, parmi lesquelles figuraient le plus fréquemment le fouet, le carcan et le pilori; de celles aux peines purement afflictives, c'est-à-dire aux galères à temps, à la réclusion à temps dans une maison de force, à l'amende honorable, au bannissement perpétuel ou à temps d'une province ou d'une juridiction; enfin d'une condamnation à une peine simplement infamante comme le blâme (3), la dégradation de noblesse, l'interdiction des officiers à perpétuité avec défense d'acquérir d'autres charges (4), et l'amende

(1) Muyart de Vouglans, part. 1, L. II, t. 4, ch. 1, § 5, n° 1.

(2) Jousse, part. 1, t. 3, ch. 2, sect. 1, art. 6, § 1, n° 135. — Rousseau de la Combe, part. 1, ch. 1, n° 6. — Muyart de Vouglans, part. 1, L. II, t. 4, ch. 4, § 1, n° 2. — Pothier, *Tr. des pers.*, part. 1, t. 3, sect. 3.

(3) L'arrêt du parlement du 18 janvier 1701 tranche tous les doutes relativement à la peine du blâme.

(4) Argon, L. III, ch. 39. — Loyseau, *Traité des offices*, L. I, ch. 13, n° 65. — Jousse, part. 1, t. 3, ch. 2, sect. 1, art. 4, § 5, n° 102. — Muyart de Vouglans, part. 1, L. II, t. 4, ch. 2, 3, 4 et 5. — Toutefois, Pothier est d'un avis contraire relativement aux

prononcée par arrêt ou en dernier ressort (1).

Les autres peines plus légères n'altéraient en rien la capacité des condamnés, puisqu'elles n'allaient pas même jusqu'à produire l'infamie (2).

121. La Constituante dans son Code pénal ne reconnaissait ni le bannissement ni la prison perpétuelle. Les fers, ayant remplacé les galères dans l'échelle des peines, avaient pour *maximum* une durée de vingt-quatre ans (3). Restait donc une seule peine perpétuelle (4), frappant le condamné pendant toute sa vie, et encore la déportation ne prit-elle ce caractère que sous la Convention par la loi du 5 frimaire an ii, car jusque-là elle pouvait être soit perpétuelle, soit temporaire (5), suivant les circonstances.

122. La condamnation à la peine de mort, maintenue par l'Assemblée constituante après une dis-

---

effets de cette peine spéciale. *Tr. des pers.*, part. 1, tit. 3, sect. 3.

(1) Argon, L. III, ch. 39. — Jousse, part. 1, t. 3, ch. 2, sect. 1, art. 4, § 4, n° 91. — Rousseau de la Combe, part. 1, ch. 1, n° 15. — Muyart de Vouglans, part. 1, L. II, t. 4, ch. 5. — Pothier, *Tr. des pers.*, part. 1, tit. 3, sect. 3. — Merlin, *Rép.*, *Infamie*, n° 3, et *Peines*, n° 1.

(2) Argon, L. III, ch. 39. — Jousse, part. 1, tit. 3, ch. 1, n° 6. — Rousseau de la Combe, part. 1, ch. 1, n° 9. — Muyart de Vouglans, part. 1, L. II, t. 4, ch. 5 et 6. — Pothier, *Tr. des pers.*, part. 1, t. 3, sect. 3. — Merlin, *Rép.*, *Peines*, n° 1.

(3) Cod., 25 septembre 1791, part. 1, t. 1, art. 8. — Carnot, *Commentaire sur le Code pénal*, L. I, art. 7, n° 3.

(4) Loi, 3 brumaire an iv.

(5) Loi, 7 juin 1793.

cussion approfondie, et celle à la déportation, produisaient-elles alors la mort civile?

Cet état du condamné n'est qu'une suite de la condamnation à certaines peines. En conservant la peine dont il dérivait, le législateur nous paraît avoir voulu en conserver les effets. Ainsi sommes-nous forcés de conclure de son silence sur ce point que la condamnation à la peine de mort avait à cette époque pour conséquence la mort civile du condamné (1).

Quant à la déportation, cette peine renouvelée de la loi romaine et inusitée jusqu'alors en France, malgré son analogie avec le bannissement, on ne peut en dire autant. Le Code de 1791 renvoyait pour déterminer ses effets au règlement à faire sur la formation de l'établissement destiné à recevoir les déportés (2), or il n'existe aucun règlement d'après lequel la mort civile devait être encourue par suite d'une telle condamnation. Jusqu'au 17 septembre 1793 le défaut de disposition expresse dans la législation exigeait donc l'interprétation la plus favorable (3). Mais alors les dispositions sur les émi-

______

(1) Cass., 2 avril 1844. Dall., P., 1844, I, 191. — Merlin, *Rép.*, *Mort civile*, § 4, art. 1, n° 1. — Carnot, *Com. sur le Cod. pén.*, L. I, art. 18.

(2) Cod., 25 septembre 1791, part. 1, tit. 4, art. 8.

(3) M. Faustin Hélie, *Th. du Cod. pén.*, tom. 1, ch. 6. — Merlin, *Rép.*, *Déportation*, n° 6.

grés devinrent légalement applicables aux déportés (1). Or un acte du pouvoir législatif (2) avait précédemment déclaré les premiers morts civilement (3). Dès lors aucun doute ne pouvait plus s'élever relativement à cette question ainsi positivement tranchée par le législateur.

123. Sous le Code de brumaire an iv rien ne fut changé à la législation sous ce rapport. La mort civile résultait alors des condamnations à la peine de mort naturelle (4) et à la déportation (5), toute autre peine étant temporaire.

124. Le Code de 1791 avait profondément modifié l'échelle des peines. Il conserva parmi celles réservées à la punition des crimes, car nous laissons de côté celles d'où ne dérivait aucune incapacité, des peines en même temps afflictives et infamantes et des peines infamantes seulement.

Remarquons toutefois tout ce qu'il y a de faux dans cette expression de peine infamante employée même dans nos Codes modernes. En effet l'infamie est un fait résultant de l'opinion publique qui juge

(1) Loi, 17 septembre 1793.
(2) Loi, 28 mars 1793, art. i.
(3) M. Faustin Hélie, *Th. du Cod. pén.*, tom. 1, ch. 6. — Merlin, *Rép.*, *Déportation*, n° 6.
(4) Cas., 2 avril 1844, Dal., P., 1844, 1, 191.
(5) M. Faustin Hélie, *Th. du Cod. pén.*, tom. 1, ch. 6. — Merlin, *Rép.*, *Déportation*, n° 6.

du déshonneur des criminels d'après la nature du délit et nullement d'après la peine prononcée. On ne peut donc dire logiquement qu'une peine est infamante. Quoi qu'il en soit, le législateur a consacré cette classification, et, tout en ne l'approuvant pas, nous devons le suivre dans ses dispositions.

125. Toutes les peines afflictives au grand criminel, c'est-à-dire la mort, la déportation, les fers, la réclusion, la gêne, la détention, étaient infamantes. Le carcan et la dégradation civique se rangeaient en outre parmi les peines infamantes, bien qu'elles ne fussent pas afflictives (1). Lors donc que la mort civile n'en résultait pas, certaines conséquences quant à la capacité des condamnés se développaient cependant par suite d'une condamnation à l'une ou l'autre de ces peines.

126. Le Code pénal du 3 brumaire an iv, s'occupant exclusivement pour ainsi dire de la procédure criminelle, négligea la pénalité, et ne modifia pas sur ce point ce que la Constituante avait établi.

127. A toute époque, en France, la mort civile et l'infamie n'étaient la suite que de condamnations régulièrement prononcées par l'autorité judiciaire

______

(1) Cod., 25 septembre 1791, part. 1, t. 1, art. 31 et 32. — Merlin, *Rép.*, *Peines*, n° 1. — Carnot, *Com. sur le Cod. pén.*, L. I, art. 8. — Cod., 3 brumaire an iv, art. 602.

compétente. Ce principe ne faisait aucun doute, mais sur son application deux questions étaient et sont encore soulevées par les criminalistes. La mort civile résultait-elle d'une condamnation prononcée contre un Français par un tribunal étranger ? Était-elle produite par le jugement d'un conseil de guerre, ou de tout autre tribunal militaire, statuant sur un délit militaire ?

128. Les lois françaises régissent seules l'état des Français, et l'on ne conçoit pas qu'une sentence émanée d'un tribunal étranger puisse enlever au condamné son état de citoyen. Aussi presque tous les auteurs, à quelque époque que nous nous placions, s'accordaient-ils à décider que le Français, exécuté hors du royaume, était considéré comme mort naturellement, et plus généralement que le Français condamné à l'étranger n'encourait pas la mort civile et continuait à jouir de tous ses droits civils en France (1).

129. Quant aux condamnations des conseils de

(1) Jousse, part. 1, t. 3, ch. 2, sect. 1, art. 6, § 1, n°s 143. — Ricard, part. 1, ch. 3, sect. 4, n°s 263 et 264. — Basnage, *Coutume de Normandie*, art. 235. — Brodeau, *Coutume de Paris*, art. 183. — Richer, part. 2, L. I, ch. 2, sect. 8. — Merlin, *Rép.*, *Mort civile*, § 1, art. 1, n° 6, et *Jugement*, n°8. — Jurisprudence du Parlement de Paris. — Arrêt du Parlement d'Aix, 21 nov. 1641. —Toutefois Boullenois, *Traité des statuts réels et personnels*, tom. 1, p. 64, et d'Argentré, *Coutume de Bretagne*, art. 218, glose 6, soutenaient une opinion opposée. — Chopin, *sur la coutume*

guerre sur les délits militaires, la solution était beaucoup plus délicate, et une vive controverse s'était élevée sur ce point. Les partisans de l'opinion la plus favorable, d'après lesquels il y avait impossibilité pour le jugement d'un conseil de guerre de créer la mort civile du condamné, faisaient observer qu'une telle condamnation n'était pas faite en la forme judiciaire ordinaire. On n'avait pas pu vouloir, disaient-ils, laisser produire un effet aussi grave à des lois exceptionnelles comme les lois militaires dont la rigueur était extrême (1). Le doute d'ailleurs ne devait-il pas toujours se résoudre en faveur du condamné suivant la règle de toute bonne interprétation en matière criminelle ?

On répondait cependant que les conseils de guerre avaient un pouvoir identique à celui des autres tribunaux, puisqu'ils dérivaient de la même autorité. Un texte spécial pour les déserteurs condamnés par les tribunaux militaires (2) confir-

---

d'Anjou, L. III, ch. 1, t. 2, n° 17, La Roche Flavin, L. IV, tit. 5, art. 15, et le Parlement de Toulouse pensaient que la confiscation qui accompagnait la mort civile, bien que prononcée à l'étranger, frappait les biens situés en France.

(1) Opinion commune au temps de Coquille. — Rousseau de la Combe, *Recueil de jurisprudence civile, Confiscation*, n° 15, et *Testament*, sect. 2, n° 7. — Pothier, *Tr. des pers.*, part. 1, t. 3, sect. 2, et *Intr. gén. aux cout.*, ch. 2. § 1, n° 30.

(2) Ordonnance, 17 janvier 1730, art. 6.

mait cette opinion en déclarant formellement que de leur condamnation résultait la mort civile, par application de la règle générale, preuve évidente de l'existence de décisions en forme judiciaire dans les jugements militaires. C'était du reste une disposition tirée du droit romain d'après lequel les militaires encouraient pour les délits de ce genre la *capitis deminutio*. Pourquoi argumenter d'ailleurs de la rigueur de la législation militaire ? En embrassant cette profession ne devait-on pas connaître la sévérité des lois spéciales et s'attendre à en subir les conséquences (1) ? Il faut donc conclure en faveur de la mort civile pour se conformer aux principes, malgré ce qu'il peut y avoir de dur dans cette décision (2).

(1) Coquille, Quest. 16. — Basnage, *Coutume de Normandie*, art. 143. — Jousse, part. 1, t. 3, ch. 2, sect. 1, art. 6, n° 136. — Richer, part. 2, L. I, ch. 2, sect. 6. — Parlement, arrèt du 9 juin 1761. — Merlin, *Rép.*, *Mort civile*, § 1, art. 1, n° 3.

(2) Le décret du 12 décembre 1774, assimila les condamnés pour désertion à des peines autres que celle de la mort aux forçats. Comme *la chaîne* ne pouvait excéder le laps de trente ans, il n'y avait pas *mort civile* dans ce cas, mais seulement *infamie*.

CHAPITRE II.

DU MOMENT OU COMMENCE L'ALTÉRATION DE LA CAPACITÉ DES CONDAMNÉS.

§ I. — Du moment où commence la mort civile.

150. La mort civile ne pouvait pas naître pour l'auteur de l'acte coupable, quelle qu'en fût la gravité, de ce seul fait qu'un crime avait été commis. Conséquence d'une condamnation à certaines peines, état de l'homme condamné, elle résultait exclusivement d'une sentence juridique (1) ; seulement dans quelques cas elle rétroagissait au jour du délit. De ce principe découlait naturellement cette décision que le criminel était capable de tous les actes de la vie civile au moins jusqu'à la condamnation.

On ne pouvait cependant émettre cette maxime avec vérité d'une manière aussi générale. De nom-

---

(1) Jousse, part. 1, t. 3, ch. 2, sect. 1, art. 6, § 1, nᵒ 146. — Rousseau de la Combe, part. 1, ch. 1, nᵒ 24. — Muyart de Vouglans, part. 1, L. II, t. 4, ch. 4, § 1, nᵒ 2. — Lebrun, *Traité des successions*, L. I, ch. 2, sect. 3, nᵒ 1. — Pothier, *Tr. des pers.*, part. 1, t. 3, sect. 2. — Richer, part. 2, L. II, ch. 2, sect. 1, Dist. 1. — Merlin., *Rép.*, *Mort civile*, § 1, art. 4, nᵒ 1.

breuses distinctions étaient indispensables pour bien établir quel était l'état de l'auteur d'un crime avant la prononciation de la condamnation entraînant pour lui l'impossibilité de participer aux facultés dont jouissaient les Français non frappés de mort civile.

131. Et d'abord il était certains crimes, qualifiés par les jurisconsultes anciens de crimes atroces, par suite desquels la mort civile après la la prononciation de la condamnation remontait au jour où ils avaient été commis, de sorte que tous les actes faits depuis ce moment devenaient sans effet (1). Ces crimes à raison desquels il était permis de faire le procès même au cadavre de l'auteur, si on le trouvait après sa mort, ou à sa mémoire, s'il n'existait pas, étaient ceux de lèse-majesté divine ou humaine, de duel, de suicide (2), et de rébellion à justice avec force ouverte dans la rencontre de laquelle le coupable avait été tué (3).

Dans ces cas seuls il y avait rétroactivité de la

(1) Parlement de Paris, arrêt du 25 juin 1619. — Lebret, L. VI, Décision 4.

(2) Ordonnance de 1670, t. 22, art. 1. — Rousseau de la Combe, part. 1, ch. 2, sect. 5, et part. 3, ch. 21. — Muyart de Vouglans, part. 9, L. III, tit. 1, nº 3, t. 2, ch. 1, nº 5, ch. 2, § 9, nº 23, ch. 2, § 6, nº 4.—Richer, part. 2, L. 2, ch. 2, sect. 9, Dist. 4.—Merlin, *Rép.*, *Mort civile*, § 1, art. 4, nº 4.

(3) Ordonnance de 1670, t. 22, art. 1. — Rousseau de la Combe, part. 3, ch. 21. — Muyart de Vouglans, part. 2, L. I, t. 6, ch. 2, § 3, nº 2.

mort civile , et par conséquent incapacité complète de disposer de ses biens à partir du jour où le crime avait été commis (1), si toutefois une sentence de condamnation avait été prononcée contre le coupable pendant sa vie ou après sa mort.

152. En mettant de côté ces espèces toutes spéciales, nous rentrons dans les crimes ordinaires , et nous avons à nous demander quel était l'état du coupable avant la condamnation.

133. Après le dépôt d'une plainte formée par les parties intéressées ou par le ministère public agissant au nom de tous, sur le réquisitoire de ce dernier (2), un décret était lancé par le juge contre l'individu soupçonné d'être l'auteur du délit (3). Les décrets étaient de trois sortes. On choisissait entre eux selon la nature de l'accusation, la qualité de la personne et la gravité des présomptions qui s'élevaient contre celui qu'on songeait à décréter (4).

______

(1) Rousseau de la Combe, part. 1, ch. 1, nº 32. — Le Prestre, Centurie 1, ch. 84. — Ricard, part. 1, ch. 3, sect. 4, nº 247. — Parlement de Paris, arrêt du 25 juin 1619. — Lebret, L. VI, décision 4.

(2) Ordonnance de 1670, t. 10, art. I.

(3) Jousse, part. 1, t. 1, art. I, nº 3. — Rousseau de la Combe, part. 3, ch. 7. — Muyart de Vouglans, part. 2, L I, t. 6, ch. 1, § 6, nº 2.

(4) Ordonnance de 1670, t. 10, art. II. — Rousseau de la Combe, part. 3, ch. 7. — Pothier, *Tr. des pers.*, part. 1, t. 3, sect. 3.

134. Le décret d'assigné pour être ouï, le plus doux de tous, n'emportait aucune interdiction. Il fut même inventé pour éviter les résultats produits par les deux autres (1). Seulement si l'accusé assigné pour être ouï ne se présentait pas, on convertissait le décret en un décret d'ajournement personnel (2), et dès lors l'interdiction apparaissait pour ne cesser qu'au moment de l'interrogatoire.

135. Les décrets d'ajournement personnel et de prise de corps, beaucoup plus sévères que celui d'assigné pour être ouï, sans faire encourir l'infamie, rendaient l'accusé légitimement suspect (3). Il pouvait donc être reproché comme témoin.

Les fonctions publiques lui étaient également interdites tant qu'il restait en suspicion (4). Cette interdiction n'embrassait, toutefois, ainsi qu'il ressort du procès-verbal des conférences tenues par ordre du roi pour l'examen de l'ordonnance de 1670 sur les matières criminelles, que les fonctions de juge et d'officier de justice (5). Elle cessait

(1) Ordonnance de 1760, t. 10, art. x. — Muyart de Vouglans, part. 1, L. I, t. 6, ch. 1, § 6, n° 4. — Pothier, *Tr. des pers.*, part. 1, t. 3, sect. 3.

(2) Ordonnance de 1670, t. 10 art. 4. — Pothier, *Tr. des pers.*, part. 1, t. 3, sect. 3.

(3) Ord., 1670, t. 10, art. ii. — Muyart de Vouglans, part. 1, L. I, ch. 1, § 6, n°s 5 et 6. — Pothier, *Tr. des pers.*, part. 1, t. 3, sect. 3.

(4) Pothier, *Tr. des pers.*, part. 1, t. 3, sect. 3.

(5) Richer, part. 2, L. II, ch. 2, sect. 1, dist. 2.

dès qu'il était intervenu un jugement, soit interlocutoire par suite duquel l'accusé était renvoyé en état d'assigné pour être ouï, soit définitif qui le déchargeait complétement ou prononçait seulement une peine légère non infamante (1).

136. Quant aux actes relatifs à l'administration de ses biens, la règle de notre droit était que l'accusé conservait sa capacité. On devait donc respecter, à moins de fraude, les contrats faits par lui avant la mort civile. Il pouvait en conséquence recevoir ce qui lui était dû et en donner quittance (2).

Cette capacité d'administrer n'appartenait pas cependant aux accusés d'un crime atroce (3), en ce sens qu'après la condamnation leurs actes étaient rétroactivement annulés. Les accusés en fuite dont les biens se trouvaient annotés, étaient également déchus de cette faculté (4).

137. La confiscation était en grand usage dans l'ancienne jurisprudence. Tout en reconnaissant

---

(1) Pothier, *Tr. des pers.*, part. 1, t. 3, sect. 3.

(2) Le Prestre, cent. 1, chap. 84. — Rousseau de la Combe, part. 1, ch. 1, nº 32. — Richer, part. 2, L. II, ch. 2, sect. 1, dist. 3.

(3) Le Prestre, cent. 1, chap. 84. — Rousseau de la Combe, part. 3, ch. 21, et part. 1, ch. 1, nº 32.

(4) Le Prestre, cent. 1, ch. 84. — Rousseau de la Combe, part. 1, ch. 1, nº 32. — Richer, part. 2, L. II, ch. 2, sect. 1, dist. 3. — Legraverend, tom. 1, ch. 11, sect. 3.

que l'accusé conservait son état, on mettait néanmoins des entraves à la libre disposition de son patrimoine. Ces entraves ne tenaient pas du reste à son incapacité, aussi les actes n'étaient-ils pas nuls par eux-mêmes (1). Seulement on pouvait les faire annuler dans quelques cas, quand la condamnation suivie de la prononciation de l'arrêt à l'accusé l'avait rendu mort civilement.

Sur ce point il fallait distinguer entre les aliénations à titre gratuit, et celles à titre onéreux, qui toutes étaient valables cependant si l'accusé mourait avant la prononciation de la condamnation, car alors il était décédé dans l'intégrité de ses droits (2).

138. Par rapport aux donations, on était d'accord sur la nullité de celles dont l'existence était postérieure à l'accusation (3), et à plus forte raison à la signification du décret. Elles étaient censées faites *in suspicione pœnæ* (4).

(1) Le Prestre, cent. 1, ch. 84. — Jousse, part. 1, t. 3, ch. 2, sect. 1, art. vi, § 1, n⁰ˢ 155 et suiv. — Richer, part. 2, L. II, ch. 2, sect. 1, dist. 4.

(2) Jousse, part. 1, t. 3, ch. 2, sect. 1, art. vi, § 1, n⁰ 156.

(3) Arrêt de la Grand-Chambre, 22 mai 1599.

(4) Julius Clarus, quest. 78, n⁰ 17. — Farin, quest., n⁰ˢ 122 et suiv., et 136. — Jousse, part. 1, t. 3, ch. 2, sect. 1, art. vi, § 1, n⁰ˢ 157 et 163. — Rousseau de la Combe, part. 1, ch. 1, n⁰ 32. — Guérin, *Coutume de Paris*, art. 272. — Le Maître, *Coutume de Paris*, tit. 13, part. 1, ch. 1. — Basnage, *Coutume de Normandie*, art. 143. — Domat, part. 1, L. I, t. 10, sect. 1, n⁰ 12. — Ricard,

Mais était-il permis de prouver que ce motif n'avait pas été celui du donateur? et, lorsque cette preuve était fournie, fallait-il néanmoins déclarer nulles les libéralités faites depuis l'accusation? D'après quelques jurisconsultes l'accusé, n'ayant pas encouru la mort civile, était capable. Ils ne s'expliquaient, avec raison d'ailleurs, la nullité des aliénations à titre gratuit, qu'en y découvrant une fraude envers les confiscataires. Dès lors ils étaient amenés, bien qu'ils présumassent cette fraude, à permettre de faire la preuve contraire et à valider les donations quand il était prouvé que l'acte n'en était pas entaché (1). D'autres, plus rigoureux, annulaient toutes les donations faites depuis l'accusation, et suivant quelques-uns (2), depuis la perpétration du crime. Il n'y avait donc plus de distinction, dans cette opinion, suivant le motif qui avait fait agir le donateur, mais nullité dans tous les cas si le jugement avait été une sentence de condamnation (3).

---

part. 1, ch. 3, som. 4, n° 247. — Richer, part. 2, L. II, ch. 2, sect. 1, dist. 4. — Merlin, *Répert.*, *Mort civile*, § 1, art. IV, n° 1. — Legraverend, tom. 1, ch. 11, sect. 3.

(1) Basnage, *Coutume de Normandie*, art. 143.—Richer, part. 2, L. II, ch. 2, sect. 1, dist. 4. — Arrêt, 1er juillet 1631. — Merlin, *Rép.*, *Mort civile*, § 1, art. 4, n° 2.

(2) Julius Clarus, quest. 78, n° 10 entre autres.

(3) Julius Clarus, quest. 78, n° 10. — Farin, quest. 164, n° 1, et quest. 168, nos 2, 9 et 10.—Jousse, part. 1, t. 3, ch. 2, sect. 1, art. VI,

Quelques-uns augmentaient encore cette rigueur déjà exagérée. Ils déclaraient nulles en effet les donations faites par l'accusé quand même les poursuites se terminaient par un jugement d'absolution (1) , ce qui tendait à regarder l'accusé comme incapable, par suite de l'accusation , d'aliéner ses biens entre-vifs à titre gratuit. Le manque de dispositions formelles dans la législation de cette époque ne nous permet pas d'adopter un pareil système.

139. Le testament fait par un accusé dépendait également, quant à sa validité, du jugement à intervenir. Il était valable en cas d'absolution ou de mort de l'accusé avant le jugement, et nul s'il y avait condamnation et, comme conséquence, mort civile (2).

Les donations à cause de mort, excepté cependant celles faites par un père à son fils et celles entre époux en pays de droit écrit, qui se trouvaient

§ 1, n° 157. — Rousseau de la Combe, part. 1, ch. 1, n° 32. — Guérin, *Coutume de Paris*, art. 277. — Le Maître, *Coutume de Paris*, t. 13, part. 1, ch. 1. — Domat, part.. 1, L. I, t. 10, sect. 1, n° 12. — Ricard, part. 1, ch. 3, sect. 4, n° 247. — Ordonnance de Léopold pour la Lorraine, 1701, t. 16, art. 16.

(1) Guérin, *Coutume de Paris*, art. 272. — Le Maître, *Coutume de Paris*, t. 13, part. 1, ch. 1. — Ricard, part. 1, ch. 3, sect. 4, n° 247.

(2) Rousseau de la Combe, part. 1, ch. 1, n° 32. — Ricard, part. 1, ch. 3, sect. 4, n°ˢ 240 et 242. — Richer, part. 2, L. II, ch. 2, sect. 1, dist. 4.

confirmées par la mort du donateur, étaient également soumises à la même alternative (1).

140. On s'accordait généralement, malgré les controverses, à reconnaître la validité des aliénations à titre onéreux quand il n'y avait pas fraude envers le fisc ou les créanciers et connivence du cocontractant (2).

La fraude se présumait facilement lorsque l'aliénation portait sur tous les biens de l'accusé, lorsqu'elle était faite sans cause et sans emploi du prix, ou à vil prix, ou à un proche parent, ou quand l'accusé restait en possession des biens par lui aliénés et en percevait les fruits (3). Au contraire si l'aliénation était forcée, ou fondée sur un motif de justice, si, par exemple, elle était faite par l'accusé pour payer ses dettes, se procurer des aliments nécessaires, ou fournir aux frais de sa défense dans le procès, on ne pouvait l'attaquer, et elle produi-

---

(1) Rousseau de la Combe, part. 1, ch. 1, n° 32.

(2) Julius Clarus, quest. 78, n° 19. — Farin, quest. 166, n° 59. — Papon, *notes sur* tit. 1, 1. 5, *De donationibus.* — Mornac, préface du titre *De pignoribus.* — Henrys, tit. 2, liv. 4, quest. 36. — Le Prestre, cent. 1, quest. 85. — Le Bret, *Souveraineté du Roi,* L. III, ch. 15, et *livre des Décisions,* n° 4. — D'Argentré, *Coutume de Normandie,* art. 188. — Ricard, part. 1, ch. 3, sect. 4, n°s 243 et 244. — Jousse, part. 1, t. 3, ch. 2, sect. 1, art. vi, § 1, n° 159. — Rousseau de la Combe, part. 1, ch. 1, n° 32. — Richer, part. 2, L. II, ch. 2, sect. 1, dist. 4. — Merlin, *Rép., Accusé,* n° 4. — Legraverend, tom. 1, ch. 2, sect. 3.

(3) Julius Clarus, quest. 78, n°s 19 et 21. — Farin, quest. 166,

sait tous ses effets, même quand la poursuite amenait une condamnation (1). Dans le cas de fraude et de connivence, au contraire, tout acte fait par l'accusé devait être rescindé sur la demande du fisc, si toutefois le procès s'était terminé par une sentence de condamnation.

141. Une des questions les plus controversées sous l'ancienne jurisprudence, en droit canon, était celle de savoir si l'accusé pouvait résigner son bénéfice *in favorem* entre les mains du pape ou du légat. Sur ce point il fallait s'arrêter cependant à l'opinion de Dumoulin, décider la négative en cas de condamnation, — car alors la résignation était subreptice et contraire aux lois du royaume, et en outre l'intention du bénéficier était présumée frauduleuse, — et valider au contraire la résignation si la poursuite amenait un jugement d'absolution (2).

n° 59, et quest. 64, n°ˢ 96 et 97. — Le Prestre, cent. 1, quest. 85. — Jousse, part. 1, t. 3, ch. 2, sect. 1, art. vi, § 1, n°ˢ 159 et 161.— Rousseau de la Combe, part. 1, ch. 1, n° 32.—Legraverend, tom. 1, ch. 11, sect. 3.

(1) Julius Clarus, quest. 78, n° 21.— Farin, quest. 64, n°ˢ 96 et 97. — Le Prestre, cent. 1, n° 85. — Jousse, part. 1, t. 3, ch. 2, sect. 1, art. vi, § 1, n° 161. — Rousseau de la Combe, part. 1, ch. 1, n° 32.—Merlin, *Rép.*, *Accusé*, n° 4.—Legraverend, tom. 1, ch. 11, sect. 3. — L'ordonnance de 1701 de Léopold pour la Lorraine, tit. 16, art. xvi, annulle tous les actes, même à titre onéreux, faits depuis le décret, et en cas de lèse-majesté au premier chef depuis la perpétration du crime.

(2) Dumoulin, *Reg. de infirmis resignantibus*, n°ˢ 368 et suivants.

Du reste, le bénéfice vaquait de plein droit par suite des crimes de lèse-majesté, hérésie, assassinat prémédité, rapt, inceste spirituel, simonie, et autres indiqués par le droit canon (1).

142. L'accusé pouvait sans contestation permuter son bénéfice ou s'en démettre purement et simplement entre les mains de l'ordinaire, pourvu que ces actes fussent exempts de fraude (2). Le crime, en effet, ne faisait pas perdre le bénéfice. Mais pendant l'accusation, l'évêque, seul maître en cette matière, avait la faculté de refuser d'en conférer de nouveaux. Le décret d'assigné pour être ouï, et ceux d'ajournement personnel et de prise de corps qui emportaient l'un et l'autre interdiction, mettaient obstacle à l'acquisition des béné-

—Loyseau, *Tr. des off.*, L. I, ch. 13, n°s 15, 16, 17 et 18. — Van Espen, *De jure ecclesiastico*, part. 2, t. 27, ch. 4, n°s 7 et suivants. — Richer, part. 2, L. II, ch. 2, sect. 1, dist. 5. — Tournet, lettre V, ch. 2, et Rousseau de la Combe, part. 1, ch. 1, n° 33, permettent la résignation *in favorem*, sauf en cas de crime atroce. — Louet, *De infirmis resignantibus*, n°s 366 et suivants, Guymier, *Pragmatique sanction*, § *item insuper*, et Coras, *Traité des bénéfices*, part. 3, ch. 6, la permettent toujours.

(1) Loyseau, *Tr. des off.*, L. I, ch. 13, n° 14. — Jousse, part. 1, t. 3, ch. 2, sect. 1, art. vi, § 1, n° 167.

(2) Dumoulin, *Reg. de inf. resig.*, n°s 368 et suivants. — Tournet, lettre V, ch. 2. —Louet, *De inf. resig.*, n°s 366 et suivants. — Guymier, *Pragm. sanct.*, § *item insuper*, verbo. — Coras, *Tr. des bénéf.*, part. 3, ch. 6. — Richer, part. 2, L. II, ch. 2, sect. 1, dist. 6.

fices, mais ils laissaient intacts les bénéfices acquis (1).

145. Quant aux offices, la résignation dépendait également de l'événement. Ainsi qu'il vient d'être dit pour les bénéfices, en cas de condamnation la résignation faite par l'accusé était nulle, tandis qu'elle était valable en cas d'absolution, comme aussi quand la mort de l'accusé était venue arrêter la poursuite et empêcher le jugement (2).

144. On s'était demandé dans l'ancienne jurisprudence si l'accusé pouvait recevoir des successions, des legs ou des donations depuis l'accusation. L'affirmative d'après les principes, sauf pour le cas de crime atroce, ne paraît pas avoir dû faire doute, et cependant la plupart des auteurs et les parlements se décidaient sur ce point en faveur de l'incapacité de l'accusé (3), sauf pour les legs

---

(1) Richer, part. 2, t. 3, ch. 8.

(2) Loyseau, *Tr. des off.*, L. I, ch. 13, nos 15, 16, 17 et 18. — Jousse, part. 1, t. 3, ch. 2, sect. 1, art. vi, § 1, no 166. — Richer, part. 2, L. II, ch. 2, sect. 1, dist. 8.

(3) Arrêt du 10 janv. 1630.—Arrêt du 10 juin 1659.—Arrêt du 16 juillet 1676. — Arrêt du 5 septembre 1699.—Louet, Let. C., ch. 25, nos 7 et suiv. — Ricard, part. 1, ch. 3, sect. 4, nos 230 et suiv. — Jousse, part. 1, t. 3, ch. 2, sect. 1, art. vi, § 1, no 168. — Merlin, *Répert.*, *Mort civile*, § 1, art. 4, no 1. — Domat, part. 2, L. I, t. 1, sect. 3, no 34. — Pothier, *Tr. des success.*, ch. 1, § 3, art. ii, sect. 2.

d'aliments (1), lorsque la mort civile était produite par la condamnation. On ne peut guère expliquer cette décision, si on n'en cherche pas le motif dans le peu de faveur inspiré par les confiscataires. Devant choisir entre eux et les héritiers légitimes, on avait préféré ces derniers, quoique rigoureusement il n'eût pas dû en être ainsi.

145. Sous la législation intermédiaire, la présomption d'innocence de l'accusé était une des maximes les plus importantes du droit criminel. L'accusation, à plus forte raison qu'auparavant, n'engendrait pas la mort civile à cette époque ; et comme il n'y avait plus de crimes dont la poursuite ne fût pas éteinte par la mort du coupable, il en résultait que jamais l'incapacité produite comme conséquence de la condamnation ne remontait rétroactivement au jour du crime (2).

146. L'accusé pouvait donc alors, sans contestation, recueillir les successions échues avant la mort civile (3) ; et faire, sans crainte de les voir annuler, des actes d'administration ou d'aliénation à titre gratuit ou onéreux. Il devait néanmoins

---

(1) Ricard, L. I, ch. 3, sect. 4, n° 265. — Jousse, part. 1, t. 3, ch. 2, sect. 1, art. vi, § 1, n° 169.— Richer, part. 2, L. II, ch. 2, sect. 1.

(2) Merlin, *Répert.*, *Mort civile*, § 1, art. iv, n° 4, et *Accusé*, n° 4. — Legraverend, tom. 1, ch. 11, sect. 3.

(3) Merlin, *Répert.*, *Mort civile*, § 1, art. iv, n° 1.

avoir soin d'éviter toute fraude (1). Par l'état de mise en accusation il était privé, il est vrai, de l'exercice de ses droits de citoyen, mais il restait en jouissance de ses droits civils (2).

Toutefois une loi de la révolution déclarait nul, s'il n'avait pas une date authentique et certaine antérieure au décret d'accusation ou d'arrestation, mandat d'arrêt ou ordonnance de prise de corps, tout acte contenant donation, reconnaissance, obligation ou engagement quelconque de la part d'un individu dont les biens étaient confisqués par jugement (3).

147. Après l'instruction, la procédure se continue et on arrive au jugement. S'il se trouvait être une sentence d'absolution, la capacité de l'accusé ne souffrait aucune atteinte; mais s'il était, au contraire, une sentence de condamnation à une peine capitale ou infamante, ses résultats étaient entièrement différents.

Il fallait ici faire tout d'abord une distinction entre les condamnations contradictoires et celles par contumace, c'est-à-dire entre les condamna-

____

(1) Merlin, *Répert.*, Accusé, n° 4.—Legraverend, tom. 1, ch. 11, sect. 3.

(2) Constitution de l'an VIII, art. V.—Proudhon, *Cours de droit français*, tom. 1, ch. 8, sect. 3.—Legraverend, tom. 1, ch. 11, sect. 3.

(3) Loi 26 frimaire an II, art. IV.—Merlin, *Répert.*, *Mort civile*, § 1, art. IV, n° 2.

tions frappant un accusé présent qui s'est défendu ou a pu se défendre, et celles au contraire prononcées contre un accusé absent légalement sommé de comparaître devant ses juges. On doit avoir en effet bien plus de confiance dans les premières, où l'accusé a dû faire valoir tous les moyens utiles pour sa défense, que dans les autres où l'on entend l'accusation sans qu'elle puisse avoir de contradicteur.

148. Les condamnations par contumace à des peines capitales, inconnues à Rome, n'étaient pas non plus en usage dans les premiers temps de la monarchie française (1). Elles n'apparaissaient pas encore sous Charlemagne, et ce ne fut que longtemps après que de nombreuses ordonnances s'en occupèrent pour en régler les effets et la procédure (2). Jusqu'à cette époque, on se contentait d'annoter les biens de l'accusé et de les confisquer définitivement quand il n'y avait pas comparution ou mort du contumax dans l'année (3), sans que sa capacité fût en rien altérée par sa fuite.

La première condamnation à mort par contumace semble avoir été prononcée par Charles V,

(1) Richer, part. 2, L. II, ch. 1.
(2) Charlemagne, *Capitulaires*, L. VII, ch. 149. — Richer, part. 2, L. II, ch. 1.
(3) Charlemagne, *Cap.*, L. IV, ch. 24. —Richer, part. 2, L. II, ch. 3, sect. 3.

en parlement, contre Jean de Montfort, duc de Bretagne, en 1379 (1). Depuis, elles devinrent très-fréquentes, et dès lors il fut nécessaire de modifier à leur égard les conséquences produites par les condamnations contradictoires.

149. Suffisait-il, sous l'ancien droit, pour que la condamnation contradictoire produisît la mort civile, qu'il y eût eu jugement? Ou bien la sentence ne devait-elle pas être préalablement prononcée au condamné?

Le jugement n'étant parfait que quand il est prononcé, rendu public et connu de la partie intéressée, ce qui ne fait aucun doute en matière civile (2), on exigeait communément la prononciation (3). Cette décision était conforme d'ailleurs à la volonté de la loi en matière de contumace, pour laquelle la signification était jugée indispensable,

(1) Richer, part. 2, L. II, ch. 3, sect. 1.

(2) Ordonnance de 1667, t. 35, art. 11. — *Coutume de Nevers*, t. 2, art. II. — Arrêt de la Tournelle, 20 décembre 1613. — Jousse, part. 1, t. 3, ch. 2, sect. 1, art. VI, § 1, n° 151.

(3) Ordon. de 1498, art. CVI. — Ordonnance de 1535, art. LXIV. — Ordonnance de Moulins, art. LIII. — Arrêt de la Tournelle, 20 déc. 1613. — Arrêt du Parlement de Toulouse, 21 mai 1566. — Arrêt du Parlement de Rouen en 1632. — La Roche Flavin, L. VI, lit. 23, art. V, *confiscation*. — Tiraqueau, *De jure primo genit.*, quest. 48, n° 3. — Carondas, *Observations au mot* Arrêt et *Coutume de Paris*, art. CCXCII. — Basnage, *Coutume de Normandie*, art. CXLIII. — Jousse, part. 1, t. 3, ch. 2, sect. 1, art. VI, § 1, n° 148. — Richer, part. 2, L. II, ch. 2, sect. 3.

parce qu'elle servait à faire connaître la condamnation, comme la prononciation, impossible envers un contumax, dans un jugement contradictoire (1). Un jurisconsulte célèbre avait donc raison de dire qu'ainsi que les lois publiques, dont l'effet ne remonte pas en deçà du jour de leur promulgation, les jugements de condamnation, véritables lois privées, n'en avaient non plus qu'à partir de leur notification au condamné (2).

150. Mais on ne s'en était pas tenu là. Quelques auteurs pensaient que pour les condamnations contradictoires, comme pour celles par contumace, sur lesquelles cependant l'ordonnance criminelle avait exclusivement statué, l'exécution du jugement était indispensable, outre la prononciation, pour produire la mort civile (3). Dans cette opinion, le condamné, mort après la prononciation de l'arrêt, mais avant l'exécution, avait conservé sa capacité, sauf en cas de suicide cependant, car alors on poursuivait contre le cadavre du défunt. On reconnaissait néanmoins que

(1) Ordonnance de 1670, t. 17, art. xvi. —Jousse, part. 1, t. 3, ch. 2, sect. 1, art. vi, § 1, n° 151.

(2) Pothier, *Intr. gén. aux cout.*, ch. 2, § 1, n° 31.

(3) Chassanée, *Coutume de Bourgogne*, tit. des *Confiscations*, § 1. — La Roche Flavin, mot *Confiscation*, liv. 6, tit. 23, art. v. — Rousseau de la Combe, part. 3, ch. 16, n° 20. — Richer, part. 2, L. II, ch. 2, sect. 3.—Toullier, *le Droit civil français*, tom. 1, n° 273.

si le condamné s'était évadé avant l'exécution, il fallait faire fléchir les principes (1). De même on validait la confiscation des biens d'un banni à perpétuité s'il venait à mourir avant son départ (2).

Dans cette controverse, l'avis d'après lequel on devait se contenter de la prononciation de la sentence, avis d'ailleurs plus généralement adopté, nous semble préférable, car nulle part on ne trouve un texte pour exiger l'exécution et modifier ainsi les anciens usages du droit romain sur la matière (3).

151. La mort civile datait donc de la prononciation de l'arrêt au condamné, et elle ne rétroagissait pas sur le passé (4), si ce n'est quand il s'agissait, ainsi qu'il a déjà été dit, de crimes de lèse-majesté divine et humaine, de duel, de suicide, ou de rébellion à justice avec force ouverte dans laquelle le défunt avait trouvé la mort (5).

(1) Richer, part. 2, L. II, ch. 2, sect. 4.

(2) *Coutume de Nevers*, tit. 2, art. II.

(3) Coquille, *sur la coutume de Nivernais*, tit. des Confiscations, art. II. — Carondas, *Observations au mot arrét.* — Jousse, part. 1, t. 3, ch. 2, sect. 1, art. VI, § 1, n° 154. — Pothier, *Tr. des pers.*, part. 1, tit. 3, sect. 3, et *Intr. gén. aux cout.*, ch. 2, § 1, n° 31. — Merlin, *Rép.*, *Mort civile*, § 1, art. IV, n° 1. — M. Duranton, *Cours de droit français*, tom. 1, n° 215. — M. Marcadé, *Éléments de droit civil français*, tom. 1, art. XXVI, n° 2.

(4) Lebrun, *Tr. des success.*, L. 1, ch. 2, sect. 3. — Rousseau de la Combe, part. 1, ch. 1, n° 32. — Richer, part. 2, L. II, ch. 2, sect. 1.

(5) Ordonnance de 1670, tit. 22, art. I. — Rousseau de la Combe,

152. Le droit intermédiaire n'avait rien changé à l'ancienne législation relativement au moment à partir duquel les condamnations contradictoires produisaient la mort civile. A cette époque elles ne purent plus avoir d'effet rétroactif, quel que fût le crime. Il était reconnu en même temps que la mort de l'accusé mettait fin à la poursuite dans tous les cas (1).

153. Une ressource extrême était offerte cependant au condamné ; c'était celle de l'appel. Non-seulement il pouvait y avoir recours dans l'ancien droit de la France; mais même cette formalité était forcée dans toutes les condamnations capitales pour lesquelles il fallait nécessairement la révision du parlement (2), et dans celles à l'amende honorable ou à une peine corporelle (3).

Si on ne peut dire que l'appel éteignait complétement le jugement, du moins le suspendait-il (4), et quand le condamné mourait avant le

part. 3, ch. 21. — Muyart de Vouglans, part. 2, L. I, t. 6, ch. 3, § 3. — Richer, part. 2, L. II, ch. 2, sect. 1, Dist. 2. — Merlin, *Rép.*, *Mort civile*, § 1, art. IV, n° 4.

(1) Code du 3 brumaire an IV, art. VII.

(2) Jousse, part. 1, t. 3, ch. 2, sect. 1, art. VI, n° 146.

(3) Ordonnance de 1670, tit. 26, art. VI.— Richer, part. 2, L. II, ch. 2, sect. 2.

(4) Arrêt du 10 janvier 1630. — Rousseau de la Combe, part. 1, ch. 1, n° 37. — Richer, part. 2, L. II, ch. 2, sect. 2.

8

nouvel arrêt, il mourait *integri status* (1). Lorsqu'il vivait assez pour entendre la sentence, et qu'il était renvoyé absous, tous les effets produits par la condamnation précédente tombaient sans contestation, car elle était censée n'avoir jamais existé. En cas de confirmation du premier jugement, au contraire, l'appel était mis au néant, et la mort civile remontait au jour de la condamnation prononcée par les premiers juges (2).

Dans le cas de crime atroce, l'appel suspendait également la sentence contre laquelle le condamné avait invoqué la protection du juge supérieur ; mais après la condamnation nouvelle, la mort civile rétroagissait au jour de la perpétration du crime, suivant les principes généraux (3).

154. La validité des actes faits par le condamné depuis le jugement susceptible d'appel, dépendait donc de l'arrêt à intervenir. Parfaits en cas d'absolution, ils étaient nuls s'il y avait condamnation (4).

---

(1) Ricard, part. 1, ch. 3, sect. 4, n° 247. — Lebrun, *Traité des successions*, L. I, ch. 1, sect. 2, n° 5. — Jousse, part. 1, t. 3, ch. 2, sect. 1, art. VI, § 1, n° 175. — Rousseau de la Combe, part. 1, ch. 1, n° 37. — Richer, part. 2, L. II, ch. 2, sect. 2.

(2) Rousseau de la Combe, part. 1, ch. 1, n° 37. — Pothier, *Tr. des pers.*, part. 1, t. 3, sect. 3. — Richer, part. 2, L. II, ch. 2, sect. 2.

(3) Domat, part. 2, L. III, t. 1, sect. 2, n° 14.

(4) Merlin., *Rép.*, *Mort civile*, § 1, art. IV, n° 1.

155. Dans le droit de 1791 et de l'an III, le jury, devenu le juge des poursuites de grand criminel, devait par sa nature même rendre des jugements définitifs en premier et dernier ressort. Les arrêts des cours d'assises ne pouvaient donc pas être soumis à l'appel (1).

Le pourvoi en cassation, le seul recours permis alors, suspendait l'exécution de l'arrêt, et produisait, quant à la capacité du condamné, les mêmes effets que l'appel dans l'ancienne jurisprudence (2).

156. Trois périodes, relativement aux condamnations par contumace, sont à considérer dans l'ancien droit criminel, à partir du moment où elles sont devenues en usage.

Deux points, toutefois, ont toujours été résolus de même à toutes les époques. En effet, le contumax était privé de l'administration de ses biens annotés (3), et la mort civile n'était encourue qu'autant qu'il y avait exécution par effigie du jugement de condamnation (4). Le retranchement

(1) Merlin, *Rép.*, *Condamnation*, nº 3, et *Appel*, sect. 2, § 2, nº 2.

(2) Merlin, *Rép.*, *Appel*, sect. 2, § 2, nº 2.

(3) Rousseau de la Combe, part. 3, ch. 16, nº 2. — Richer, part. 2, L. II, ch. 3, sect. 3. — Merlin, *Rép.*, *Annotation*, nº 1, et *Contumace*, § 1, nº 1. — Legraverend, tom. 2, ch. 9, sect. 2.

(4) Ordonnance de 1670, t. 17, art. 28 et 29. — Arrêt du 20 dé-

d'un de ses membres ne pouvait avoir lieu sans avertissement à la société et au condamné lui-même, auquel il était impossible de lire le jugement, et qui n'était véritablement obligé de se représenter pour prouver son innocence que quand une condamnation prononcée contre lui avait été rendue publique par l'exécution (1).

157. L'exécution d'une condamnation par contumace ne pouvait avoir lieu sur la personne même du condamné. Elle se faisait donc par effigie, François Ier en ayant décrété la nécessité (2), ou par affiches publiques, d'après une ordonnance de François II (3). Du reste la manière d'exécuter une telle condamnation variait suivant la peine prononcée par les juges.

L'exécution était faite par effigie proprement dite, c'est-à-dire par une peinture représentant

cembre 1613. — Arrêt du 4 mars 1823. — Arrêt du 6 juillet 1703. — Arrêt du 12 juillet 1746. — Jousse, part. 1, t. 3, ch. 2, sect. 1, art. vi, § 1, n° 170.—Rousseau de la Combe, part. 3, ch. 16, n° 5. — Muyart de Vouglans, part. 1, L. II, t. 4, ch. 4, § 1, n° 5. — Pothier, *Traité des personnes*, part. 1, t. 3, sect. 2, et *Int. gén. aux cout.*, ch. 2, § 1, n° 32. — Richer, part. 2, L. II, ch. 3, sect. 1. — Merlin, *Rép.*, *Mort civile*, § 1, art. iv, n° 3, et *Contumace*, § 2. — Legraverend, tom. 2, ch. 9, sect. 2.

(1) A Athènes le jugement de condamnation contre un absent était inscrit sur des colonnes. — Richer, part. 2, L. II, ch. 3, sect. 1.

(2) Ordonnance d'août 1536.

(3) Ordonnance de 1559, art. vii.

le genre de mort, qu'on attachait à une potence sur la place publique, pour les condamnations à mort; par affiches publiques sur la potence, pour les condamnations aux galères à perpétuité ou à temps, à l'amende honorable, au bannissement perpétuel, à la flétrissure et au carcan, et plus tard pour celles au pilori et au fouet (1); enfin par simple signification au domicile de l'accusé, et s'il n'en avait pas ou s'il n'était pas connu, par affiche à la porte de l'auditoire, pour toutes les autres peines résultant du jugement (2).

Trente ans après la condamnation, l'exécution n'était plus possible, et la peine se trouvait prescrite.

158. L'exécution devait être constante, aussi était-il ordonné au greffier d'en dresser procès-verbal dans les vingt-quatre heures, et de le transcrire au bas de la minute du jugement (3). Mais ce procès-verbal ne pouvait-il pas se remplacer. Par témoins ? Certainement non, car c'est un acte judiciaire dont il faut minute, ou copie authentique,

---

(1) Décret du 11 juillet 1749. — Denizart, *Coll. de déc. nouv.*, tom. 2, mot *effigie*, n° 7. — Merlin, *Rép.*, *Contumace*, § 2.

(2) Ordonnance de 1670, t. 17, art. 16. — Rousseau de la Combe, part. 3, ch. 16, n° 5. — Richer, part. 2, L. II, ch. 3, sect. 2. — Merlin, *Rép.*, *Contumace*, § 2.

(3) Ordonnance de 1670, t. 17, art. 17. — Rousseau de la Combe, part. 3, ch. 16, n° 5.—Richer, part. 2, L. II, ch. 3, sect. 2.

ou tout au moins preuve écrite (1). Par présomptions graves, telles que reconnaissances écrites par le condamné, actes énonciatifs, arrêts motivés sur la mort civile? Ici la controverse était plus vive; mais pour ne pas faire dépendre l'état du condamné de l'exactitude du greffier, il faut prendre parti pour l'affirmative (2).

159. Afin de reconnaître les effets produits par l'exécution de la condamnation par contumace, il est nécessaire de s'arrêter successivement sur les trois périodes s'étendant l'une de l'époque où l'usage de pareilles condamnations fut admis à l'ordonnance de Moulins en 1566, l'autre de 1566 à l'ordonnance criminelle de Louis XIV en 1670, et la dernière de 1670 à l'Assemblée constituante.

160. Dans la première période, la représentation volontaire ou forcée du contumax donnait lieu à l'exécution sans nouvelle procédure (3). Pour se justifier devant un tribunal, le condamné par con-

---

(1) Ordonnance de Moulins en 1566, art. LV. — Arrêt du 23 août 1731.—Denizart, *Coll. de déc. nouv.*, tom. 2, mot *Exécution*, n° 6. — Richer, part. 2, L. II, ch. 3, sect. 2.—Merlin, *Rép.*, *Contumace*, § 2. *Mort civile*, § 1, art. V, n° 7, *et Quest. de dr., succession*, § 11.

(2) Cass., arrêt du 2 avril 1844, Dal., P., 1844, 1,191.—Richer, part. 2, L. II, ch. 3, sect. 2, et Merlin, *Quest. de dr. success.*, § 2, professent une opinion contraire.

(3) Ordonnance de 1536, art. XXVI. — Richer, part. 2, L. II, ch. 3, sect. 3.

tumace devait obtenir préalablement des lettres de chancellerie (1). Alors il n'était pas fixé de temps pour se représenter, et nul texte ne disait que la mort civile était encourue du jour de l'exécution par effigie.

Au milieu du seizième siècle cependant on parut permettre d'entendre le contumax avant l'exécution lorsqu'il était repris (2). Un an après l'exécution par effigie et l'annotation, la confiscation des biens devenait définitive (3). Cette perte des biens et des fruits n'était pas, du reste, la conséquence de la condamnation, mais bien la peine spéciale de la contumace.

Dans cette période la mort civile commençait donc du jour de l'exécution de la condamnation par contumace, car tel était le résultat de tout jugement à une peine capitale lorsqu'il était rendu public. Toutefois elle n'était pas irrévocable, et à sa représentation le contumax pouvait faire tomber la condamnation, auquel cas il perdrait seule-

---

(1) Ord. de 1493, art. LVII. — Ordonnance de 1535, art. XXXIX. — Ordonnance de 1536, art. XXX. — Richer, part. 2, L. II, ch. 3, sect. 3.

(2) Ordonnance de 1539, art. CLXV. — Richer, part. 2, L. II, ch. 3, sect. 3.

(3) La coutume de Roussillon, art. XX, ne fait perdre que les fruits. — Dumoulin, *Notes sur le style du parlement d'Aufrerius,* ch. 8. — Aufrerius, *Stile du Parlement,* ch. 8. — Richer, part. 2, L. II, ch. 3, sect. 3.

ment, après un an, ses biens ou tout au moins leurs fruits. L'exécution se faisait alors sur-le-champ et sans procédure nouvelle lors de la représentation du contumax, mais une pensée d'humanité fit changer cette décision (1).

161. Vint ensuite l'ordonnance de Moulins en 1566. La seule modification apportée par elle consistait dans la plus longue durée du délai, porté d'un an à cinq ans, après lequel la confiscation était définitive (2). La mort civile était toujours encourue du jour de l'exécution de la condamnation par contumace. Les biens du condamné absent étaient mis en conséquence dans les mains des confiscataires au lieu de rester dans celles du contumax pendant les cinq ans. On peut ajouter encore comme preuve de cette décision que les enfants issus du contumax depuis l'exécution par effigie, et non conçus auparavant, étaient déclarés incapables de succéder (3). Mais, au contraire, de ce qui se passait pour la confiscation, aucun délai n'était fixé passé lequel il n'était plus permis de faire révoquer la mort civile (4).

162. Sous l'ordonnance de 1670, qui admet-

(1) Richer, part. 2, L. II, ch. 3, sect. 3.
(2) Ord. de 1566, art. xxviii.
(3) Ord. de 1639, art. v.
(4) Richer, part. 2, L. II, ch. 3, sect. 3.

tait les condamnations par contumace (1), l'exécution en était également réglée (2). Relativement
aux biens annotés et à la mort civile il était alors
nécessaire d'examiner l'époque de la représentation du contumax. La confiscation ayant lieu sur-
le-champ (3), et la mort civile encourue du jour
de l'exécution par effigie, n'existaient toutes deux
cependant, dans cette période, que sous condition résolutoire (4).

163. Quant à la perte de la vie civile, quelques
articles de l'ordonnance ont pu, mais à tort, la
faire méconnaître pendant les cinq premières années. Si l'un en effet déclarait qu'en cas de décès
du contumax après les cinq ans il était réputé
mort civilement du jour de l'exécution de la sentence (5), c'était seulement pour mettre un terme
aux prétentions avides des confiscataires dont le

(1) Ord. de 1670, t. 17, art. xv.
(2) Ord. de 1670, t. 17, art. x.
(3) Ord. de 1670, t. 17, art. i, iv et v. —Merlin, *Rép.*, *Annotation*,
n° 1, et *Contumace*, § 1, n° 1. — Legraverend, tom. 2, ch. 9,
sect. 2.
(4) Ord. de 1670, t. 17, art. xviii.—Arrêt du 17 mars 1709.—Arrêt
du parlement de Paris de juin 1603.—Muyart de Vouglans, part. 1,
L. II, t. 4, ch. 4, § 1, n° 5. — Richer, part. 2, L. II, ch. 3, sect. 3.
— Tronchet, *Discussion du Code civil au conseil d'État*.
(5) Ord. de 1670, t. 17, art. xxix. — Jousse, part. 1, t. 3, ch. 2,
sect. 1, art. vi, § 1, n° 170. — Richer, part. 2, L. II, ch. 2, sect. 3.
— Pothier, *Tr. des pers.*, part. 1, t. 3, sect. 2, et *Intr. gén. aux
cout.*, ch. 2, § 1, n° 32.

but était de recueillir les successions échues pendant les cinq ans lorsque la mort du contumax était postérieure (1). Par suite du même article le condamné mort dans les cinq ans était supposé mort *integri status* (2). Le privilége accordé à la mort naturelle arrivée dans ce laps de temps, qui consistait à faire réputer non avenue la mort civile dont l'anéantissement ne pouvait cependant résulter en principe que de la représentation du contumax, était basé, du reste, sur cette idée que peut-être sans elle le condamné serait venu dans le délai légal prouver son innocence et se purger de la condamnation prononcée contre lui (3).

Les arguments fondés sur les articles suivants de l'ordonnance criminelle n'avaient pas plus de force (4). Ils empêchaient les confiscataires de disposer des biens confisqués pendant les cinq ans, ne leur en laissant pour ainsi dire que la jouissance dans cet intervalle, et on en avait tiré cette conséquence qu'ils n'en étaient pas propriétaires. Comme ces biens devaient avoir un maître, on en

(1) Richer, part. 2, L. II, ch. 2, sect. 3.

(2) Lebrun, *Tr. des succ.*, L. I, ch. 1, sect. 2 et 3. — Ricard, part. 1, ch. 1, sect. 4, n° 255. — Pothier, *Tr. des pers.*, part. 1, tit. 3, sect. 2, et *Int. gén. aux cout.*, ch. 2, § 1, n° 32.

(3) Richer, part. 2, L. II, ch. 3, sect. 3.

(4) Ord. de 1670, t. 17, art. XXX, XXXI et XXXII. — Richer, part. 2, L. II, ch. 2, sect. 3.

concluait que le véritable propriétaire était le contumax, résultat incompatible avec le système de la mort civile immédiate. Mais on n'a pas vu que cette prohibition d'aliéner, facile à comprendre dans une propriété révocable à la volonté du contumax, n'empêchait pas nécessairement les confiscataires d'être propriétaires. D'ailleurs, l'édit sur les duels déclarait le condamné par contumace incapable de succéder, malgré sa restitution par sa représentation dans les cinq ans; et cette rigueur toute spéciale ne frappait pas les autres contumax : ceux-ci redevenaient capables après la restitution dans les cinq ans, preuve évidente qu'ils ne l'étaient pas avant (1).

164. Ceci étant mis hors de doute, quels étaient les effets de la représentation du condamné? Pendant la première année, les biens du contumax revenu lui étaient rendus avec leurs fruits (2). S'il avait laissé écouler un an et s'était représenté dans les cinq ans, ses biens lui étaient également remis, mais il perdait les fruits recueillis jusqu'à sa

____

(1) Édit d'août 1679, art. xxvii. — Jousse, part. 1, t. 3, ch. 2, sect. 1, art. vi, § 1, nº 173. — Richer, part. 2, L. II, ch. 3, sect. 3.

(2) Ord. de 1670, t. 17, art. xxvi.— Rousseau de la Combe, part. 3, ch. 16, nº 9. — Muyart de Vouglans, part. 2, L. I, t. 4, ch. 2, § 1, nº 12. — Richer, part. 2, L. II, ch. 3, sect. 3. — Merlin, *Rép.*, *Annotation*, nº 10.

soumission à la justice (1). Après les cinq ans, les biens et les fruits étaient gardés par les confiscataires ; seulement, si le contumax parvenait à obtenir des lettres d'ester à droit, il pouvait se faire juger de nouveau et recouvrer par ce moyen ses biens, sans les fruits il est vrai, dans l'état où ils se trouvaient (2).

La mort du condamné dans les cinq ans anéantissait la condamnation, de sorte que, la confiscation tombant, les héritiers légitimes succédaient (3). Sa mort après les cinq ans n'empêchait pas au contraire la confiscation de produire tous ses effets (4), sauf à la veuve ou aux enfants à obtenir des lettres d'ester à droit pour purger la mémoire du contumax et faire rétracter la condamnation (5).

165. Pour la mort civile, elle était encourue du jour de l'existence du jugement par contumace,

----

(1) Ord. de 1670, t. 17, art. xxx et xxxi.—Rousseau de la Combe, part. 3, ch. 16, n° 10. — Muyart de Vouglans, part. 2, L. I, t. 4, ch. 2, § 1, n° 12. — Merlin, *Rép.*, *Annotation*, n° 10.

(2) Ord. de 1670, t. 17, art. xxxii.—Rousseau de la Combe, part. 3, ch. 16, n° 10. — Muyart de Vouglans, part. 2, L. I, t. 4, ch. 2, § 1, n° 12. — Richer, part. 2, L. II, ch. 3, sect. 3. — Merlin, *Rép.*, *Annotation*, n° 10. — Legraverend, tom. 2, ch. 9, sect. 2.

(3) Ord. de 1670, t. 17, art. xxix.—Rousseau de la Combe, part. 3, ch. 16, n° 15. — Pothier, *Tr. des pers.*, part. 1, t. 3, sect. 2. — Ricard, part. 1, ch. 3, sect. 4, n° 255. — Lebrun, *Tr. des succ.*, L. I, ch. 1, sect. 2 et 3. — Richer, part. 2, L. II, ch. 3, sect. 3. — — Merlin, *Rép.*, *Contumace*, § 2, et *Mort civile*, § 1, art. iv, n° 3.

(4) Rousseau de la Combe, part. 3, ch. 16, n° 15.

(5) Pothier, *Tr. des pers.*, part. 1, t. 3, sect. 2.

suivant les principes généraux sur les défauts, d'après lesquels tout jugement par défaut, précédé du reste de la vérification de la demande au civil comme au criminel (1), doit produire son plein effet du jour où il a été rendu, tant qu'il n'est pas infirmé. Toutefois la représentation du condamné dans les cinq ans faisait qu'elle était censée n'avoir pas pris naissance au jour de l'exécution (2). Si le contumax était saisi ou se constituait prisonnier après cinq ans seulement, il lui fallait des lettres d'ester à droit pour se purger de la condamnation prononcée contre lui (3).

Après trente ans, la mort civile était irrévocablement encourue, car le contumax ne pouvait plus se représenter par ce motif qu'il ne devait plus subir de peine (4). On exceptait cependant le

(1) Ordonnance de 1667 sur la procédure civile. — L'ordonnance de 1670 sur la procédure criminelle se tait. — Carnot, *De l'instruction criminelle*, tom. 2, art. ccccLxx, nº 4.

(2) Ord. de 1670, t. 17, art. xvii et xviii. — Rousseau de la Combe, part. 3, ch. 16, nº 10. — Muyart de Vouglans, part. 2, L. I, t. 4, ch. 2, § 1, nº 12. — Domat, part. 2, L. I, t. 1, sect. 3, nº 36. — Pothier, *Int. gén. aux cout.*, ch. 2, § 1, nº 32, et *Tr. des pers.*, part. 1, t. 3, sect. 2. — Richer, part. 2, L. II, ch. 3, sect. 4. — Merlin, *Rep.*, *Contumace*, § 3, et *Mort civile*, § 1, art. 4, nº 3.

(3) Ord. de 1670, t. 17, art. xxviii. — Domat, part. 2, L. I, t. 1, sect. 3, nº 36. — Muyart de Vouglans, part. 2, L. I, t. 4, ch. 2, § 1, nº 12. — Richer, part. 2, L. II, ch. 3, sect. 3. — Merlin, *Rép.*, *Contumace*, § 2.

(4) Pothier, *Tr. des pers.*, part. 1, t. 3, sect. 2, et *Int. gén. aux cout.*, ch. 2, § 1, nº 32.

crime de duel, pour lequel la peine ne se prescrivait pas, ce qui permettait au contumax d'obtenir un jugement d'absolution jusqu'au jour de son décès (1).

166. La représentation légale du condamné dans le temps fixé anéantissait donc le jugement, et sa mort avant le nouvel arrêt le faisait réputer mort *integri status*. On voyait en effet dans sa représentation volontaire une présomption d'innocence encore plus grande que dans sa mort naturelle dans les cinq ans. On ne distinguait pas d'ailleurs entre le cas où il était pris malgré lui, et celui où il se constituait prisonnier (2).

167. Quand la représentation était suivie d'un jugement de condamnation à une peine capitale, il était fort controversé de savoir si la mort civile remontait au jour de l'exécution du jugement par contumace, ou bien si elle datait seulement de la prononciation du nouveau jugement contradictoire (3). La première opinion était cependant plus générale parmi les auteurs et la jurisprudence des parlements, car on tenait pour présumé que

____

(1) Édit d'août 1679, art. xxxv. — Pothier, *Tr. des pers.*, part. 1, t. 3, sect. 2.

(2) Richer, part. 2, L. II, ch. 3, sect. 4. — Merlin, *Rép.*, *Contumace*, § 3, n° 5.

(3) Jousse, part. 1, t. 3, ch. 2, sect. 1, art. vi, § 1, n° 171. — Pothier, *Tr. des pers.*, part. 1, t. 3, sect. 2.

l'absence avait eu pour seul but d'affaiblir les preuves de l'acte criminel (1).

168. L'acquittement après la représentation dans les cinq ans empêchait la mort civile, dont l'existence était censée n'avoir pas eu lieu dans le passé, de naître pour l'avenir. Mais quand la représentation n'avait été effectuée qu'après cinq ans depuis l'exécution par effigie, l'absolution rendait la vie civile pour l'avenir, il est vrai, mais non pour le passé, dans l'opinion commune (2). Cette dernière décision était néanmoins fort attaquée.

169. D'après le droit intermédiaire, le contumax, jugé sans assistance de jury (3), ne pouvant se faire défendre, ayant seulement le droit de faire plaider l'incompétence du tribunal (4), était condamné pour peine de sa contumace à huit (5) ou dix jours (6) d'emprisonnement. Il était du reste acquitté de l'accusation portée contre lui, si elle

(1) Arrêt du 23 juillet 1626, part. 2, L. II, ch. 3, sect. 5.

(2) D'Aguesseau, 57e plaidoyer, 5 janv. 1700. — Pothier, *Tr. des pers.*, part. 1, t. 3, sect. 2, soutient un avis opposé.

(3) Code du 3 brumaire an IV, L. II, t. 9, art. CCCCLXIX. — Carnot, *Inst. cr.*, tom. 2, art. CCCCLXX.

(4) Code du 3 brumaire an IV, L. II, t. 9, art. CCCCLXVII. — Carnot, *Inst. cr.*, tom. 2, art. CCCCLXX.

(5) Code de 1791. — Carnot, *Inst. cr.*, tom. 2, n° 5. — Legraverend. tom. 2, ch. 11, sect. 2.

(6) Code du 3 brumaire an IV, L. II, t. 9, art. CCCCLXXIX. — Carnot, *Inst. cr.*, tom. 2, n° 5. — Legraverend, tom. 2, ch. 11, sect. 2.

n'était pas prouvée (1), sauf de l'an II à l'an IV, pendant lequel intervalle la condamnation était forcée par cela seul que l'accusé était en état de contumace (2).

170. Suspendu dans l'exercice de ses droits de citoyen (3), le contumax, dont les biens étaient séquestrés, perdait toute action en justice comme demandeur, tandis qu'il pouvait être actionné, et par suite se défendre d'après le droit naturel (4). Les fruits des biens séquestrés, d'abord rendus au condamné après sa représentation (5), furent ensuite attribués à l'État, même quand ils étaient échus avant l'exécution par effigie (6). Des secours arbitrés par le Corps législatif pouvaient cependant être accordés à la femme du contumax (7).

La mort civile, encourue du jour de l'exécution

(1) Code du 3 brumaire an IV, L. II, t. 9, art. CCCCLXXIX. — Legraverend, tom. 2, ch. 9, sect. 1.

(2) Loi du 4 thermidor an II. — Legraverend, tom. 2, ch. 9, sect. 1.

(3) Constitution de l'an VIII, art. V. — Merlin, *Rép.*, *Contumace*, § 1, n° 4. — Proudhon, *C. de dr. civ.*, tom. 1, ch. 8, sect. 3.

(4) Code du 3 brumaire an IV, art. CCCCLXIV, CCCCLXXX et CCCCLXXXI. — Merlin, *Rép.*, *Contumace*, § 1, n° 4. — Carnot, *Inst. crim.*, tom. 2, art. CCCCLXV, n° 9.

(5) Loi du 21 janv. 1790, art. III. — Legraverend, t. 2, ch. 9, sect. 2.

(6) Code du 3 brumaire an IV, art. CCCCLXXV. — Merlin, *Rép.*, *Annotation*, n° 12. — Carnot, *Inst. crim.*, tom. 2, art. CCCCLXXI, n° 5. — Bourguignon, *Jurisprudence des Codes criminels*, tom. 2, art. CCCCLXXI.

(7) Code du 3 brumaire an IV, art. CCCCLXXV. — Carnot, *Inst. crim.*, tom. 2, art. CCCCLXXV, n° 2. — Bourguignon, *Jurisp. des Cod. cr.*, tom. 2, art. CCCCLXXI.

par effigie (1), était soumise à une condition résolutoire (2). En cas de mort du condamné dans les
cinq ans, il était censé mort *integri status*; s'il
mourait après, au contraire, la mort civile datait
du jour de l'exécution de la condamnation par
contumace, comme dans l'ancien droit (3).

Pendant vingt ans, le contumax pouvait faire
anéantir le jugement de condamnation (4); mais
après cinq ans, ce n'était plus que pour l'avenir.

§ II. — Du moment où commence l'Infamie.

171. L'infamie est la perte de l'honneur par
suite d'une condamnation (5), car nous nous occupons uniquement de l'infamie de droit, et non
de la plus ou moins bonne réputation des hommes basée sur leur conduite dans la vie. L'intervention de l'autorité judiciaire était donc nécessaire pour rendre infame de droit; et comme l'effet ne peut précéder la cause, l'infamie n'était

(1) Cod. 3 brumaire an IV.—Cass., ar. du 2 avril 1844, Dal. P.,
1844, 1, 191.

(2) Merlin, *Rép.*, *Mort civile*, § 1, art. 4, n° 3.

(3) Merlin, *Rép.*, *Mort civile*, § 1, art. 4, n° 3, et *Contumace*, § 2.

(4) Cod. 3 brumaire an IV, art. 480.—Cass., ar. du 2 avril 1844,
Dal. P. 1844, 1, 191. — Merlin, *Rép.*, *Contumace*, § 2.

(5) Jousse, part. 1, t. 3, ch. 2, sect. 1, art. VII, n° 215. — Richer,
part. 2, L. IV, ch. 2, sect. 1 et L. II, ch. 2, Dist. 4. — Pothier,
Tr. des pers., part. 1, t. 3, sect. 3. — Merlin, *Rép.*, *Infamie*, n° 1.

encourue qu'au moment de la prononciation de la sentence (1).

172. Dans les procès où l'accusé pouvait acquiescer, c'est-à-dire dans tous les cas où la peine n'était pas, soit une peine corporelle, soit les galères à perpétuité ou à temps, soit le bannissement à perpétuité, soit même l'amende honorable (2), l'infamie était encourue du jour de la prononciation du jugement, même en cas d'appel, si le nouvel arrêt ne portait pas absolution (3). Dans les autres, il en était encore de même; seulement, par suite de l'appel, il y avait suspension de l'infamie. En cas de condamnation, elle remontait alors au jour du premier jugement (4), tandis que, en cas d'absolution, elle était censée n'avoir jamais été encourue.

173. L'infamie résultait également d'une condamnation par contumace (5), et tout ce que nous avons dit sur le moment où naissait la mort civile par suite de pareils jugements, peut s'appliquer ici. Celui qui mourait dans les cinq ans ne mou-

(1) Jousse, part. 1, t. 3, ch. 2, sect. 1, art. vii, n° 218. — Richer, part. 2, L. II, ch. 2, Dist. 4 et L. IV, ch. 2, sect. 1. — Pothier, *Tr. des pers.*, part. 1, t. 3, sect. 3. — Merlin, *Rép., Infamie,* n° 3.

(2) Ordonnance de 1670, tit. 26, art. vi.

(3) Jousse, part. 1, t. 3, ch. 2, sect. 1, art. vii, n. 219.

(4) Jousse, part. 1, t. 3, ch. 2, sect. 1, art. vii, n° 220.

(5) Pothier, *Tr. des pers.*, part. 1, t. 3, sect. 3.

rait pas infâme, mais bien *integri status.* Quelques auteurs, peu nombreux d'ailleurs, contestaient cependant cette dernière décision (1).

174. D'après la législation de 1791 et de l'an IV, les condamnations à des peines afflictives et infamantes ou infamantes seulement, dont la mort civile n'était pas la conséquence, produisaient néanmoins certains effets sur la capacité des condamnés. Ils ne prenaient naissance d'ailleurs que le jour de la prononciation de l'arrêt de condamnation.

(1) Pothier, *Tr. des pers.* part. 1, t. 3, sect. 3.

CHAPITRE III.

DES EFFETS DE L'ALTÉRATION DE LA CAPACITÉ DES CONDAMNÉS.

§ I. — De la mort civile.

175. La mort civile est le retranchement de la société et la privation des droits qui en découlent (1). Encourue de plein droit, en ce sens qu'elle n'a pas besoin d'être prononcée par le jugement, la mort civile est un état. Elle suit le condamné partout où il va, ainsi qu'il arrive dans tous les cas où il s'agit de dispositions qui ont trait à l'état des personnes.

Le mort civilement était donc considéré comme véritablement mort pour tout ce qui touchait aux droits civils, mais en général on lui laissait, en le privant cependant de certains droits naturels, ce dont il avait besoin pour conserver son existence (2).

176. La mort civile privait sans exception de

(1) Pothier, *Intr. gén. aux cout.*, ch. 2, § 1, nº 27.
(2) Richer, part. 1, ch. 2 et part. 2, L. III, art. I.

tout droit politique. Repoussé du sein de la société, le condamné à une peine capitale ne pouvait prétendre à participer aux facultés réservées aux citoyens seuls (1).

177. La noblesse, avant l'abolition du système des priviléges, était une qualité donnant des droits, prérogatives et exemptions refusés aux autres hommes (2). La noblesse et les priviléges du noble soit par naissance, soit par anoblissement, dérivaient du droit civil. Ils disparaissaient donc lors de la mort civile (3).

178. Sur ce point il n'y avait pas de difficulté, mais on était loin d'être d'accord sur la question de savoir si cette perte de la noblesse était telle que les enfants du condamné devenaient roturiers.

L'opinion de ceux qui conservaient, en cas de noblesse de race, la qualité de nobles aux enfants conçus avant la mort civile, nous semble néanmoins la plus rationnelle, car nés, ou censés nés au moment de leur conception, ils avaient un droit acquis à cette époque (4). Les enfants conçus depuis la mort civile, ne tirant leurs droits que de leur

(1) Loyseau, *Tr. des off.*, L. I, ch. 13, nᵒˢ 92 et suiv. — Richer, part. 2, L. III, art. ɪ, ch. 9.

(2) Richer, part. 2, L. III, art. ɪ, ch. 7.

(3) Richer, part. 2, L. III, art. ɪ, ch. 7.

(4) Règlement de 1668, art. vɪɪɪ. — Laroque, ch. 139. — Loyseau, *Tr. des ord.*, ch. 5, nᵒ 99. — Richer, part. 2, L. III, art. ɪ, ch. 7.

père, naissaient roturiers, puisqu'il n'était plus noble ni membre de la société civile (1). S'il s'agissait d'un crime de lèse-majesté, on était plus rigoureux, et le coupable perdait la noblesse avec ses enfants déjà nés (2). Il était même un crime moins grave, celui de duel, par suite duquel les descendants du condamné devaient changer leurs armes en obtenant du roi les lettres nécessaires (3).

Les enfants d'un anobli conçus depuis la mort civile naissaient roturiers sans contredit, et ceux conçus antérieurement perdaient leurs droits de noblesse sans distinction (4), puisqu'elle ne devait se transmettre que si le père avait toujours vécu noblement (5).

179. Les morts civilement étaient aussi dégradés des ordres royaux. Par conséquent ils cessaient d'être comptés parmi les chevaliers de Saint-Louis s'ils avaient obtenu ce rang avant leur condamnation (6).

180. Les priviléges de la noblesse disparurent

(1) Richer, part. 2, L. III, art. I, ch. 7. — Loyseau, *Tr. des ord.*, ch. 5, n° 99.

(2) Richer, part. 2, L. III, art. I, ch. 7.

(3) Édit de 1679, art. XV. — Richer, part. 2, L. III, art. I, ch. 7.

(4) Loyseau, *Tr. des ord.*, ch. 5, n° 99, paraît penser le contraire, tout en avouant que cela fait difficulté.

(5) Règlement de 1600. — Richer, part. 2, L. III, art. I, ch. 7.

(6) Édit d'avril 1693, art. XIII. — Édit d'avril 1719, art. XXIV. — Carnot, *Com. sur le Cod. pén.*, tom. 1, art. XXVIII, n° 8. — Bourguignon, *Jur. des Cod. crim.*, tom. 3, art. XXXIV.

dès les premiers pas de l'Assemblée constituante. Nous n'avons donc plus à rechercher si la mort civile y portait atteinte à cette époque de notre droit.

L'ordre de la Légion d'honneur, créé sous le Consulat et le seul reconnu en France dans cette période, ne pouvait admettre dans son sein un criminel condamné à une peine aussi grave que l'une quelconque de celles dont l'effet était d'entraîner la mort civile. Le mort civilement cessait donc sur-le-champ d'en faire partie (1).

181. L'étranger était incapable autrefois de posséder un bénéfice en France. A plus forte raison devait-on exclure le mort civilement moins favorablement traité que le premier, et déclaré indigne d'entrer dans les ordres sacrés (2). La mort civile faisait par conséquent perdre les bénéfices, même quand elle dérivait d'une condamnation par contumace (3). Seulement, dans ce dernier cas,

---

(1) Décret du 29 ventôse an XII, art. 6. — Carnot, *Com. sur le Cod. pén.*, tom. 1, art. XXVIII, n° 8 et *Inst. crim.*, tom. 1, art. II, n° 18. — Bourguignon, *Jur. des Cod. crim.*, tom. 3, art. XXXIV.

(2) Jousse, part. 1, t. 3, chap. 2, sect. 1, art. VII, n° 217.—D'Héricourt, *Lois ecclésiastiques*, part. 3, ch. 4, art. II, § 34.

(3) Édit de Charles VII, du 7 mars 1431. —Déclaration de Louis XIV, de janvier 1681. — Arrêt du parlement de Toulouse, du 24 décembre 1529. — Pithou, *Libertés de l'Église Gallicane* (1594), art. XXXIX. — D'Héricourt, *Lois eccl.*, part. 2, ch. 20, § 2.— Richer, part. 2, L. III, art. I, ch. 8.

pendant les cinq ans qui suivaient l'exécution par effigie, le roi n'en disposait pas. L'acquittement du contumax après les cinq ans avait pour effet de lui faire rendre le bénéfice dont il avait été dépouillé, mais sans les fruits recueillis dans cet intervalle (1).

182. Dans le droit intermédiaire il n'y eut plus de bénéfices. Il n'était donc nécessaire de s'occuper des questions qui les concernent que par rapport à l'ancien droit.

183. Le mort civilement était incapable de remplir des fonctions publiques. C'est là un droit réservé aux citoyens, et il a cessé de faire partie de la société. A l'époque où les offices étaient vénaux, le condamné était privé, après la mort civile, de tous ceux qu'il pouvait avoir. Il était passé en usage cependant de pourvoir à ces offices ainsi perdus par simple commission pendant cinq ans, quand la condamnation était par contumace, et après cinq ans seulement par provisions en titre d'office (2).

184. La vénalité des offices fut abolie par la Constituante. Mais le principe qu'il faut être citoyen pour remplir les fonctions publiques est

(1) Arrêt du parlement de Paris, du 22 août 1749.
(2) Loyseau, *Tr. des off.*, L. I, ch. 13, nᵒˢ 92 et suiv. — Richer, part. 2, L. III, art. 1, ch. 9. — Merlin, *Rép.*, *Mort civile*, § 1, art. II, nᵒ 1.

resté en vigueur de tout temps. A cette époque où parurent de si profondes modifications dans la législation française, on tint toujours pour certain que la mort civile, en enlevant tous les droits politiques du condamné, entraînait dépossession et vacance immédiate des charges et fonctions.

185. Quel effet le retranchement complet de la société produisait-il pour celui qui l'encourait relativement à son patrimoine? La mort civile ouvrait sa succession (1), de sorte que les biens du condamné lui étaient enlevés et attribués au fisc, ou aux héritiers du sang, suivant qu'il y avait ou non confiscation.

185. Nous avons vu par suite de quelles vicissitudes la confiscation, inconnue dans les temps primitifs de Rome, mais devenue générale ensuite, avait disparu presque complétement au temps de Justinien (2). Chez les Germains le système réglé par les lois des compositions autorisées puis ordonnées pour tous les crimes, sauf celui de lèse-majesté, ne permettait pas l'existence de la confiscation (3). En France on en voit une trace

(1) Joussé, part. 1, t. 3, ch. 2, sect. 1, art. vi, § 1, n° 139. — Richer, part. 2, L. III, art. ii, ch. 1.
(2) Richer, part. 2, L. III, art. 2, ch. 1, sect. 1.
(3) Cap. de Charlemagne, L. II, cap. 10. — Cap. de Charlema-

sous Dagobert Ier (1); puis beaucoup plus tard quand les peines eurent pris la place du rachat en argent, à celles qui atteignaient la personne physique du coupable, on ajouta la confiscation pour le frapper dans ses biens. Ce fut bientôt le droit commun (2).

La mort civile était indépendante de la confiscation (3), mais la dévolution des biens au fisc avait toujours lieu pour le mort civilement dans les parties de la France où ce droit rigoureux était admis (4).

187. En effet, relativement à la confiscation il fallait distinguer entre les pays de droit écrit, ne la reconnaissant suivant le droit romain que dans les crimes de lèse-majesté et d'hérésie (5), et les pays coutumiers qui généralement l'admettaient dans toute son étendue (6),

gne, L. IV, cap. 13. — Cap. de Charlemagne, L. IV, cap. 18. — Richer, part. 2, L. III, art. II, ch. 1, sect. 1.

(1) Édit sur l'observation du Dimanche, de 630.

(2) Loyseau, *Tr. des seigneuries*, ch. 12, n° 77. — Richer, part. 2, L. III, art. II, ch. 1, sect. 1.

(3) Jousse, part. 1, t. 3, ch. 2, sect. 1, art. VI, § 1, n° 137.

(4) Rousseau de la Combe, part. 1, ch. 1, n° 24. — Muyart de Vouglans, part. 1, L. II, t. 4, ch. 4, § 1, n° 6. — Domat, part. 2, L. I, t. 1, sect. 4, n° 5.

(5) La ville de Toulouse ne donnait que moitié aux enfants, plus le tiers, qu'ils devaient partager avec la femme du condamné. Merlin, *Rép., Confiscation*, § 1, n° 2.

(6) Coutume de Paris.

excepté dans quelques coutumes (1) moins sévères (2).

Les biens confisqués étaient primitivement attribués au fisc du roi; mais plus tard, pour tous les crimes autres que celui de lèse-majesté, les seigneurs haut-justiciers s'en emparèrent d'abord par usurpation, ensuite du consentement du roi pour les dédommager des frais de justice (3).

188. La confiscation comprenait tous les biens du coupable. On allait même jusqu'à y faire entrer ceux de la communauté en entier quand le mort civilement était le mari. Bientôt cependant on fut frappé de l'iniquité d'une telle décision, et

(1) Les coutumes de Cambrai, Hainaut, Calais, Guyenne en vertu du privilége accordé par le roi Jean en 1357, n'admettaient pas la confiscation.—Lebrun, *Tr. des succ.*, L. I, ch. 1, sect. 3, n° 1. — Richer, part. 2, L. III, art. 2, ch. 1, sect. 2. — Rousseau de la Combe, *Jurisprudence civile*, mot *Confiscation*. — Merlin, *Rép.*, *Confiscation*, § 1, n° 2.— Les coutumes d'Anjou, du Maine, du Perche, de Touraine, Berry, Arras (celle d'Artois admettait la confiscation), ne la reconnaissaient complète qu'en cas de lèse-majesté et d'hérésie. —Lebrun, *Tr. des succ.*, L. I, ch. 2, sect. 3, n° 13. — Richer, part. 2, L. III, art. 2, ch. 1, sect..1. — Merlin, *Rép.*, *Confiscation*, § 1, n° 3. — Enfin les coutumes de Bretagne, Normandie, Anjou, Maine, Poitou, l'admettaient seulement pour les meubles. — Lebrun, *Tr. des succ.*, L. 1, ch. 2, sect. 3, n° 13. — Merlin, *Rép.*, *Confiscation*, § 1, n° 3.

(2) Lebrun, *Traité des succ.*, L. I, ch. 1, sect. 3, n° 1 et L. I, ch. 2, sect. 3, n° 13. — Rousseau de la Combe, part. 1, ch. 1, n° 24. — Richer, part. 2, L. III, art. 2, ch. 1, sect. 1. — Merlin, *Rép.*, *Confiscation*, § 1, n° 3.

(3) Richer, part. 2, L. III, art. 2, ch. 1, sect. 1, Dist. 1.

les conquêts de communauté appartenant à la femme, ne furent plus confisqués selon presque toutes les coutumes (1). On est du reste redevable de ce changement à Dumoulin qui, en attaquant avec force l'ancienne jurisprudence, contribua à la faire réformer.

Quand, au contraire, la femme mourait civilement, le mari conservait la moitié de la communauté, et l'autre moitié était attribuée tantôt au fisc (2), tantôt aux héritiers (3), tantôt au mari jusqu'à la mort naturelle de l'un des époux (4).

(1) Coutumes de Melun, art. 10, de Sens, art. 26, d'Auxerre, art. 28, de Bretagne, art. 446, de Vermandois, art. 12, du Duché de Bourgogne, t. 2, art. 2, de Montdidier, art. 134, de Tours, art. 155, de Perche, art. 118, de Bar, Mantes, Laon, Troyes, Châlons, Reims, Amiens, Péronne, Nivernais, Montargis, Normandie, Anjou, Maine, Bourbonnais, Orléans.—Brodeau, *sur Louet.* L. C., som. 35. — Dumoulin, *Cout. de Paris,* art. 43, n° 88, et *Cout. d'Orléans,* art. 176. — Pithou, *Cout. de Troyes,* art. 134. — Bacquet, *Tr. des dr. de just.,* ch. 15, n° 84. — Richer, part. 2, L. III, art. 2, ch. 1, sect. 1, Dist. 4.

(2) Coutume de Tours, art. 255. — Coutume de Bourbonnais, art. 266. — Duplessis, *Cout. de Paris,* L. I, ch. 6, sect. 2. — Lebrun, *Tr. de la communauté,* L. II, ch. 2, n° 11.

(3) Coutume d'Orléans, art. 209. — Coutume de Laon, art. 13.

(4) Coutume de Nivernais, *Tit. des confiscations,* art. 4. — Coutume d'Auxerre, art. 29. — Bacquet, *Tr. des dr. de just.,* ch. 15, n° 90. — Richer, part. 2, L. III, art. 2, ch. 1, sect. 1, Dist. 4. — Dumoulin, L. I, ch. 6, sect. 2, et Lebrun, *Tr. de la comm.,* L. II, ch. 2, n° 11, la font perdre au mari.

189. Le fisc, dont l'hypothèque datait selon les uns du jour de la condamnation (1), selon d'autres, mais à tort, du jour du crime (2), ou du jour, d'après une opinion mixte, des informations qui rendaient le délit notoire (3), devait laisser les enfants du condamné prélever la légitime sur ses biens avant de s'en emparer. Cette opinion favorable était communément soutenue par les jurisconsultes de l'ancien droit (4).

Il ne pouvait non plus empêcher l'ascendant donateur de reprendre les biens par lui donnés, lorsque le donataire mourait sans postérité, sauf pour le crime de lèse-majesté (5), soit en pays de droit écrit où il s'agissait d'un droit de retour (6), soit en pays de droit coutumier où il s'agissait

(1) Ordonnance de Moulins, art. 53. — Dumoulin, *De pignoribus et hypothecis*, L. III, t. 3, Quest. 88, n° 11.

(2) Grimaudet, *Tr. du retrait lignager*, L. IV, ch. 32. — Chopin, *Tr. du domaine*, L. II, t. 5, n° 5. — Tiraqueau, *Tr. du retrait conventionnel*, § 5, glos. 4, n° 2. — Coutume de Bretagne, art. 188, A, art. 178, N. — D'Argentré, *Cout. de Bretagne*, art. 188.

(3) Basnage, *Tr. des hypothèques*, ch. 13. — Richer, part. 2, L. 3, art. 2, ch. 1, sect. 1, Dist. 7.

(4) Chopin, *De moribus Parisiorum*, L. III, t. 3, n° 24. — Carondas, *Cout. de Paris*, art. 183. — Tournet, *Cout. de Paris*, art. 183. — Guérin, *Cout. de Paris*, art. 183. — Ricard, part. 3, ch. 8, sect. 9, n° 103. — Richer, part. 2, L. III, art. 2, ch. 1, sect. 1, Dist. 4. — Le Maître, *Cout. de Paris*, t. 8, ch. 15, et Bacquet, *Tr. des dr. de just.*, ch. 15, n° 2, pensent le contraire.

(5) Ordonnance de François Ier, d'août 1539.

(6) Arrêt du parlement de Toulouse, du 26 juin 1582. — La Roche Flavin, L. 3, t. 9, art. 1.

d'un droit de succession tout particulier (1). De toute façon il fallait attendre la mort naturelle du condamné (2).

190. Enfin le fisc ne prenait les biens du mort civilement qu'à la charge de payer les dettes mobilières et immobilières du coupable et les réparations civiles jusqu'à concurrence de l'émolument (3). Cependant en cas de crime de lèse-majesté il était fort controversé de savoir si le fisc devait acquitter les dettes du condamné (4).

191. Dans les provinces où la confiscation n'était pas admise, le mort civilement n'en perdait pas moins ses biens. Sa succession était alors ouverte au profit de ses héritiers, comme s'il était mort naturellement (5).

192. L'Assemblée constituante, mue surtout par cette idée que la confiscation générale frappait la famille du coupable et non le coupable lui-

---

(1) Arrêt du parlement de Rouen, du 18 juin 1647. — Basnage, *Cout. de Normandie*, art. 143 et 244.

(2) Bornier, sur l'art. 29, t. 17, de l'ordonnance de 1670. — La Roche Flavin, L. III, t. 9, art. 1 et L. II, Let. M, t. 4, art. 33. — Maynard, L. IX, ch. 90 et L. II, ch. 91. — Richer, part. 2, L. III, art. 2, ch. 1, sect. 1, Dist. 4 et ch. 5.

(3) Loyseau, *Tr. des seign.*, ch. 12, n° 99. — Richer, part. 2, L. III, art. 2, ch. 1, sect. 1, Dist. 6.

(4) Bacquet, *Tr. des dr. de just.*, ch. 4, n° 11., Brodeau, *sur Louet*, L. C. som. 53, Richer, part. 2, L. III, art. 2, ch. 1, sect. 1, Dist. 6, décidaient la négative.

(5) Lebrun, *Tr. des succ.*, L. 1, ch. 1, sect. 3, n° 1. — Richer, part. 2, L. III, art. 2, ch. 1, sect. 2.

même, la fit disparaître de nos lois (1). Mais bientôt elle fut rétablie pour les crimes attentatoires à la sûreté de l'État et la fausse monnaie, puis pour la dévastation et le pillage public par attroupement et à force armée (2).

195. Le trésor, dans cette dernière époque, était tenu seulement à solder les dettes antérieures du condamné et à payer les réparations dues par le mort civilement (3). Bien certainement la confiscation ne comprenait alors que les biens composant la part du mari condamné dans la communauté.

194. Le mort civilement pouvait avoir des devoirs de vassalité à remplir envers un seigneur avant la condamnation, au temps où la féodalité était en vigueur. La perte de ses biens lors de la mort civile entraînait une véritable mutation (4), pourvu qu'il fût le vassal lui-même et non pas simple homme vivant et mourant, c'est-à-dire

____

(1) Loi du 21 janv. 1790. — Code de 1791, part. 1, t. 1, art. 35. —Merlin, *Rép.*, *Confiscation*, § 1, n° 13.—Legraverend, tom. 1, Introduction.

(2) Loi du 30 août 1792. — Loi du 19 mars 1793. — Loi du 1er brumaire an ii. — Loi du 14 floréal an iii. — Loi du 21 prairial an xi. — Merlin, *Rép.*, *Confiscations*, § 1, n° 13.

(3) Merlin, *Rép.*, *Confiscation*, § 1, nos 14, 15 et 16. — Dhaubersart, *Rapport au Corps législatif sur le Code pénal de 1810.*

(4) Poquet de Livonnière, *Tr. des fiefs*, L. IV, ch. 1, est seul d'un avis opposé.

l'homme présenté par les gens de mainmorte pour remplir le rôle de vassal (1).

Toutes ces distinctions cessèrent d'exister lorsque les droits féodaux furent supprimés par la Constituante.

195. Peut-être parmi le patrimoine du mort civilement se rencontrait-il certains droits destinés à périr avec celui en faveur de qui ils avaient été constitués. Tels sont les droits d'usufruit, de pension viagère. Étaient-ils anéantis par la mort civile? Ne continuaient-ils pas au contraire à exister jusqu'à la mort naturelle du condamné?

L'usufruit s'éteignait sur-le-champ de l'avis unanime de tous les jurisconsultes (2). A l'opposé les pensions viagères étaient conservées; le mort civilement avait même le droit de les toucher si elles avaient été constituées à titre d'aliments (3),

(1) Dumoulin, *Cout. de Paris*, art. 51, n° 63. — Bacquet,. *Tr. des nouveaux acquêts*, ch. 36. — Duplessis, *Tr. des fiefs*, L. 4, ch. 4. —Bardet, tom. 2, L. IX, ch. 20.—Jousse, part. 1, t. 3, ch. 2, sect. 1, art. 6, § 1, n° 145. — Richer, part. 2, L. III, art. 2, ch. 3. — Arrêt du 6 février 1642. — Font exception les coutumes de Montfort l'Amaury, art. 47, Laon, art. 209, Bar, art. 10, Péronne, art. 76, Bretagne, art. 368, Normandie, art. 140, dans lesquelles il y a ouverture du fief, et celles d'Orléans, art. 42, et Montargis, ch. 1, art. 88, où il s'ouvre si cependant il y a changement du seigneur.

(2) Arrêt du 3 mai 1631. — Bornier, sur l'art. 29, t. 17, de l'ordonnance de 1670. — Jousse, part. 1, t. 3, ch. 2, sect. 1, art. 6, § 1, n° 144. — Guy Pape, Quest. 413 et 547. — Richer, part. 2, L. III, art. 2, ch. 4, sect. 1.

(3) Arrêt de la Tournelle, du 5 septembre 1699. — Arrêt du par-

et s'il n'avait pas été condamné à mort (1).

Quant au douaire, la femme morte civilement le perdait (2). On exceptait cependant, d'après quelques auteurs, le cas où il pouvait être considéré, à cause de sa modicité, comme une pension alimentaire, si la femme toutefois avait été condamnée à toute autre peine que la peine demort (3).

Aucun changement ne fut apporté, relativement à tous ces droits, par la législation qui succéda aux anciennes ordonnances et aux coutumes.

196. La mort civile donnait ouverture à la substitution à l'instant même, sans qu'il fût besoin d'attendre la mort naturelle du grevé. Fortement controversée avant l'ordonnance de Louis XV (4),

lement de Paris, du 17 juillet 1709. — Jousse, part. 1, t. 3, ch. 2, sect. 1, art. 6, § 1, n° 145. — Rousseau de la Combe, part. 1, ch. 1, n° 8. — Richer, part. 2, L. III, art. 2, ch. 4, sect. 2. — Merlin, *Rép.*, *Rente viagère*, n° 14. — M. Dalloz, *Rép.*, *Droits civils*, art. 1, § 4, n° 27.

(1) Arrêt du parlement de Paris, du 17 juillet 1709. — Rousseau de la Combe, part. 1, ch. 1, n° 18.

(2) Arrêt du 29 juillet 1695. — Renusson, *Tr. du douaire*, ch. 12, n°s 31 et suivants.

(3) Rousseau de la Combe, part. 1, ch. 1, n° 18. — Richer, part. 2, L. III, art. 2, ch. 4, sect. 3.

(4) La non-ouverture était soutenue par le parlement de Toulouse dans ses arrêts du 29 janvier 1628, du 20 juillet 1634 et du 27 juin 1636; D'Olive, *Quest. notables*, L. LV, ch. 8; Ricard, *Tr. des dispositions conditionnelles*, ch. 5, sect. 4, n°s 369 et suiv.; Denizart, *Coll. de déc. nouv.*, tom. 3, mot *Mort civile*, n° 9. — Au contraire, Louet, Lct. S, n° 15; Jousse, part. 1, t. 3, ch. 2, sect. 1, art. 6, § 1, n° 144; Mornac, loi 31 au Digeste, *Tit. de*

cette question fut alors résolue par un texte précis (1), et depuis cette époque on a toujours maintenu les mêmes principes. La mort civile du donataire, au contraire, ne donnait pas ouverture au droit de retour du donateur (2).

197. Le mort civilement conservait généralement toutes les facultés du droit des gens. Il pouvait donc commercer, acheter, vendre, louer, en un mot contracter, et par conséquent posséder et acquérir des biens, car tous ces actes appartiennent au droit naturel (3). Si cependant il s'agissait d'un condamné à mort, on le privait même de tout ce qui pouvait servir à soutenir son existence, sous ce prétexte qu'il était impossible de valider

pignoribus; Rousseau de la Combe, part. 1, ch. 1, n° 36; Richer, part. 2, L. III, art. 2, ch. 2, et le parlement de Paris, arrêt du 25 mai 1660, professaient l'ouverture.

(1) Ordonnance de 1747, t. 1, art. 24.—Pothier, *Tr. des substitutions,* sect. 6, § 1.

(2) Bornier, sur l'art. 29, t. 17 de l'ordonnance de 1670. —Maynard, L. 9, ch. 90 et L. 11, ch. 91. — La Roche Flavin, L. 3, t. 9, art. 1 et L. II, Let. M, t. 4, art. 33.—Richer, part. 2, L. III, art. 2, ch. 1, sect. 1, Dist. 1 et ch. 5. — Cass. arrêt du 13 messidor, an XIII, Dall., P., an XIV, 1, 475.

(3) Arrêt du 5 juillet 1558. — Carondas, *Observations,* au mot *Banni.* — Lebrun, *Tr. des succ.,* L. 1, ch. 2, sect. 2, n° 9. — Jousse, part. 1, t. 3, ch. 2, sect. 1, art. 6, § 1, n° 140. — Muyart de Vouglans, part. 1, L. II, t. 4, ch. 4, § 1, n° 4. — Richer, part. 2, L. III, art. 1, ch. 1.— Merlin, *Rép., Mort civile,* § 1, art. 2, n°ˢ 3 et 6.— Toullier, *Dr. civ.,* tom. 1, n° 280.—Pothier, *Tr. des pers.,* part. 1, t. 3, Argou, L. 1, ch. 3, et Domat, L. prél., t. 2, sect. 2, n° 12, lui refusent même le pouvoir de contracter et ne lui donnent que le droit de recueillir des aliments.

les actes d'un individu jugé digne du dernier supplice (1).

198. La mort civile empêchait d'exercer le retrait lignager, car c'était un acte du droit civil. D'ailleurs, cette faculté était réservée aux membres de la famille, et le mort civilement avait cessé d'en faire partie civilement (2).

La société était aussi dissoute par la mort civile de l'un des associés, mais rien n'empêchait le mort civilement d'en former une nouvelle (3).

199. D'après le droit intermédiaire, il faut reconnaître au mort civilement la capacité nécessaire pour contracter et acquérir (4), et rejeter la distinction fondée sur la nature de la peine et consistant à le priver de ces facultés du droit des gens en cas de peine de mort.

Quant au retrait lignager, il avait disparu à cette époque.

(1) Pothier, *Tr. des personnes*, part. 1, t. 3. — Argou, L. I, ch. 3. — Domat, *L. prél.*, t. 2, sect. 2, n° 12. — Richer, part. 2, L. III, art. 1, ch. 1.

(2) Coutume de Senlis. — Commentateurs de la coutume de Paris. — Basnage, *Cout. de Normandie*, art. 452. — Pothier, *Tr. des retraits*, part. 1, ch. 5, art. 2, § 1. — Jousse, part. 1, t. 3, ch. 2, sect. 1, art. 6, § 1, n° 138. — Richer, part. 2, L. III, art. 1, ch. 1.

(3) Argou, L. 3, ch. 32. — Domat, part. 4, L. I, t. 9, sect. 5, n° 15. — Richer, part. 2, L. III, art. 2, ch. 8.

(4) Cass., arrêt du 28 frimaire an XIII, Dal., P., an XIV, 1, 178. — Cass., arrêt du 28 juin 1808, Dal., P., 1808, 1, 368. — Cass., arrêt du 1er août 1811, Dal., P., 1811, 1, 409. — Merlin, *Rép.*, *Mort civile*, § 1, art. 2, n° 6.

Le droit ancien fut conservé relativement au contrat de société.

200. Il est un acte cependant, la donation entre-vifs, pour lequel on était en dissentiment sur la question de savoir si le mort civilement avait conservé ou non sa capacité à son égard dans toute la période que nous examinons. Aucun changement n'ayant été apporté par les lois de la révolution à l'ancienne jurisprudence, c'est donc elle seule qu'il s'agit de compulser.

Et d'abord il faut mettre de côté toute assimilation entre la donation entre-vifs et le testament, et se garder d'argumenter de l'incapacité de tester pour prouver celle de donner entre-vifs (1). Le testament, acte du droit civil, est un bienfait de la loi en faveur des membres de la société privés par la mort naturelle du droit de disposer de leurs biens. La donation entre-vifs, au contraire, est un contrat, tout particulier, il est vrai, mais enfin un contrat du droit des gens ; car la faculté de disposer de sa chose pendant sa vie n'est qu'un des attributs de la propriété, elle-même du droit des gens. Reconnaissons donc qu'à moins de disposition prohibitive spéciale, les principes amènent tout naturellement à décider en faveur de la capacité du mort

(1) Furgole, quest. 21, *sur la matière des testaments.* — Merlin, *Rép., Mort civile,* § 1, art. 2, n° 6.

ci-vilement à l'égard des donations entre-vifs.

On disait néanmoins, et on dit encore, que la nécessité de suivre certaines formalités rigoureuses imposées par la loi a fait un acte du droit civil de la donation par elle-même du droit des gens. Cette argumentation, d'abord, ne pouvait pas comprendre les donations manuelles pour lesquelles on était généralement d'accord (1), et puis elle avait l'inconvénient d'aller trop loin ; car, s'il était vrai que la forme à employer pût changer le caractère de l'acte, comme tous les contrats ont été réglés par la loi dans leur forme et dans leurs conditions, on serait forcément conduit à proclamer la même incapacité pour tous. La mort civile nous paraît donc n'avoir pas engendré l'incapacité de donner ou de recevoir entre-vifs jusqu'au Code civil (2).

(1) D'Aguesseau, *Rapport sur l'ordonnance de* 1731. — Ordonnance de 1731. — Merlin, *Rép.*, *Mort civile*, § 1, art. 2, n° 6. — Toullier, tom. 1, n° 282.—M. Duranton, tom. 1, n° 263.—M. Dalloz, *Rép.*, *Droits civils*, sect. 3, art. 1, § 4, n° 11.

(2) Pothier, *Tr. des don.*, sect. 1, art. 1, en disant que pour donner il suffit d'avoir la capacité du droit des gens. — Merlin, *Rép.*, *Mort civile*, § 1, art. 2, n° 6. — M. Dalloz, *Rép.*, *Droits civils*, sect. 3, art. 1, § 4, n° 10. — M. de Savigny, *Tr. de dr. rom.*, L. II, ch. 2, § 75. — Cass., arrêt du 10 août 1811, Dal., P., 1811, 1, 409. — Sont opposés le parlement de Paris; Duplessis, *Tr. des don.*, L. I, ch. 4; Furgole, *Tr. des don.*, sur l'art. 1 de l'ordonnance de 1731; Muyart de Vouglans, part. 1, L. II, t. 4, ch. 4, § 1, n° 4; Richer, part. 2, L. III, art. 1, ch. 2, sect. 6; Ricard, part. 1, ch. 3, sect. 4, n°s 230 et suiv., bien

201. Par rapport aux droits de famille, la mort civile produisait des effets très-importants.

Dans l'ancien droit, en laissant de côté le contrat naturel dont on ne s'occupait pas, on voyait deux choses dans le mariage : le sacrement et le contrat purement civil (1); mais celui-ci n'était considéré que comme l'accessoire du premier. Indissoluble d'après le droit canonique, le lien religieux survivait à la mort civile, et cessait seulement de produire des effets civils (2). Les enfants conçus depuis ce changement d'état, bien que légitimes aux yeux de l'Église, sans éprouver la honte attachée à la bâtardise, n'en étaient pas moins traités par la loi civile comme des bâtards, et déclarés incapables de recueillir des successions (3).

202. Tous les effets civils du mariage disparaissant à la mort civile, la communauté était dissoute et il fallait procéder à son partage (4).

qu'il permette au religieux de donner le pécule qui est à sa disposition; Toullier, tom. 1, n° 282.

(1) Richer, part. 2, L. III, art. 1, ch. 3.

(2) Déclar. du 26 nov. 1639. — Pothier, *Tr. des succ.*, ch. 1, art. 3 et 4.— Muyart de Vouglans, part. 1, L. II, t. 4, ch. 4, § 1, n° 4. — Richer, part. 2, L. III, art. 1, ch. 3. —Merlin, *Rép., Mariage*, sect. 2, § 1, n° 6. — M. Dalloz, *Rép., Droits civils*, sect. 3, art. 1, § 4, n° 23. — M. Marcadé, t. 1, art. 25, n° 5.

(3) Arrêt de février 1745. — Richer, part. 2, L. III, art. 1, ch. 3.

(4) Arrêt du parlement de Paris, du 26 février 1706. — Augcard,

La privation de la vie civile donnait-elle cependant ouverture aux gains nuptiaux? Ce point était autrefois l'objet d'une vive discussion. Les auteurs les plus anciens paraissaient reconnaître l'ouverture des conventions matrimoniales à la mort civile (1). Plus tard on fit une distinction par suite de laquelle les gains de survie étaient ouverts par la mort civile lorsqu'ils étaient établis par la loi, tandis que généralement on croyait devoir considérer la mort naturelle seule quand ils dérivaient de la convention des parties (2). Toutefois l'opinion la plus commune était que l'augment pouvait être demandé par la femme, et le contre-augment par le mari, à la mort civile du conjoint, en pays de droit écrit (3); au lieu que le douaire (4) et le pré-

Recueil d'arrêts, tom. 2, ch. 7.— Pocquet de Livonnière, *Dr. fr.,* L. IV, ch. 1, *Règ.* 41. — Duplessis, *Tr. de la com.,* L. I, ch. 5, sect. 3, et L. II, ch. 2. — Lebrun, *Tr. de la com.,* L. III, ch. 1. — Richer, part. 2, L. III, art. 2, ch. 7, sect. 1.

(1) Coquille, *Coutume du Nivernais,* tit. *du Douaire,* art. 6. — Papon, L. IV, t. 15, art. 1.

(2) Brodeau, L. C., som. 26. — Legrand, *Coutume de Troyes,* art. 193, n° 30. — Dumoulin, *Reg. de inf. resig.,* n° 30 et 31. — Talon, *Plaidoyer* avant l'arrêt du 6 mars 1642. — Richer, part. 2, L. III, art. 2, ch. 7, sect. 2.

(3) Henrys, tom. 2, L. IV, quest. 1. — Argou, L. III, ch. 10. — Richer, part. 2, L. 3, art. 2, ch. 7, sect. 2, dist. 2.

(4) Lebrun, *Tr. de la comm.,* L. III, ch. 1, n° 42. — Loysel, *Institutes coutumières,* L. 1, t. 3, n° 6.—Louet, L. D., som. 36.—Argou, L. III, ch. 10. — Renusson, *Tr. du Douaire,* ch. 5, n° 42. — Pocquet de Livonnière, *Règ. de dr. fr.,* L. II, t. 7, ch. 2, n° 33. — Ferrière, *sur la Coutume de Paris,* art. 229. — Auzannet, *sur la*

ciput (1) ne devenaient exigibles qu'à la mort naturelle du mari, de telle sorte que, dans ce dernier cas, les héritiers étaient préférés au conjoint.

203. La puissance maritale disparaissait avec la vie civile; aussi le mari n'avait-il plus, dans le droit des coutumes, le pouvoir d'administrer les biens de sa femme, ni celui de la rendre apte à faire les actes pour lesquels elle aurait eu besoin de son autorisation (2).

204. Le mariage du condamné, dissous par la mort civile en tant que contrat civil sous l'ancien droit, l'était également sous la législation intermédiaire. Mais alors le conjoint se trouvait affranchi de tout lien par la mort civile de l'autre époux, et pouvait légalement se remarier (3), car

Coutume de Paris, art. 256. — D'Argentré, sur la *Coutume de Bretagne*, art. 433. — Richer, part. 2, L. III, art. 2, ch. 7, sect. 2, dist. 2, § 2. — Jousse, part. 1, t. 3, ch. 2, sect. 1, art. 6, § 1, n° 144. — Denizart, *Coll. de déc. nouv.*, tom. 3, *Mort civile*, n° 14. — Toullier, tom. 1, n° 286.—Toutefois il en est autrement d'après Coquille, *Institutes coutumières*, ch. 14; Bacquet, *Tr. des droits de justice*, ch. 15, n° 64, et les Coutumes de Nivernais, art. 6, d'Anjou, art. 319, du Maine, art. 331, et de Melun, art. 235.

(1) Louet, L. C., som. 26. — Brodeau, *sur Louet*, L. L., som. 14. — Chenu, *Centurie* 2, quest. 16. — Duplessis, *Tr. de la comm.*, L. II, ch. 1, sect. 3. — Lebrun, *Tr. de la comm.*, L. III, ch. 2. — Richer, part. 2, L. III, art. 2, ch. 7, sect. 2, dist. 2, § 2. — Sont d'un avis contraire les coutumes de Melun et du Nivernais, les arrêts des 14 août 1567, 31 juillet 1570, 11 avril 1635, 17 novembre 1634, Boniface, *Recueil d'arrêts*, t. 1, L. VI, ch. 1.

(2) Richer, part. 2, L. III, art. 2, ch. 7, sect. 2, dist. 3.

(3) Marcadé, tom. 1, art. 25, n° 5.

le mariage n'était considéré par la loi, à cette époque, que comme un contrat (1).

205. La mort civile n'empêchait pas, avant l'Assemblée constituante, de recevoir le sacrement de mariage, car il n'était interdit à personne, pas même aux esclaves dans les pays qui les reconnaissaient (2) ; mais cette union toute religieuse, suffisante pour empêcher autrefois le conjoint du mort civilement de se remarier, ne pouvait produire aucun effet aux yeux de la loi civile ni pour les conjoints, ni pour leurs enfants (3). Ceux-ci, légitimes, cependant, d'après le droit canonique, étaient assimilés par la loi civile aux bâtards, sans être cependant confondus avec les enfants issus d'un concubinage qui étaient infectés de la tache de bâtardise. Ils étaient donc exclus de toutes suc-

(1) Constitution du 3 septembre 1791, t. 2, art. 7. — M. Dalloz, *Rép.*, *Droits civils*, sect. 3, art. 1, § 4, n° 23.

(2) Jousse, part. 1, t. 3, ch. 2, sect. 1, art. 6, § 1, n° 140. — Dhéricourt, *Lois ecclés.*, part. 3, ch. 5, art. 2, § 8. — Lebret, liv. 1, déc. 6. — Pothier, *Tr. des succ.*, ch. 1, art. 3 et 4. — Richer, part. 2, L. III, art. 1, ch. 3. — M. Dalloz, *Répert.*, *Droits civils*, sect. 3, art. 1, § 4, n° 20. — M. Marcadé, tom. 1, art. 25, n° 6.

(3) Jousse, part. 1, t. 3, ch. 2, sect. 1, art. 6, § 1, n° 140. — Lebret, liv. 1, déc. 6. — Dhéricourt, *Lois ecclés.*, part. 2, ch. 5, art. 2, § 85. — Pothier, *Tr. du mar.*, part. 1, ch. 1, art. 1. — Richer, part. 2, L. III, art. 1, ch. 3. — Merlin, *Rép.*, *Mariage*, section 3, § 1, n° 2. — Toullier, tom. 1, n° 284. — M. Dalloz, *Rép.*, *Droits civils*, sect. 3, art. 1, § 4, n° 20. — M. Marcadé, tom. 1, article 25, n° 6.

cessions ascendantes ou collatérales, comme n'appartenant à aucune famille (1), sauf néanmoins en Normandie où la coutume contenait une disposition contraire (2).

206. Sous la Constituante le mort civilement était également incapable de former un mariage valable selon la loi, et comme ce n'était plus qu'un simple contrat civil d'après la constitution (3), rien n'empêchait celui qui avait voulu se marier avec le mort civilement de contracter, pendant la vie de ce dernier, une union légitime avec une autre personne (4).

207. Toutefois le conjoint pouvait être de bonne foi, et alors on se demandait avant le Code civil si ce mariage putatif produisait des effets civils pour l'époux de bonne foi et les enfants issus d'une telle union. Cette question divisait les auteurs.

Tous convenaient que les enfants nés d'un mariage putatif ne pouvaient pas succéder au mort civilement, celui-ci étant incapable de transmettre

(1) Déclaration du 26 décembre 1639, art. 6.— Arrêt du 15 juin 1618. — Lebrun, *Tr. des succ.*, L. I, ch. 2, sect. 3, n° 14. — Jousse, part. 1, t. 3, ch. 2, sect. 1, art. 6, § 1, n° 140. — Richer, part. 2, L. III, art. 1, ch. 3.

(2) Coutume de Normandie, art. 277.

(3) Constitution du 3 septembre 1791, t. 2, art. 7.

(4) M. Dalloz, *Rép., Droits civils*, sect. 3, art. 1, § 4, n° 19. — M. Marcadé, tom. 1, art. 25, n° 5.

une succession quelconque (1). Mais les uns, tout en leur accordant, à cause de la bonne foi du conjoint, la succession de celui-ci, leur refusaient celles des collatéraux (2), tandis que d'autres décidaient plus logiquement que le mariage produisait tous les effets civils pour le conjoint de bonne foi et les enfants. Ils reconnaissaient donc ceux-ci capables de recueillir toutes les successions (3) qu'ils auraient reçues si le mariage eût été valable, sauf celle du mort civilement dont ils n'héritaient pas, non parce qu'ils étaient incapables de succéder, mais parce que la perte de la vie civile entraînait pour ce dernier privation du droit de transmettre ses biens par succession (4). Cette opinion nous paraît devoir être adoptée dans l'ancienne législation comme sous l'empire du droit intermédiaire.

(1) Arrêt du 13 février 1625. — Arrêt du 6 juillet 1637. — Henrys, L. VI, ch. 1, quest. 6. — Brodeau, L. E., som. 8. — Louet, L. E., som. 8. — Lebrun, *Tr. des succ.*, L. I, ch. 2, § 3, n° 24. — Richer, part. 2, L. III, art. 1. ch. 3.

(2) Richer, part. 2, L. III, art. 1, ch. 3.

(3) Arrêt du 25 mars 1709.— Jousse, part. 1, t. 3, ch. 2, sect. 1, art. 6, § 1, n° 141. — Lebrun, *Tr. des succ.*, L. 1, ch. 2, sect. 3, n° 24. — Pothier, *Tr. des succ.*, ch. 1, sect. 2, art. 3, § 4, art. 19. — M. Marcadé, tom. 1, art. 25, n° 8. — La déclaration du 29 novembre 1639, art. 6, semblerait contraire à cette disposition si elle avait eu en vue la même espèce, mais il n'en était pas ainsi.

(4) Quelques auteurs modernes veulent même permettre de succéder au mort civilement. — Delvincourt, *Cours de Code civil*,

208. La puissance paternelle, en pays de droit écrit, donnait au père le droit de jouir par usufruit des biens de ses enfants acquis autrement que par leur industrie et ne provenant pas de sa chose (1). En pays de coutume le père était chargé seulement de faire donner de l'éducation à ses enfants et d'administrer leurs biens (2), sauf dans quelques coutumes où il gagnait les meubles et les fruits des immeubles jusqu'à ce qu'ils eussent atteint un certain âge (3). De plus, dans toute la France, l'enfant mineur de vingt-cinq ans ne pouvait se marier sans avoir obtenu le consentement de son père et de sa mère (4).

Par rapport aux droits sur les biens, la mort civile anéantissait la puissance paternelle en pays de droit écrit, et dans les coutumes qui l'admettaient (5). Relativement au consentement nécessaire pour le mariage de l'enfant, deux opinions s'étaient formées. L'une soutenait que le consentement du mort civilement était indispensable.

tom. 1, L. I, t. 2, ch. 2, sect. 1, § 2. — M. Dalloz, *Rép.*, *Droits civils*, sect. 3, art. 1, § 4, nᵒ 22.

(1) Richer, part. 2, L. III, art. ı, ch. 6.

(2) Richer, part. 2, L. III, art. ı, ch. 6.

(3) Coutumes d'Auvergne, de Berry, de Reims, de Bourbonnais et quelques autres.

(4) Richer, part. 2, L. III, art. ı, ch. 6.

(5) Jousse, part. 1, t. 3, ch. 2, sect. 1, art. 6, § 1, nᵒ 142. — Pothier, *Tr. des pers.*, part. 1, t. 6, sect. 2. — Richer, part. 2, L. III, art. ı, ch. 6.

Elle ne voyait en lui qu'une marque de respect dont rien ne pouvait dispenser l'enfant (1). L'autre, en remarquant d'ailleurs que la faveur due au mariage exigeait une telle décision, professait au contraire qu'il n'en était nullement besoin, puisque les lois civiles ne lui reconnaissaient plus la qualité de père ni de parent (2).

Dans le droit postérieur à la révolution française, la puissance paternelle disparaissait également d'une manière complète par suite de la perte de la vie civile du père.

209. Dans toute la période qui précède le Code civil, il n'est pas clairement démontré si le mort civilement pouvait demander des aliments à ses enfants. Puisque cependant le lien naturel de famille n'avait pas disparu entre eux, il nous semble que cette faculté, dérivant surtout du droit naturel, ne devait pas lui être refusée.

210. La société ne prend soin que de ses membres. A eux seuls dès lors elle donne un tuteur ou un curateur si leur âge ou les maladies les rendent nécessaires. Il est donc hors de doute qu'à

(1) Arrêt du parlement de Toulouse, du 14 août 1673. — Graverol, pag. 196. — Catelan, L. IV, ch. 8, 1. 16, *de nupt.* — La Roche Flavin, L. II, Let. M., t. 4, arrêt 36. — Muyart de Vouglans, part. 1, L. II, t. 4. ch. 4, § 1, nº 4.

(2) Jousse, part. 1, t. 3, ch. 2, sect. 1, art. 6, § 1, nº 142. — Pothier, *Tr. du contr. de mar.*, part. 1, ch. 1, sect. 2, art. 1, § 1, nº 330. — Richer, part. 2, L. III, art. 1, ch. 6.

aucune époque de notre législation le mort civilement ne pouvait en recevoir un.

Le condamné était également incapable d'exercer l'une ou l'autre de ces fonctions, car, pour remplir ces charges, il faut jouir de la plénitude de l'état civil (1).

211. Le mort civilement pouvait acquérir des biens depuis la mort civile, mais il n'avait pas le pouvoir d'en disposer par testament, la faculté de tester, toute du droit civil, étant refusée à ceux qui ne faisaient plus partie de la société sous l'ancienne jurisprudence comme dans le droit intermédiaire (2). On n'a jamais, du reste, connu en France le privilége d'après lequel les condamnés militaires pouvaient obtenir du souverain la permission de laisser un testament pour les biens composant le pécule *castrans*.

212. Quant à son testament antérieur à la mort civile, fait avant ou après le crime, il était nul (3),

(1) Pothier, *Tr. des pers.*, part. 1, t. 6, sect. 4.

(2) Jousse, part. 1, t. 3, ch. 2, sect. 1, art. 6, § 1, n° 139. — Muyart de Vouglans, part. 1, L. II, t. 4, ch. 4, § 1, n° 4. — Domat, part. 2, L. III, t. 1, sect. 2, n° 14. —Pothier, *Tr. des don. test.*, ch. 3, art. i, et *Tr. des pers.*, part. 1, t. 3. — Richer, part. 2, L. III, art. i, ch. 2, sect. 3.

(3) Domat, part. 2, L. 3, t. 1, sect. 2, n° 14. — Ferrière, *Coutume de Paris*, art. ccxcii, Glose 2, n° 64, et art. clxxxix, Glose 3, n° 8. — Rousseau de la Combe, part. 1, ch. 1, n° 32. — Richer, part. 2, L. III, art. ii, ch. 6, sect. 1 et 2. — Denizart, *Coll. de déc. nouv.*, tom. 3, mot *Mort civile*, n° 24.

non parce que le mort civilement était incapable au moment de l'ouverture de sa succession, c'est-à-dire à l'époque où la mort civile était encourue, mais parce qu'il était jugé indigne de mourir testat, et de voir respecter par les lois ses dernières volontés.

213. D'un autre côté le mort civilement était incapable de recevoir par testament, à quelque titre que ce fût, qu'il y eût institution d'héritier en usage seulement dans les pays de droit écrit, ou simplement legs soit en pays de coutume, soit en pays de droit écrit (1). C'était là encore une faculté du droit civil. On avait reconnu cependant au déporté le droit d'être institué héritier par un militaire en droit romain, par exception aux principes généraux sur la capacité nécessaire pour recevoir par testament. Dans le droit français, au contraire, les soldats n'avaient pas d'autres priviléges en matière de testaments que celui d'être dispensés de certaines formalités (2).

(1) Arrêt du 16 mai 1566. — Arrêt du 14 août 1584. — Arrêt du 17 février 1615. — Lebret, liv. 1, déc. 6. — Jousse, part. 1, t. 3, ch. 2, sect. 1, art. vi, § 1, n° 138.—Ricard, part. 1, ch. 3, sect. 4, n°s 230 et suivants. — Muyart de Vouglans, part. 1, L. II, t. 4, ch. 4, § 1, n° 4.— Pothier, *Tr. des don. test.*, ch. 3, art. iv, sect. 2, art. 1, et *Tr. des pers.*, part. 1, t. 3. — Denizart, *Coll. de déc. nouv.*, tom. 3, mot *Mort civile*, n° 24.—Richer, part. 2, L. III, art. 1, ch. 2, sect. 4 et 5. — Merlin, *Rép.*, *Mort civile*, § 1, art. 11, n° 1. — Domat, part. 2, L. III, t. 1, sect. 2, n° 14.

(2) Richer, part. 2, L. III, art. 1, ch. 2, sect. 4.

Une autre exception dictée par l'humanité fut reçue dans notre droit, c'est celle qui permettait aux condamnés morts civilement de recevoir des legs alimentaires (1). Les condamnés à mort, restant dans une incapacité absolue, étaient seuls privés de cette faculté d'après l'ancien droit (2) ; mais nous ne pouvons reconnaître cette distinction, au moins pour le droit intermédiaire, l'ancienne jurisprudence étant constante, car c'était admettre deux espèces de mort civile, sans qu'elles fussent formulées nettement dans les lois.

Le crime de lèse-majesté était regardé comme si grave, que dans l'ancien droit, ainsi qu'à Rome, les enfants mâles du condamné devenaient incapables de recevoir des legs, même à titre d'aliments (3). Cette rigueur, admise en pays de droit écrit, et contestée par quelques auteurs en pays coutumiers, fut repoussée par la Constituante. Elle déclara, en effet, toutes les peines personnelles; de sorte qu'à partir de cette époque, les enfants des

(1) Arrêts des 14 août 1584, 16 mai 1566, et 17 février 1615. — Lebret, liv. 1, déc. 6.—Jousse, part. 1, t. 3, ch. 2, sect. 1, art. vi, § 1, n° 138. — Ricard, part. 1, ch. 3, sect. 4, n° 265. — Muyart de Vouglans, part. 1, L. II, t. 4, ch. 4, § 1, n° 4. — Denizart, *Coll. de déc. nouv.*, tom. 3, mot *Mort civile*, n° 24. — Richer, part. 2, L. III, art. 1, ch. 2, sect. 4 et 5. — Merlin, *Rép.*, *Légataire*, § 2, n°s 9 et 11.

(2) Richer, part. 2, L. III, art. 1, ch. 2, sect. 5. — Merlin, *Rép.*, *Légataire*, § 2, n° 12.

(3) Richer, part. 2, L. III, art. 11, ch. 1, sect. 1.

condamnés pour le crime de lèse-majesté ne furent plus punis personnellement (1).

214. Le mort civilement ne pouvait figurer dans un testament, même comme témoin (2). Cette fonction lui était interdite pour tous les actes dans lesquels l'assistance de témoins était nécessaire, comme, par exemple, dans le mariage (3). Incapable d'être témoin en tant qu'infâme, le mort civilement était en outre repoussé de la société, ce qui aurait suffi pour le priver de sa capacité sous ce rapport.

215. D'après la loi sur l'organisation du notariat, il fallait être citoyen pour pouvoir être témoin dans un acte notarié (4). Le mort civilement en était donc complétement incapable.

Pour les testaments et pour les actes de l'état civil, il suffisait d'être Français ; mais le mort civilement ne pouvait inspirer assez de confiance pour servir, par sa présence, à compléter des actes dont la validité dépend de la présence d'un cer-

---

(1) Loi du 24 janvier 1790, art. i et iv. — Loi du 30 ventôse an xii, art. vii. — Merlin, *Rép.*, *Légataire*, § 2, n₀ 12. — Legraverend, tom. 1, *Introduction*.

(2) Ordonnance de 1735, art. xl. — Pothier, *Tr. des don. test.*, ch. 1, § 3. — Richer, part. 2, L. III, art. i, ch. 5. — Merlin, *Rép.*, *Témoin instrumentaire*, § 2, n° 3.

(3) Richer, part. 2, L. 3, art. i, ch. 5.

(4) Loi du 25 ventôse an XI, art. ix.

tain nombre de témoins (1). Comme tels, en effet, les témoins exercent une sorte de fonction publique.

216. La mort civile rendait incapable de recevoir une succession *ab intestat* quelconque , parce qu'on cessait d'être membre de la famille aux yeux de la loi civile, et qu'en outre le droit de succéder était une faculté du droit civil, perdue, comme toutes les autres, par le mort civilement (2).

217. Par le même motif, il ne pouvait transmettre à titre de succession *ab intestat* les biens acquis depuis la mort civile (3). Puisqu'il ne tenait plus à personne dans la société, ce qu'il laissait à sa mort était attribué au fisc du roi ou des seigneurs hauts justiciers , bien que le droit de

(1) Merlin, *Tém. instrumentaire*, § 2, n° 3. — M. Dalloz, *Rép.*, *Droits civils*, sect. 3, art. ı, § 4, nᵘ 15.

(2) Jousse, part. 2, t. 3, ch. 2, sect. 1, art. vı, § 1, n° 138.—Muyart de Vouglans, part. 1, L. II, t. 4, ch. 4, § 1, n° 4. —Louet, Let. S, ch. 15, nᵒˢ 15 et 16. — Lebrun, *Tr. des suc.*, L. I, ch. 2, sect. 3, n° 11. — Domat, part. 2, L. I, t. 1, sect. 2, n° 11. — Pothier, *Tr. des suc.*, ch. 1, sect. 1, § 3, art. ıı et ııı, et *Tr. des pers.* part. 1, t. 3.—Denizart, *Coll. de déc. nouv.*, tom. 3, mot *Mort civile*, n° 16. — Richer, part. 2, L. III, art. ı, ch. 2, sect. 2. — Merlin, *Rép.*, *Mort civile*, § 1, art. ıı, nᵘ 1.

(3) Jousse, part. 1, t. 3, ch. 2, sect. 1, art. vı, § 2, n° 199. — —Muyart de Vouglans, part. 1, L. II, t. 4, ch. 4, § 1, n° 4. —Domat, part. 2, L. I, t. 1, sect. 4, nᵘ 15. — Pothier, *Tr. des suc.*, ch. 1, sect. 1, § 3; *Tr. des pers.*, part. 1, t. 3. — Richer, part. 2, L. III, art. ı, ch. 2, sect. 2, et art. ıı, ch. 1, sect. 1 et 2.

ces derniers n'eût pour base qu'une usurpation tolérée par les rois (1).

Sous le droit intermédiaire l'État seul était appelé, car seul il pouvait recueillir les successions des personnes sans héritier (2).

218. Cette succession de l'État ou des seigneurs se faisait, du reste, à la charge de payer les dettes contractées par le défunt depuis la mort civile. Pour les dettes antérieures, la perte de la vie civile en avait affranchi le condamné ; car il n'est pas possible d'admettre que le créancier pût poursuivre pour la même dette deux successions, celle ouverte par la mort civile, et celle à laquelle donnait naissance la mort naturelle du condamné arrivée postérieurement (3).

219. Le mort civilement pouvait-il paraître en justice soit comme demandeur, soit comme défendeur, soit comme témoin ?

Pour lui faire refuser le droit d'ester en justice avant le Code civil, on disait que c'était un pri-

(1) Jousse, part. 1, t. 5, ch. 2, sect. 1, art. vi, § 2, n° 199. — Dumoulin, sur la *Cout. de Bourbonnais*, art. cccxxii.—Richer, part. 2, L. III, art. ii, ch. 1, sect. 3.—Merlin, *Rép.*, *Mort civile*, § 1, art. iii, n° 1. —Brodeau et Louet, L. E., n° 8, donnent au contraire la succession aux héritiers.

(2) Merlin, *Rép.*, *Mort civile*, § 1, art. iii, n° 1.

(3) Richer, part. 2, L. III, art. ii, ch. 1, sect. 3—Delvincourt, tom. 1, L. I, t. 2 ch. 2, sect. 1, § 2.—Sont d'un avis contraire, Brodeau, *sur Louet*, L. C, n° 35, et M. Dalloz, *Rép.*, *Dr. civ.*, sect. 3, art. i, § 4, n° 9, si la première succession était insuffisante.

vilége de la vie civile, les juges n'étant institués que pour faire respecter les lois de l'État, c'est-à-dire les lois civiles dont le condamné ne pouvait réclamer l'exécution (1). Mais d'un autre côté le mort civilement, apte à contracter et à acquérir, devait en même temps recevoir de la loi la faculté de faire respecter les contrats passés avec lui, ou ses droits sur les biens formant son patrimoine. Bien que toute la procédure judiciaire fût réglée par la loi civile, on était donc contraint d'admettre qu'il pouvait agir et être cité en justice. Une décision contraire aurait conduit directement à une iniquité flagrante (2).

220. Fallait-il cependant lui donner un curateur, comme le voulaient quelques auteurs? On se fondait, pour soutenir l'affirmative, précisément sur l'incapacité du mort civilement, et sur l'obligation où l'on se trouvait néanmoins de lui per-

(1) Arrêt du parlement de Bordeaux, d'août 1673. — Arrêt du parlement de Paris, du 16 septembre 1607.—Brodeau, *sur Louet*, t. 5, § 15. — Jousse, part. 1, t. 3, ch. 2, sect. 1, art. vi, § 1, n° 138. — Muyart de Vouglans, part. 1, L. II, t. 4, ch. 4, § 1, n° 4. — Richer, part. 2, L. III, art. i, ch. 4.

(2) Arrêt du grand conseil, du 7 septembre 1768. — Arrêt du parlement de Provence, du 23 décembre 1660. — Arrêts du parlement de Toulouse, des 28 juillet 1667 et 17 juin 1733. — Arrêt du parlement de Dijon, du 17 août 1684. — Prost de Royer, *Dict. de Brillon, Assignation*, n° 37. —Merlin, *Quest. de dr.*, *Mort civile*, § 3. — M. Dalloz, *Rép.*, *Dr. civ.*, sect. 3, art. i, § 4, n° 16 et suiv.

mettre d'agir en justice relativement aux actes qui ne lui étaient pas interdits (1).

Toutefois, aucune loi ne portait qu'il ne pourrait paraître en justice qu'avec l'assistance d'un curateur. Il faut donc rejeter ce système mixte qui nous semble manquer de logique. S'il est vrai, ce que d'ailleurs nous ne reconnaissons pas, que le mort civilement était incapable d'ester en jugement, cette incapacité devait exister tout aussi bien quand un curateur se présentait pour lui, puisque celui-ci ne pouvait agir qu'au nom du condamné et comme exerçant ses droits ; or, précisément on commençait par en nier l'existence pour justifier la présence du curateur (2).

La législation intermédiaire cependant enlevait aux condamnés à des peines afflictives et infamantes à temps le droit d'administrer et de gérer ses biens, et lui donnait un curateur. Mais on ne doit pas étendre les incapacités (3). Ne pouvant donc refuser au mort civilement toute action en justice,

(1) Richer, part. 2, L. III, art. i, ch. 4.
(2) Merlin, *Quest. de dr.*, *Mort civile*, § 3.
(3) Arrèt du parlement de Provence, du 23 décembre 1660. — Arrèts du parlement de Toulouse, des 17 juin 1733 et 28 juillet 1667. — Arrèt du parlement de Dijon, du 17 août 1684. — Arrèt du grand conseil, du 7 septembre 1768. — Prost de Roger, *Dict. des arrêts de Barillon*, *Assignation*, n° 37. — Merlin, *Quest. de dr.*, *Mort civile*, § 3. — M. Dalloz, *Rép.*, *Droits civils*, sect. 3, art. i, § 4, n°s 16 et suiv.

il faut décider que les lois civiles elles-mêmes devaient l'autoriser à recourir aux tribunaux pour faire respecter les actes qu'il avait toute capacité de faire légalement (1).

221. En France, l'accusation n'était pas publique comme à Rome. La personne lésée pouvait seule se plaindre, mais la peine devait toujours être requise par le fonctionnaire qui remplissait le rôle de ministère public. C'était même par ce dernier, à l'exclusion de tous autres, que l'accusation devait être intentée quand il s'agissait d'un crime emportant une peine afflictive et infamante (2).

La mort civile n'emportait pas cette conséquence que celui qui en était frappé devait rester exposé aux attaques des autres hommes soit contre sa personne, soit contre ses biens. Aussi le ministère public pouvait-il poursuivre de tels délits. De son côté, le mort civilement devait être accusé et condamné quand lui-même s'était rendu coupable de quelque crime, car la société ne permet à personne de demeurer sur son territoire sans se soumettre aux lois pénales promulguées par elle pour maintenir le bon ordre dans son sein. Tou-

(1) Code de 1791, part. 1, tit. 4, art. 11. — Merlin, *Quest. de dr.*, *Mort civile*, § 3.

(2) Legraverend, tom. 1, ch. 11, sect. 2.

tefois, comme la défense est de droit naturel, nul ne doutait que le mort civilement ne pût se défendre par lui-même et sans l'assistance d'un curateur (1).

222. D'après nos usages le mort civilement, à aucune époque de notre législation, ne pouvait témoigner en justice, soit au civil, soit même au criminel. Son incapacité, sous ce rapport, était reconnue par tous les auteurs (2).

223. En résumé, la mort civile faisait perdre la noblesse et les priviléges qui y étaient attachés, tant qu'ils furent reconnus par les lois, ainsi que les ordres royaux en usage, privait des bénéfices et des offices et de la jouissance de tous les droits politiques, et rendait incapable d'en acquérir, comme de remplir toute fonction publique. Elle était suivie, de droit commun, de la confiscation quand le droit français l'admettait comme peine accessoire, et entraînait partout la perte de tous les biens adjugés par suite au fisc ou aux héritiers naturels. Elle enlevait au mariage tous ses effets civils, dissolvait la communauté et la puissance maritale, empêchait de contracter un nouveau

---

(1) Richer, part. 2, L. III, art. ı, ch. 4.

(2) Muyart de Vouglans, part. 1, L. II, ch. 4, § 1, nᵒ 4. — Richer, part. 2, L. III, art. ı, ch. 5. — Merlin, *Rép.*, *Témoin judiciaire*, § 1, art. ıı, nᵒ 1. — Carnot, *Inst. crim.*, tom. 2, sect. 1, art. cccxxıı, nᵒ 31.

mariage produisant des effets civils, et faisait disparaître la puissance paternelle. Elle annulait le testament, emportait privation de la faculté de tester, amenait une incapacité complète de recevoir par testament, sauf à titre d'aliments, et de figurer dans des actes en qualité de témoin, et privait de la capacité de recevoir des successions et de celle de transmettre ses biens par succession *ab intestat*. Elle entraînait enfin la perte du droit de témoigner en justice.

Le mort civilement restait seulement capable de contracter et par conséquent d'acquérir, de donner ou de recevoir entre-vifs, et d'ester en justice. De plus, il pouvait recueillir par testament tout ce qui lui était laissé pour soutenir son existence et demander des aliments à ses descendants.

§ II. — De l'Infamie.

224. L'infamie, résultat d'une condamnation à certaines peines, n'était personnelle que pour les nobles, par suite d'un privilége auquel les roturiers ne pouvaient prétendre (1). Elle n'enlevait pas l'état civil du condamné, de sorte qu'il restait capable de tester (2) ou de faire en général tout

---

(1) Carnot, *Com. sur le Cod. pén.*, tom. 1, art. VI, n° 2.
(2) Pothier, *Tr. des don. test.*, ch. 1, § 3. — M. Dalloz, *Rép.*.

autre acte du droit civil, sauf ceux dont il va être parlé. Il souffrait donc dans sa capacité, surtout en ce qui touche aux droits politiques.

225. Les infâmes étaient incapables d'être admis aux ordres sacrés (1). On décida de même quant aux bénéfices. Non-seulement ils ne pouvaient plus en acquérir, mais ils perdaient entièrement ceux qu'ils possédaient auparavant (2).

226. L'infamie empêchait d'être promu à une fonction publique (3). Elle ne privait pas cependant de l'office comme du bénéfice, mais elle forçait l'infâme à résigner (4), et emportait interdiction à perpétuité des charges et offices.

227. Les enfants de l'infâme conservaient la noblesse, sans aucun doute (5), mais l'infâme lui-

Dispositions entre-vifs et testamentaires, ch. 12, sect. 4, art. I, n° 10.

(1) Jousse, part. 1, t. 3, ch. 2, sect. 1, art. 7, n° 217. — Déricourt, *Lois ecclés.*, part. 3, ch. 5, art. II, § 34.

(2) Arrêt du 23 mars 1708. — Papon., L. II, t. 6, art. I. — Pothier, *Tr. des pers.*, part. 1, t. 3, sect. 3. — Richer, part. 2, L. III. art. I, ch. 8.

(3) Muyart de Vouglans, *Mém. sur les peines infamantes.* — Jousse, part. 1, t. 3, ch. 2, sect. 1, art. VII, n° 216. — Loiseau, *Tr. des off.*, L. I, ch. 13, n° 40. — Pothier, *Tr. des pers.*, part. 1, tit. 3, sect. 3. — Denizart, *Coll. de déc. nouv.*, tom. 2, mot *Infamie*, n° 13.

(4) Loiseau, *Tr. des off.*, L. I, ch. 13, n° 40. — Jousse, part. 1, t. 3, ch. 2, sect. 1, art. VII, n° 216. — Pothier, *Tr. des pers.*, part 1, t. 3, sect. 3. — Denizart, *Coll. de déc. nouv.*, tom. 2, mot *Infamie*, n° 13. — Merlin, *Rép.*, *Infamie*, n° 4, et *Condamné*, n° 4.

(5) Loiseau, *Tr. des ord.*, ch. 4, n° 35.

même la perdait autrefois par suite de la condamnation (1). Plus tard il n'en fut plus ainsi, par rapport à l'infâme, que pour la noblesse de dignité, suite de l'office disparaissant avec lui (2). La noblesse de race, au contraire, n'était anéantie que par une dégradation particulière et expresse (3).

Le condamné à une peine afflictive ou infamante cessait de faire partie de l'ordre de Saint-Louis (4). Il était incapable aussi de servir dans les armées françaises (5).

228. Il était interdit à l'infâme de postuler en justice pour autrui (6).

Il ne pouvait non plus être ni témoin instrumentaire (7) sans vicier l'acte auquel il avait con-

______

(1) Pothier, *Tr. des pers.*, part. 1, t. 3, sect. 3.

(2) Arrêt de 1534. — Tiraqueau, *Tr. de la noblesse*, ch. 14. — Pithou, *sur la Cout. de Troyes,* arrêt de 1534. — Loiseau, *Tr. des ord.*, ch. 5, n° 89.

(3) Loiseau, *Tr. des ord.*, ch. 5, n° 90. — Pothier, *Tr. des pers.*, part. 1, t. 1, sect. 2, art. IV.—Tiraqueau, *Tr. de la noblesse,* ch. 14, est d'une opinion contraire.

(4) Édit d'avril 1693, art. XIII. — Édit d'avril 1719, art. XXIV. — Carnot, *Com. sur le Cod. pén.*, tom. 1, art. XXVIII, n° 8. — Bourguignon, *Jurisp. des Cod. crim.*, tom. 3, art. XXXIV.

(5) Loiseau, *Tr. des off.*, L. I, ch. 13, n° 40.

(6) Loiseau, *Tr. des off.*, L. I, ch. 13, n° 40.

(7) Julius Clarus, quest. 24, n° 13. — Ordonnance de 1667, t. 23, art. II. — Jousse, part. 1, t. 3, ch. 2, sect. 1, art. VII, n° 217. — Muyart de Vouglans, part. 2, L. II, t. 4, ch. 1, § 7. — Domat, part. 2, L. III, t. 1, sect. 3, n° 6. — Loiseau, *Tr. des off.*, L. I,

couru, ni témoin judiciaire (1) en ce sens qu'il était reprochable. Une condamnation infamante avait été, en effet, jugée suffisante pour ôter à sa déposition la confiance que tout témoignage doit inspirer.

229. Sous l'empire du Code pénal de 1791 on vit disparaître le nom d'infâme, mais on conserva à certaines peines la qualification de peines infamantes. La situation des condamnés à ces peines se trouvait à peu près identique à celle des infâmes de l'ancien droit.

A cette époque, les condamnations étant toutes personnelles n'entachaient plus la famille du coupable (2).

230. Les condamnés à une peine afflictive et infamante à temps, ou infamante seulement, étaient déchus des droits politiques (3). Ils ne pouvaient

ch. 13, n° 40. — Pothier, *Tr. des don. test.*, ch. 1, § 3, et *Tr. des pers.*, part. 1, t. 3, sect. 3.

(1) Ordonnance de 1735, art. xl. — Julius Clarus, quest. 24, n° 13. — Jousse, part. 1, t. 3, ch. 2, sect. 1, art. vii, n° 217. — Muyart de Vouglans, part. 2, L. II, t. 4, art. i, § 7. — Domat, part. 1, L. III, t. 6, sect. 3, n° 3. — Loiseau, *Tr. des off.*, L. I, ch. 13, n° 40. — Pothier, *Tr. des pers.*, part. 1, t. 3, sect. 3. — Merlin, *Rép.*, *Infamie*, n° 4, et *Témoin judiciaire*, § 1, art. ii, n° 1.

(2) Loi du 21 janvier 1790, art. ii. — Merlin, *Rép.*, *Infamie*, n° 4. — Legraverend, tom. 1, *Introduction*. — Carnot, *Comm. sur le Code pén.*, tom. 1, art. vi, n° 2.

(3) Code du 25 septembre 1791, part. 1, t. 4, art. i. — Constitution du 22 frimaire an viii, art. v. — Merlin, *Rép.*, *Infamie*, n° 4. — Proudhon, *Cours de dr. franç.*, tom. 1, ch. 8, sect. 3. — Dalloz, *Rép.*, *Droits civils*, sect. 4, § 1, n° 4.

donc être jurés, experts, exercer une fonction publique, ni concourir à l'élection des fonctionnaires (1).

Ils étaient en outre privés du droit de port d'armes (2), réservé anciennement aux seuls gentilshommes (3), mais alors accordé à tout le monde (4). De plus, ils étaient incapables de faire partie des armées françaises (5) ou de l'ordre de la Légion d'honneur (6).

231. Par suite de la dégradation civique, le condamné était encore privé de la capacité nécessaire pour être membre d'un conseil de famille, tuteur ou curateur si ce n'est de ses propres enfants (7).

232. On n'est pas parfaitement d'accord sur la question de savoir si le condamné à une peine

(1) Code du 25 septembre 1791, part. 1, t. 4, art. 1. — Merlin, *Rép.*, *Infamie*, n° 4.

(2) Merlin, *Rép.*, *Infamie*, n° 4. — M. Faustin-Hélie, *Th. du Code pénal*, tom. 1, ch. 6.

(3) Ordonnance du 26 décembre 1355. — Ord. du 12 mars 1478. — Ord. du 25 novembre 1487. — Ord. d'août 1561. — Ord. du 4 décembre 1679. — Ord. du 18 juillet 1716. — Ord. du 25 novembre 1735. — M. Faustin-Hélie, *Th. du Cod. pén.*, tom. 1, ch. 6.

(4) Loi du 4 août 1789. — Loi du 30 avril 1790, art. xv. — M. Faustin-Hélie, *Th. du Code pén.*, tom. 1, ch. 6.

(5) Merlin, *Rép.*, *Infamie*, n° 4.

(6) Décret du 29 ventôse an xii. — Carnot, *Comm. sur le Code pén.*, tom. 1, art. xxviii, n° 8, et *Inst. crim.*, tom. 1, art. ii, n° 18. — Bourguignon, *Jurisp. des Codes crim*, tom. 3, l. I, ch. 1, art. xxxiv.

(7) Merlin, *Rép.*, *Infamie*, n° 4.

infamante pouvait être entendu comme témoin avec prestation de serment. Nous pensons néanmoins que le Code pénal n'a pas innové sur ce point, en reconnaissant l'incapacité du condamné (1).

Il ne pouvait non plus servir de témoin instrumentaire (2).

233. Apte à hériter et à transmettre, à tester et à recevoir par testament (3), le condamné à une peine afflictive et infamante, qui n'était pas mort civilement, jouissait des droits civils (4). Il en perdait cependant l'exercice pendant la durée de la peine, et cette interdiction légale, qui se comprend facilement par suite de l'impossibilité où il se trouvait de veiller à ses affaires, ne s'appliquait pas quand la peine était purement infamante, et cessait lorsque le condamné était rendu à la société (5). L'interdiction était complète. Le con-

______

(1) Merlin, *Rép.*, *Infamie*, n° 4, et *Témoin judiciaire*, § 1, art. II, n° 1. — Pensent le contraire la cour de cassation, arrêts du 19 pluviôse an XII et du 20 mai 1808; Carnot, *Inst. crim.*, tom. 2, art. CCCXXII, n° 31, et Legraverend, tom. 1, ch. 6, sect. 2, § 2.

(2) Merlin, *Rép.*, *Infamie*, n° 4, et *Témoin instrumentaire*, § 2, n° 3.

(3) Merlin, *Rép. Infamie*, n° 4.

(4) Merlin, *Rép.*, *Infamie*, n° 4.

(5) Code du 25 septembre 1791, part. 1, t. 4, art. II et III. — Merlin, *Rép.*, *Condamné*, n° 2. — Carnot, *Com. sur le Code pénal*, tom. 1, art. XXX, n. 1. — Dalloz, *Rép.*, *Droits civils*, sect. 3, art. II, § 1, n° 2. — M. Faustin-Hélie, *Théorie du Code pénal*, tom. 1, ch. 6.

damné ne pouvait donc faire aucun acte pendant qu'elle existait (1).

234. Privé de l'administration de ses biens tant qu'elle durait, il lui était donné un curateur par le tribunal, et ce représentant, chargé d'agir pour lui, devait s'occuper de la conservation de ses intérêts (2).

A l'expiration de la peine afflictive, il était rendu compte, par le curateur, de sa gestion au condamné ; et si ce dernier était mort, ce compte était fourni à ses héritiers (3).

235. Pendant l'interdiction légale il était permis au curateur, avec l'avis des parents et un jugement du tribunal, de prélever sur les biens du condamné les sommes nécessaires pour fournir des aliments aux enfants, à la femme, au père et à la mère de l'interdit, et pour donner de l'éducation et une dot à ses enfants, ainsi que l'eût fait tout bon père de famille (4).

---

(1) Code du 25 septembre 1791, part. 1, t. 4, art. II et III.—Merlin, *Rép.*, *Condamné*, n° 2. — Carnot, *Com. sur le Code pénal*, t. 1, art. XXIX, n° 5.—M. Dalloz, *Rép.*, *Droits civils*, sect. 3, art. II, § 1, n°s 1 et 2.

(2) Code du 25 septembre 1791, part. 1, t. 4, art. II et III.—Merlin, *Rép.*, *Condamné*, n° 2.—Carnot, *Com. sur le Code pénal*, tom. 1, art. XXIX, n° 5.—M. Dalloz, *Rép.*, *Dr. civ.*, sect. 3, art. II, § 1, n° 3.

(3) Carnot, *Com. sur le Code pénal*, tom. 1, art. XXX, n°s 1 et 3.

(4) Code du 25 septembre 1791, part. 1, tit. 4, art. VI. — Toullier, tom. 1, § 5, n° 295. — M. Dalloz, *Rép.*, *Droits civils*, sect. 3, art. II, § 1, n° 4. — M. Faustin-Hélie, *Th. du Code pénal*. —Carnot, *Com. sur le Code pénal*, tom. 1, art. XXX, n° 5.

CHAPITRE IV.

DE LA CESSATION DE L'ALTÉRATION DE LA CAPACITÉ DES CONDAMNÉS.

§ I. — De la cessation de la mort civile.

236. La mort civile, encourue par suite d'une condamnation à certaines peines, pouvait cesser de deux manières, par restitution légale ou par restitution gracieuse, par la loi ou par la grâce royale (1).

237. La restitution légale concernait le contumax dont la mort civile datait du jour de l'exécution par effigie de la condamnation par contumace. Seulement il fallait examiner depuis combien de temps la mort civile avait été encourue pour reconnaître les effets de la représentation du condamné.

238. Lorsque vingt ans s'étaient écoulés depuis la perpétration d'un crime non poursuivi, il était

(1) Domat, part. 2, L. I, t. 1, sect. 3, § 36. — Richer, part. 2, L. IV, ch. 2.—Toullier, tom. 1, n° 290.—M. Dalloz, *Rép.*, *Droits civils*, sect. 3, art. 1, § 5.

prescrit, et l'on ne pouvait plus requérir une peine quelconque contre son auteur, sauf en cas de duel et de lèse-majesté (1).

Mais d'un autre côté, et d'après un principe reconnu de tout temps dans notre droit, quand depuis la prononciation d'une peine trente ans s'étaient passés, la peine se trouvait prescrite, et son exécution cessait d'être possible, excepté en matière de duel où l'on ne reconnaissait pas la prescription (2). Comme après ce laps de temps il était interdit au condamné de se représenter, la contumace ne pouvait plus être purgée ni ses suites anéanties.

239. Toutefois, on se demandait si la prescription de la peine entraînait la prescription de la mort civile. Cette question, controversée autrefois, était néanmoins généralement résolue dans un sens négatif. En effet, il n'y a de prescription possible que pour ce qui n'a pas été exécuté ; or, la mort civile avait été encourue après l'exécution par effigie, de sorte que sous ce rapport l'exécution du jugement avait été complète (3). Pour avoir

(1) Imbert, L. III, ch. 10, nᵒˢ 8 et 9. — Richer, part. 2, L. IV, ch. 2, sect. 2, Dist. 3.

(2) Édit d'août 1679, art. xxxv. — Richer, part. 2, L. IV, ch. 2, sect. 2, Dist. 3. — Pothier, *Tr. de la proc. crim.*, sect. 7, art. 1, et *Tr. des pers.*, part. 1, t. 3, sect. 3.

(3) Arrêt de la Tournelle de 1737. — Arrêt du parlement de

le droit de faire cesser la mort civile, le contumax ne devait donc pas attendre l'expiration de ce délai de trente ans (1).

240. La représentation légale du condamné dans les trente ans anéantissait la condamnation, mais ici encore il fallait faire une distinction.

Si le contumax s'était représenté dans les cinq ans, par cela seul il recouvrait la vie civile, car la mort civile avait été encourue sous la condition que son retour dans ce délai la ferait cesser même rétroactivement (2). Le nouveau jugement seul pouvait entraîner la mort civile comme conséquence de la condamnation. On la faisait alors remonter dans l'opinion la plus suivie au jour de l'exécution de la condamnation par contumace (3).

Paris du 6 mars 1738. — Jousse, part. 1, L. III, ch. 2, sect. 1, art. vi, § 1, n° 174. — Rousseau de la Combe, part. 3, ch. 16, n° 13. — Muyart de Vouglans, *Mémoire sur les peines infamantes.* — D'Argentré, *Consultation première.* — Basnage, *sur la Cout. de Normandie*, art. 235. — Domat, part. 2, L. I, t. 1, sect. 2, art. xxxvi. — Lebrun, *Tr. des succ.*, L. 1, ch. 2, sect. 3, Dist. 3, n° 11. — Pothier, *Tr. de la proc. crim.*, sect. 7, art. i. — Richer, part. 2, L. IV, ch. 2, sect. 2, art. iii. — Denizart, *Coll. de déc. nouv.*, tom. 3. mot *Prescription en matière criminelle*, n° 9.

(1) Sont toutefois opposés les arrêts de Toulouse du 28 août 1669 et du 23 août 1731.

(2) Jousse, part. 1, t. 3, ch. 2, sect. 1, art. vi, § 1, n° 172. — Richer, part. 2, L. IV, ch. 2, sect. 2, Dist. 2. — M. Dalloz, *Répert.*, *Droits civils*, sect. 3, art. i, § 5, subd. 1, n° 5.

(3) Arrêt du 23 juillet 1626. — Bardet, tom. 1. — Richer, part. 2, L. IV, ch. 2, sect. 2, Dist. 2. — Merlin, *Rép.*, *Mort civile*, § 1,

241. Quand il s'était écoulé cinq ans avant la représentation, on pouvait encore faire cesser la mort civile en se faisant absoudre après avoir obtenu des lettres d'ester à droit. Elles seules, dans ce cas, autorisaient la justification du contumax (1). Ces lettres rendaient le pouvoir de se représenter en justice, et il est si vrai que sans elles le contumax n'aurait pu se purger, que s'il était mort, sa veuve, ses enfants, ses parents, ayant le droit de se pourvoir dans les cinq ans après l'arrêt par contumace, soit par appel, soit même devant les mêmes juges, pour faire réhabiliter sa mémoire, devaient obtenir après ce délai, pour exercer cette même faculté, des lettres de grande chancellerie (2).

La mort civile cessait donc par la représentation après l'obtention des lettres d'ester à droit si le jugement portait acquittement, et quand l'accusé mourait avant l'arrêt contradictoire, il décédait

art. 11, n° 3, et *Contumace*, § 2. — M. Dalloz, *Rép.*, *Droits civils*, sect. 3, art. i, § 5, subd. 1, n° 5. — Pothier pense le contraire, *Tr. des pers.*, part. 1, t. 3, sect. 2.

(1) Ord. de 1670, t. 17, art. xxviii. — Rousseau de la Combe, part. 3, ch. 16, n° 13. — Muyart de Vouglans, part. 2, L. I, t. 4, ch. 1, § 4, n° 12.—Domat, part. 2, L. I, t. 1, sect. 3, n° 36.—Richer, part. 2, L. IV, ch 2, sect. 2, Dist. 1. — Merlin, *Rép.*, *Contumace*, § 2. — Delvincourt, tom. 1, L. I, t. 2, ch. 2, sect. 1, § 2. — M. Dalloz, *Rép.*, *Droits civils*, sect. 3, art. i, § 5, subd. 1, n° 5.

(2) Ordonnance de 1670, t. 27, art. i et ii. — Richer, part. 2, L. IV, ch. 2, sect. 2, Dist. 2.

dans l'intégrité de ses droits (1). Au contraire, en cas de condamnation, bien qu'on ne fût pas unanime sur ce point, la mort civile remontait au jour de l'exécution par effigie de la première sentence par contumace qui n'avait fait qu'appliquer avec justice au contumax la peine portée par la loi pénale pour le crime dont il avait été reconnu l'auteur (2).

L'absolution du contumax lorsqu'il s'était représenté après cinq ans lui rendait la vie civile pour l'avenir. Quant au passé la controverse était vive, mais généralement on lui refusait cet effet rétroactif (3).

242. Dans le droit intermédiaire il n'était rien dit sur la représentation du contumax par rapport à la mort civile, seulement la peine se prescrivait par vingt ans (4). Après ce laps de temps la privation de la vie civile était donc irrévocable. Pendant

(1) Richer, part. 2, L. IV, ch. 2, sect. 2, Dist. 1.

(2) Arrêt du 26 juillet 1626. — Bardet, tom. 1. — Richer, part. 2. L. IV, ch. 2, sect. 2, dist. 1. — Merlin, *Rép.*, *Contumace*, § 2 et § 3, n° 5. — Pothier, *Intr. gén. aux cout.*, ch. 2, § 1, n° 32, et *Tr. des pers.*, part. 1, t. 3, sect. 2, et Jousse, part. 1, t. 3, ch. 2, sect. 1, art. VI, § 1, n° 171, pensent le contraire.

(3) D'Aguesseau, 57e plaidoyer. — M. Dalloz, *Rép.*, *Droits civils*, sect. 3, art. 1, § 5, subd. 1, n° 10. — Sont d'un avis contraire : Pothier, *Tr. des pers.*, t. 3, sect. 2; Jousse, part. 1, t. 3, ch. 2, sect. 1, art. VI, § 1, n° 171 et M. Marcadé, tom. 1, art. XXX, n° 2.

(4) Code de brumaire an IV, art. IV. — Merlin, *Rép.*, *Contumace*, § 2.

ces vingt ans le contumax pouvait se faire juger de nouveau, sans qu'il fût besoin de justifier d'autre chose que du payement des amendes et des réparations civiles, comme sous l'ordonnance de 1670, car les lettres d'ester à droit avaient disparu avec l'ancienne procédure criminelle (1).

243. Il était dans l'ancien droit un moyen de recouvrer la vie civile même pour le passé, tenant du pouvoir gracieux du roi, mais avec cette particularité que les tribunaux intervenaient nécessairement, et que de leur décision résultait l'anéantissement ou la continuation de la mort civile. Un procès criminel, jugé en dernier ressort, était terminé par un arrêt contre lequel on ne pouvait revenir. Mais si le roi accordait des lettres de révision, ce qui se faisait par exemple quand le condamné avait recouvré quelque pièce au moyen de laquelle il prouvait son innocence, l'affaire était renvoyée soit au même tribunal, soit à un tribunal différent, soit au parlement lorsque le jugement attaqué était émané d'une juridiction inférieure. En cas d'acquittement, l'impétrant était censé n'avoir jamais encouru la mort civile, tandis qu'après la confirmation du jugement ou une condamnation à une autre peine emportant également mort civile,

(1) M. Dalloz, *Rép.; Droits civils*, sect. 3, art. 1, § 5, subd. 1, n° 11.

l'état du condamné n'était modifié en rien (1).

Du reste, ces lettres ne s'obtenaient que s'il y avait eu condamnation et s'il n'existait aucun autre moyen de revenir sur le jugement. On les refusait donc au contumax puisqu'il pouvait se faire juger de nouveau (2). Au surplus on les accordait même après la mort du condamné pour réhabiliter sa mémoire, et aucune prescription ne leur était opposable (3).

244. L'Assemblée constituante regarda la révision des procès criminels comme incompatible avec l'institution du jury (4). Elle cessa donc d'exister à cette époque, mais bientôt elle fut reprise par l'Assemblée législative pour des cas tous spéciaux et expressément limités par elle (5). Cette partie du droit criminel ne fut pas modifiée par le Code de brumaire (6), ni par le rétablissement du droit de grâce, institution toute différente.

Alors la révision des procès était un mode de restitution légale, car la loi seule avait déterminé les cas où l'on pourrait y recourir, et le pouvoir judiciaire, au lieu d'avoir besoin du concours du

(1) Richer, part. 2, L. IV, ch. 2, sect. 1, Dist. 8.
(2) Carnot, *Inst. crim.*, tom. 2, L. II, t. 3, ch. 3, n° 1.
(3) Carnot, *Inst. crim.*, tom. 2, L. II, t. 3, ch. 3, n° 2.
(4) Carnot, *Inst. crim.*, tom. 2, L. II, t. 3, ch. 4, n° 3.
(5) Décret du 10 août 1792. — Décret du 13 mai 1793.
(6) Code de brumaire, art. DXCIV. —Cass. Arrêt du 9 vendémiaire an IX.

pouvoir royal, était seul invoqué en cette matière (1).

245. Outre ces modes de restitution il s'en présentait encore un émanant de la pleine et souveraine puissance du roi (2). Le droit de grâce avait toujours appartenu aux rois de France sous l'ancien système de gouvernement, mais ils avaient eu à réprimer l'usurpation des grands officiers de la couronne pour maintenir leur droit exclusif (3).

La grâce du prince s'exerçait au moyen de lettres du grand ou du petit sceau (4), scellées en forme de charte. Elles ne produisaient cependant leur effet que quand elles avaient été entérinées dans une juridiction (5), et présentées par un avocat (6),

(1) Carnot, *Inst. crim.*, tom. 2, L. II, t. 3, ch. 3, n° 4.

(2) Rousseau de la Combe, part. 3, ch. 14, n° 1. — Muyart de Vouglans, part. 2, L. I, t. 4, ch. 1, § 4. — Richer, part. 2, L. IV, ch. 2, sect. 1.

(3) Ordonnances de Charles V, du 13 mai 1359, et de Louis XII, de 1449.

(4) C'est-à-dire du sceau de la grande chancellerie du roi, ou de celle près les parlements. — Rousseau de la Combe, part. 3, ch. 14, n° 1.

(5) Ordonnance de Blois, art. CLXXXV. — Ordonnance de Moulins, art. XXXV. — Ord. de 1670, t. 16, art. XII et XIII. — Déclaration du 27 février 1703. — Rousseau de la Combe, part. 3, ch. 14, n°s 5, 6 et 9. — Muyart de Vouglans, part. 2, L. I, t. 4, ch. 1, § 4, n°s 17 et 18. — Richer, part. 2, L. IV, ch. 2, sect. 1.

(6) Parlement de Provence, arrêt du 27 septembre 1670. — Boniface, tom. 5, L. V, t. 1, ch. 2. — Richer, part. 2, L. IV, ch. 2, sect. 1.

sous peine de déchéance, dans le délai de trois mois depuis leur obtention (1).

246. Les lettres de grâce de différentes espèces avaient plus ou moins d'efficacité (2).

247. Celles d'abolition, du grand sceau, entérinées sans examen par les juges, car elles contenaient cette clause que le roi était bien informé des circonstances du fait, éteignaient le crime. Elles effaçaient tout vestige de la condamnation, de sorte que le gracié recouvrait tous ses droits de citoyen (3). Dans les autres, au contraire, les magistrats devaient examiner la véracité de l'exposé fait au roi (4).

248. Les lettres de pardon, du petit sceau, étaient réservées pour les cas où il n'échéait pas peine de mort, par exemple quand on avait été présent et assisté au meurtre de quelqu'un (5). At-

(1) Ordonnance de 1670, t. 16, art. xvi.— Rousseau de la Combe, part. 3, ch. 14. — Muyart de Vouglans, part. 2, L. I, t. 4, ch. 1, § 4, n° 17. — Richer, part. 2, L. IV, ch. 2, sect. 1.

(2) Richer, part. 2, L. IV, ch. 2, sect. 1.

(3) Rousseau de la Combe, part. 3, ch. 4, n° 5. — Richer, part. 2, L. IV, ch. 2, sect. 1.

(4) Décret du 22 novembre 1683. — Décret du 10 août 1686. — Rousseau de la Combe, part. 3, ch. 4, n° 5. — Muyart de Vouglans, part. 2, L. I, t. 4, ch. 1, § 4, n° 6. — Pothier, *Tr. des pers.*, part. 1, t. 3, sect. 2. — Richer, part. 2, L. IV, ch. 2, sect. 1, Dist. 1. — M. A. Dalloz, *Dict. gén., Amnistie,* art. ii, n° 129.

(5) Ordonnance de 1670, t. 16, art. xxxi.—Rousseau de la Combe, part. 3, ch. 14, n° 4. — Muyart de Vouglans, part. 2, L. I, t. 4, ch. 1, § 4, n° 5. —Richer, part. 2, L. IV, ch. 2, sect. 1, dist. 3.

taquables pour nullité lorsqu'elles n'étaient pas conformes aux charges ou que le cas n'était pas rémissible (1), pour obreption quand on avait dissimulé des circonstances dont la connaissance les eût fait refuser, et pour subreption lorsqu'on avait allégué des faits faux, ces lettres mettaient au néant les condamnations et faisaient cesser la mort civile et tous ses effets (2).

249. Celles de rémission pour homicide involontaire, en cas de légitime défense, réintégraient également le mort civilement dans ses droits civils (3).

250. Quant aux lettres de rappel de ban ou de galères, du grand sceau, elles remettaient la peine soit du bannissement, soit des galères , et rendaient la vie civile (4).

251. Celles de commutation de peine, du grand

(1) Ordonnance de 1670, t. 16, art. xxvii. — Richer, part. 2, L. IV, ch. 2, sect. 1, Dist. 3.

(2) Pothier, *Tr. des pers.*, part. 1, t. 3, sect. 2. — Muyart de Vouglans, part. 2, L. I, t. 4, ch. 1, § 4, n° 5. — Richer, part. 2, L. IV, ch. 2, sect. 1, dist. 3.

(3) Ordonnance de 1670, t. 16, art. ii. — Rousseau de la Combe, part. 3, ch. 14, n° 3. — Muyart de Vouglans, part. 2, L. I, t. 4, ch. 1, § 4, n° 4. — Pothier, *Tr. des pers.*, part. 1, t. 3, sect. 2. — Richer, part. 2, L. IV, ch. 2, sect. 1, Dist. 7.

(4) Rousseau de la Combe, part. 3, ch. 14, n° 2. — Muyart de Vouglans, part. 2, L. I, t. 4, ch. 1, § 4, n° 11. — Pothier, *Tr. des pers.*, part. 1, t. 3, sect. 2. — Richer, part. 2, L. IV, ch. 2, sect. 1, Dist. 4 et 5.

sceau, libéraient de la peine, à la charge d'en subir une autre d'une échelle inférieure. Elles ne rétablissaient dans la vie civile que quand elles contenaient à ce sujet une disposition expresse(1).

252. Rien ne pouvait préjudicier aux droits des tiers. Les lettres de grâce ne touchaient donc nullement aux réparations civiles (2), et ne rendaient la jouissance des droits civils que pour l'avenir.

Aucune borne, du reste, n'était mise à leur obtention. Elles dépendaient de la volonté seule du roi, qui les accordait même au contumax (3). Il se les était interdites cependant pour les crimes de duel, d'assassinat prémédité, de rapt avec violence, et d'outrage ou excès envers un magistrat, officier, huissier ou sergent exerçant des actes de justice, et les refusait encore à ceux qui s'étaient loués à prix d'argent pour tuer , outrager , excéder, retirer des mains de la justice des prisonniers pour crimes, et à ceux qui avaient payé quelqu'un pour commettre de tels actes (4).

(1) Rousseau de la Combe, part. 3, ch. 15, n° 3. — Muyart de Vouglans, part. 2, L. I, t. 4, ch. 1, § 4, n° 10. — Richer, part. 2, L. IV, ch. 2, sect. 1, Dist. 2.

(2) Legraverend, tom. 2, ch. 18, § 5.

(3) D'Aguesseau, 57ᵉ plaidoyer. — Merlin, *Rép., Mort civile*, § 1, art. vi, n° 5.

(4) Legraverend, tom. 2, ch. 18, § 5.

(5) Ordonnance de 1670, t. 10, art. iv.— Rousseau de la Combe, part. 3, ch. 14, n° 5.

253. Quant aux lettres de réhabilitation, puisqu'elles n'étaient obtenues que par ceux dont la peine avait été subie (1), elles ne concernaient en aucune façon le mort civilement dont la condamnation avait amené nécessairement une peine perpétuelle.

254. Le droit de grâce, ce bel attribut de la royauté, fut refusé au roi par le Code pénal de 1791 (2), de sorte qu'à cette époque il n'était plus laissé au condamné l'espérance d'une restitution gracieuse. Son rétablissement n'eut lieu que beaucoup plus tard en faveur du premier consul (3), quelques mois après l'adoption par le sénat d'une disposition ayant pour but de rendre la vie civile à toute la classe des émigrés (4).

§ II. — **De la cessation de l'Infamie.**

255. En général, l'infamie était perpétuelle. Cependant l'infâme pouvait recourir aux deux

(1) Muyart de Vouglans, part. 2, L. I, t. 4, ch. 1, § 4, n° 9. — Richer, part. 2, L. IV, ch. 2, sect. 1, Dist. 6.

(2) Code de 1791, part. 1, t. 7, art. XIII. — Merlin, *Rép.*, *Grâce*, n° 2. — Legraverend, tom. 2, ch. 18. — M. A. Dalloz, *Dict. gén.*, *Amnistie*, art. II, n° 130.

(3) Sénatus-Consulte du 16 thermidor an X, art. LXXXVI. — Merlin, *Rép.*, *Grâce*, n° 2. — Legraverend, tom. 2, ch. 18. — A. Dalloz, *Dict. gén.*, *Amnistie*, art. II, n° 130.

(4) Sénatus-Consulte du 6 floréal an X. — M. A. Dalloz, *Dict. gén.*, *Mort civile*, § 5, n° 85.

mêmes genres de restitution que le mort civilement, reposant l'un sur la loi, et l'autre sur le bienfait du souverain.

256. Tout ce qui vient d'être expliqué sur la restitution légale opérée en faveur du contumax mort civilement par sa représentation en justice dans le délai de trente ans sous l'ancien droit, ou dans celui de vingt ans sous le droit intermédiaire, pourrait se répéter ici relativement à la représentation en justice du contumax condamné à une peine infamante. Il suffit de savoir que la représentation faisait disparaître l'infamie de plein droit lorsqu'elle avait lieu dans les cinq ans, mais que pour arriver à un tel résultat après une plus longue absence, il fallait recourir aux lettres d'ester à droit tant qu'elles furent en usage.

257. L'infamie était perpétuelle (1) et ne se prescrivait pas (2). Attachée à la condamnation et non à la peine elle-même, elle suivait le coupable pendant toute sa vie. Aussi existait-elle encore quand le condamné avait subi sa peine, si celle-ci était temporaire (3).

---

(1) Pothier, *Tr. des pers.*, part. 1, t. 3, sect. 3. — Merlin, *Rép.*, *Infamie*, n° 4.

(2) Jousse, part. 1, t. 3, ch. 2, sect. 1, art. vii, n° 220.—Pothier, *Tr. de la proc. crim.*, sect. 7, art. i.

(3) Arrêt du parlement de Paris, du 9 mai 1731. — Coquille, quest. 11. — Jousse, part. 1, t. 3, ch. 2, sect 1, art. vii, n° 221.—

258. Les lettres de révision fournissaient encore un moyen de faire cesser l'infamie, même rétroactivement, en permettant une absolution après un jugement de condamnation en dernier ressort (1).

Rejetée par la Constituante, la révision reparut sous l'Assemblée législative (2) pour des cas limitativement déterminés, mais alors le pouvoir royal n'intervenait plus dans ce mode de restitution (3).

259. Généralement, les lettres de grâce éteignaient la peine sans mettre fin à l'infamie (4), mais sous ce rapport le roi était seul juge de leur étendue. Les lettres d'abolition remettaient cependant en bonne fame et renommée (5). Celles de pardon ou de rémission faisaient aussi cesser l'infamie (6); mais celles de rappel de ban ou de galères, au contraire, ne lavaient de l'infamie qu'autant qu'elles en renfermaient une déclara-

Denizart, *Coll. de déc. nouv.*, tom. 2, mot *Infamie*, n° 14. — Merlin, *Rép.*, *Infamie*, n° 4.

(1) Cass., arrêts du 30 novembre 1810 et du 17 juin 1811. — Richer, part. 2, L. IV, ch. 2, sect. 1, Dist. 8.

(2) Décret du 10 août 1792. — Décret du 13 mai 1793.

(3) Carnot, *Inst. crim.*, tom. 2, L. II, t. 3, ch. 3, n° 4.

(4) Dumoulin, *Regl. de inf. resign.*, n° 397. — Muyart de Vouglans, part. 2, L. I, t. 4, ch. 1, § 4. — Richer, part. 2, L. IV, ch. 2, sect. 1.

(5) Rousseau de la Combe, part. 3, ch. 14, n° 2. — Richer, part. 2, L. IV, ch. 2, sect. 1, Dist. 1.

(6) Richer, part. 2, L. IV, ch. 2, sect. 1, Dist. 3 et 7.

tion expresse (1). Les lettres de commutation de peine enfin n'enlevaient également l'infamie que si cette faveur était spécialement accordée au gracié (2).

De toute façon, quand la grâce réintégrait le condamné dans sa bonne renommée, ce n'était que pour l'avenir (3).

L'Assemblée constituante ne reconnut pas au roi le droit de grâce (4). Il fut remis en vigueur sous le consulat seulement (5). Alors le chef du pouvoir exécutif put relever de nouveau des déchéances encourues par suite d'une condamnation infamante.

260. Cependant il existait autrefois des lettres destinées précisément à faire disparaître pour l'avenir l'infamie et les incapacités dont elle était la cause (6). Ces lettres, du grand sceau, prenaient le

---

(1) Muyart de Vouglans, part. 2, L. I, t. 4, ch. 1, § 4, n° 11. — Pothier, *Tr. des pers.*, part. 1, t. 3, sect. 3.

(2) Rousseau de la Combe, part. 3, ch. 15, n" 3. — Muyart de Vouglans, part. 2, L. I, t. 4, ch. 1, § 4, n° 16. — Richer, part. 2, L. IV, ch. 2, sect. 1, Dist. 2.

(3) D'Aguesseau, 57ᵉ plaidoyer. — Merlin, *Rép.*, *Mort civile*, § 1, art. VI, n° 5.

(4) Code de 1791, part. 1, t. 7, art. XIII. — Legraverend, tom. 2, ch. 18, sect. 5.

(5) Sénatus-Consulte du 16 thermidor an X, art. LXXXVI.

(6) Ordonnance de 1670, t. 46, art. VII. — Rousseau de la Combe, part. 3, ch. 15, n° 4. — Muyart de Vouglans, part. 2, L. 1, t. 4, ch. 1, § 4, n° 9. — Richer, part. 2, L. IV, ch. 2, sect. 1,

nom de lettres de réhabilitation. Elles étaient accordées par le roi pour produire leurs effets après leur entérinement par les parlements (1).

261. La réhabilitation devint, dans le droit intermédiaire lors de la suppression du droit de grâce, le seul mode permis de mettre fin à la privation des droits refusés au condamné à une peine infamante. Mais au lieu de s'opérer par lettres du roi (2), elle dépendait de la municipalité du lieu du domicile du condamné quand il avait subi sa peine et acquitté toutes les réparations civiles. Après deux ans de résidence dans une commune, le condamné pouvait demander une attestation du conseil général de la commune ; et s'il l'obtenait, le président du tribunal, sans délibération aucune, prononçait la réhabilitation (3). Si au contraire elle lui était refusée, il ne pouvait former une nouvelle demande qu'après un intervalle de deux ans (4). La réhabilitation appartenait donc alors

Dist. 6. — Pothier, *Tr. des pers.*, part. 1, t. 3, sect. 3. — Carnot, *Inst. crim.*, tom. 2, L. II, t. 7, ch. 4, nᵒˢ 2 et 3. — M. A. Dalloz, *Dict. gén.*, *Réhabilitation*, nᵒˢ 1 et 4.

(1) M. A. Dalloz, *Dict. gén.*, *Réhabilitation*, nᵒ 4.

(2) Code de 1791, part. 1, t. 7, art. XIII.

(3) Code de 1791, part. 1, t. 7, art. VII. — Merlin, *Rép.*, *Réhabilitation*, § 1, nᵒ 2. — Carnot, *Inst. crim.*, tom. 2, L. II, t. 7, ch. 4, nᵒ 5. — M. A. Dalloz, *Dict. gén.*, *Réhabilitation*, nᵒ 5, § 2 et 3.

(4) Avis du conseil d'État du 12 prairial an XIII. — M. A. Dalloz, *Dict. gén.*, *Réhabilitation*, nᵒ 15.

à la municipalité et à l'autorité judiciaire, mais celle-ci jouait en cette matière un rôle purement passif. Elle produisait ses effets du jour où il en était donné connaissance aux parties (1).

(1) Merlin, *Rép.*, *Réhabilitation*, § 1, n° 2.

SECTION II.

DROIT NOUVEAU.

CHAPITRE I.

DES PEINES EMPORTANT ALTÉRATION DE LA CAPACITÉ DES CONDAMNÉS.

262. A l'époque où parut le Code civil, on se trouvait encore, par rapport au droit pénal, sous l'empire des lois de l'Assemblée constituante et de la Convention. Les peines en usage alors étaient donc la mort, les fers, la réclusion, la gêne, la détention, la déportation, le carcan et la dégradation civique, au grand criminel (1); l'emprisonnement et l'amende, en matière correctionnelle (2); et comme peines accessoires, la confiscation (3), la marque (4) et l'exposition (5).

(1) Code du 25 septembre 1790, part. 1, t. 1, art. i. — Code du 3 brumaire an iv, L. III, t. 3, art. cccccccx. — Merlin, *Rép.*, *Peine*, n° 1. — M. Dalloz, *Rép.*, *Peines*, n° 4.

(2) Loi du 22 juillet 1791. — Code du 3 brumaire an iv, L. III, t. 2, art. cccccccix.

(3) Loi du 14 floréal an iii.

(4) La loi du 23 prairial an x la rétablit pour le crime de faux et les récidivistes.

(5) Code du 25 septembre 1791, part. 1, t. 1, art. xxviii.

263. Le Code pénal de 1810 vint apporter de nombreuses modifications dans la série des pénalités. Les peines afflictives et infamantes furent alors la mort, les travaux forcés à perpétuité, la déportation, les travaux forcés à temps et la réclusion (1). Dans certains cas déterminés, à ces peines pouvaient se joindre, mais accessoirement, la marque et la confiscation générale (2). Les peines purement infamantes étaient le carcan, le bannissement à temps et la dégradation civique (3). Enfin, comme peines correctionnelles se trouvaient l'emprisonnement à temps, l'interdiction à temps de certains droits civiques, civils et de famille, et l'amende (4).

264. De nouveaux changements survinrent dans l'échelle des peines, soit par suite de lois spéciales, soit, lors de la révision du Code pénal, d'après la loi du 28 avril 1832. La confiscation générale disparut à cette époque du nombre des peines (5), ainsi que la marque et le carcan (6), et la détention fut ajoutée aux peines afflictives et infamantes (7). Une loi spéciale avait rétabli l'a-

(1) Code pénal de 1810, art. 7.
(2) Code pénal de 1810, art. 7.
(3) Code pénal de 1810, art. 8.
(4) Code pénal de 1810, art. 9.
(5) Charte de 1814, art. 66. — Charte de 1830, art. 56.
(6) Code pénal, art. 8.
(7) Code pénal, art. 7.

mende honorable (1), mais cinq ans après elle fut rejetée de nouveau (2).

Dans la législation qui nous régit, les peines sont donc la mort, les travaux forcés à perpétuité, la déportation pour les crimes politiques, les travaux forcés à temps, la détention également réservée aux condamnés politiques, et la réclusion, toutes afflictives et infamantes (3); le bannissement et la dégradation civique, simplement infamantes (4); l'emprisonnement à temps, l'interdiction à temps de certains droits civiques, civils et de famille, et l'amende, toutes trois peines correctionnelles (5). Il n'est nullement utile de mentionner en cette matière les peines de simple police applicables aux seules contraventions (6).

265. Les décrets du 6 avril 1809 et du 26 août 1811 avaient établi une peine tout à fait anormale : la mort civile, comme peine principale,

(1) Loi du 20 avril 1825.

(2) Loi du 11 novembre 1830.

(3) Code pénal, art. 7. — Carnot, *Com. sur le Cod. pén.*, tom. 1, art. vii. — Merlin, *Rép.*, *Peine*, n° 1. — M. Faustin Hélie, *Th. du Cod. pén.*, tom. 1, ch. 4.

(4) Code pénal, art. 8. — Carnot, *Com. sur le Cod. pén.*, tom. 1, art. viii. — Merlin, *Rép.*, *Peine*, n° 1. — M. Faustin Hélie, *Th. du Cod. pén.*, tom. 1, ch. 5.

(5) Code pénal, art. 9. — Carnot, *Com. sur le Cod. pén.*, tom. 1, art. ix. — Merlin, *Rép.*, *Peine*, n° 1. — M. Faustin Hélie, *Th. du Cod. pén.*, tom. 1, ch. 6.

(6) Code pénal, art. 464.

contre les Français exerçant des fonctions publiques à l'étranger, non revenus en France dans les trois mois qui avaient suivi les premières hostilités envers cette puissance ou le décret de rappel (1) ; contre le militaire qui ne s'était pas soumis au décret du rappel dans les trois mois si la guerre n'avait pas éclaté, car en cas de guerre il encourait la peine de mort (2) ; enfin, contre le Français resté pendant trois mois, bien que n'exerçant aucune fonction publique, à l'étranger, sans obéir au décret de rappel dans lequel il était compris nominativement (3). Il est à remarquer toutefois que cette peine de la mort civile résultait non d'une condamnation judiciaire, mais d'une décision administrative (4).

266. Ces actes du pouvoir absolu de l'empereur, changeant seuls la nature de la mort civile, et faits pour les circonstances, ont-ils cessé d'exister avec elle ? Tombés en désuétude, ne sont-ils plus applicables maintenant (5)? Sur cette question on est loin de rencontrer une décision unanime.

(1) Décret du 6 avril 1809, art. 28.
(2) Décret du 6 avril 1809, art. 26.
(3) Décret du 6 avril 1809, art. 29.
(4) M. Duranton, tom. 1, n° 204.
(5) Proudhon, *Tr. des droits d'usufruit*, tom. 4, n° 1986. — M. Marcadé, tom. 1, art. XXI, n° 3, 2ᵉ édit. — Sont d'un avis contraire : Merlin, *Rép., Français*, § 1, n° 4 ; Delvincourt, tom. 1, L. I, t. 2, ch. 2, sect. 1, § 1 ; M. Duranton, tom. 1, n° 204 ;

Quant à l'inconstitutionnalité primitive de ces décrets, il ne s'élève aucun doute. Ce n'est pas cependant sur ce motif qu'il faut fonder leur nullité, puisqu'ils n'ont pas été attaqués devant le sénat dans les dix jours pour cause d'inconstitutionnalité (1). S'il est vrai néanmoins qu'après la suppression du tribunat, cette garantie cessait complétement d'en être une, s'il est vrai que la constitution n'avait eu en vue que les décrets du Corps législatif pour lesquels il s'écoulait dix jours entre l'émission et la promulgation, et non ceux du pouvoir exécutif connus seulement au moment de la promulgation, la doctrine et la jurisprudence, dans l'intérêt général et pour prévenir des lacunes trop considérables dans la législation, admettent de tels actes du pouvoir impérial comme ayant force de loi (2). Mais la désuétude dans laquelle ces décrets sont tombés, et surtout le changement de situation d'où résulte l'absence de motifs identiques, ont suffi pour abroger une législation aussi exceptionnelle, destinée par sa violence même à une courte existence (3).

M. Dalloz, *Rép.*, *Droits civils*, sect. 2, art. ii, n° 5 ; M. Valette, *sur Proudhon*, tom. 1, ch. 11, appendice ; M. Demolombe, *Cours de Code civil*, tom. 1, n° 187 ; M. Taulier, *Th. raisonnée du Code civil*, tom. 1, t. 1, ch. 2, sect. 1.

(1) Constitution du 22 frimaire an viii, art. 21 et 37.

(2) Cass., 8 et 22 avril 1831, Dal., P. 31, 1, 171.

(3) M. Demante, *Revue de législation*, tom. 7, p. 417.

267. Les condamnations pénales entraînent presque toutes d'après nos lois, lorsqu'elles ont une certaine gravité, des conséquences sur la capacité des condamnés ; mais ces résultats varient suivant le degré de la peine prononcée. La privation des droits civils, en effet, est totale ou partielle, et dans certains cas elle est une peine principale, tandis que dans d'autres elle n'est que la suite d'une peine.

268. La mort civile fut admise par les rédacteurs du Code, malgré les observations du tribunat (1), comme conséquence de certaines condamnations, et il est permis de critiquer et la chose même, et l'expression dont on s'est servi.

En effet, sous ce dernier rapport rien de plus inexact, ainsi qu'il fut observé dans le conseil d'État (2), que ce mot disant trop et trop peu en même temps. D'un côté, en effet, le mort civilement perd la propriété de ses biens, ce qui est un droit naturel. De l'autre, par l'expression de mort civile on laisse entendre qu'il s'agit de l'image de la mort au point de vue des droits civils, tandis que quelques-uns, par exemple celui de recevoir par testament à titre d'aliments, sont conservés malgré la mort civile. En outre, le mort civilement peut renaître à la vie civile par sa représentation

(1) M. Faustin Hélie, *Th. du Cod. pén.,* tom. 1, ch. 6.
(2) Discussion au conseil d'État. Tronchet et Portalis.

après cinq ans à partir de l'exécution du jugement par contumace, et le déporté est capable de certains actes du droit civil dans le lieu de sa déportation, si on lui en a accordé la jouissance. Or on ne meurt pas pour un temps ni pour partie, et l'on n'est pas en même temps vivant dans un endroit et mort dans un autre (1). Il est donc faux d'appeler mort civile ce qui n'est qu'une privation, presque complète, il est vrai, des droits civils.

269. Quant à la mort civile en elle-même, c'est une peine immorale mettant la loi en opposition avec la religion et la conscience, et frappant avec autant d'injustice que de rigueur sur des non coupables. On punit l'innocent, et comme remède les partisans de cette institution disent que si la femme par exemple ne tient aucun compte de la loi, et n'abandonne pas son mari par suite d'un dévouement dicté par des motifs honorables, elle en trouvera sa récompense dans sa conscience, dans sa religion et même dans l'opinion (2). Une loi que combat l'opinion publique doit-elle donc être admise par un législateur (3)?

Lors de la révision du Code pénal, en 1832, on

(1) M. Valette, *sur Proudhon*, tom. 1, ch. 10, sect. 1. — M. Dalloz, *Rép.*, *Droits civils*, sect. 3, art. 1.

(2) Rapport de Gary au Corps législatif, sur le titre 1, L. 1, du Code civil.

(3) M. Rossi, *Tr. de droit pénal*, L. III, ch. 11.

s'éleva avec force contre ce reste d'une législation barbare, et la mort civile ne fut maintenue dans nos lois que parce qu'il aurait fallu statuer sur l'état du condamné, sur les biens composant son patrimoine et sur les droits des tiers, choses qui concernent plutôt le droit civil que le droit criminel (1). Quoi qu'il en soit, la mort civile existe encore.

270. Elle est produite en premier lieu par la condamnation à la mort naturelle (2). On a cru avec raison utile de le dire, car la nullité du testament du condamné en résulte forcément, par indignité, il est vrai, plutôt que par incapacité. Cette disposition reçoit d'ailleurs son application quand le condamné contradictoirement s'évade avant l'exécution et lorsqu'il s'agit d'une condamnation par contumace, auxquels cas l'exécution se fait par effigie.

271. Seules les peines perpétuelles peuvent entraîner la mort civile. Elles ne le font en outre que si une loi y a attaché cet effet. Jusqu'au Code pénal, il n'y en avait qu'une, et c'était la déportation (3). Le déporté perdait donc la vie civile, car une loi l'avait assimilé aux émigrés, décla-

______

(1) M. Faustin Hélie, *Th. du Cod. pén.*, tom. 1, ch. 6.

(2) Code civil, art. 23.

(3) Loi du 17 septembre 1793. — Merlin, *Rép.*, *Mort civile*, § 1, art. 1, n° 2. — M. A. Dalloz, *Dict. gén.*, *Mort civile*, § 1, n°s 3 et 5.

rés antérieurement frappés de mort civile (1).

On peut toutefois objecter que le Code civil ne le dit pas expressément, et prétendre dès lors qu'il n'en était plus ainsi. Mais il faut se garder de donner une telle interprétation à ce silence, car il provient seulement de ce que lors de sa rédaction on ne s'était pas encore entendu sur le point de savoir si on permettrait de donner au déporté la jouissance de certains droits civils dans le lieu même de la déportation (2).

272. Le Code pénal a reconnu en 1810 deux peines perpétuelles; les travaux forcés à perpétuité et la déportation (3), et il a eu soin de dire d'une manière formelle que la condamnation à l'une ou l'autre entraînerait la mort civile (4). Seulement il fut permis au gouvernement d'accorder au condamné à la déportation l'exercice des droits civils ou de quelques-uns de ces droits dans le lieu de sa déportation (5).

On n'a rien changé à ces dispositions, si ce n'est dans la rédaction de l'exception faite en faveur du

(1) Loi du 28 mars 1793, art. 1. — Merlin, *Rép.*, *Déportation*, n° 6, et *Mort civilement*, n° 4. — M. A. Dalloz, *Dict. gén.*, *Mort civile*, § 1, n° 4.

(2) Merlin, *Rép.*, *Mort civile*, § 1, art. i, n° 4, et *Déportation*, n° 6.

(3) Code pénal de 1810, art. 7.

(4) Code pénal de 1810, art. 18.

(5) Code pénal de 1810, art. 18.

déporté, qui fut étendue, lorsqu'un nouvel adoucissement de la pénalité parut nécessaire, et amena en 1832 la révision du Code pénal (1).

273. La mort civile, d'ailleurs, ne peut résulter pour un Français, en France, d'un jugement de condamnation prononcé par un tribunal étranger. Sur ce point il faut adopter les anciens principes (2).

Quant à l'étranger condamné en France, il deviendra mort civilement, car les lois de police et de sûreté lui sont applicables (3). Au contraire, s'il a été jugé à l'étranger, bien que généralement les lois sur l'état des personnes suivent les individus partout où ils vont, en considérant qu'il s'agit d'une peine, car la mort civile produit des déchéances et des incapacités, et que les peines s'exécutent seulement dans le territoire de la nation à laquelle appartient le pouvoir judiciaire qui a prononcé, le coupable ne doit pas être considéré comme mort civilement en France (4).

(1) Code pénal, art. 18. — Loi du 28 avril 1832. — Loi du 9 septembre 1835, art. 2.

(2) Merlin, *Rép.*, *Mort civile*, § 1, art. 1, n° 6. — Proudhon, *Cours de dr. fr.*, tom. 1, ch. 10, sect. 2. — Delvincourt, tom. 1, L. I, t. 2, ch. 2, sect 1. — M. Dalloz, *Rép.*, *Droits civils*, sect. 3, art. 1, § 1, n° 5. — M. A. Dalloz, *Dict. gén.*, *Mort civile*, § 1, n° 9. — M. Demolombe, tom. 1, n° 198.

(3) Code civil., art. 3. — Code pénal, art. 35. — M. Demolombe, tom. 1, n° 198.

(4) M. Demolombe, tom. 1, n° 198.

274. Les condamnations militaires des conseils de guerre emportent-elles mort civile? Cette question a toujours été douteuse, et cependant, si l'on veut s'en tenir aux principes, elle nous paraît devoir être résolue affirmativement sans aucune hésitation. Mais on se préoccupe de la rigueur des lois militaires, et de la fréquence des condamnations à mort pour des faits que la loi commune punit bien moins sévèrement, et une pensée d'humanité fait pencher quelques auteurs vers l'opinion la plus douce. Toutefois ne serait-ce pas tomber dans l'arbitraire que d'éluder une loi aussi formelle que celle qui nous régit? Nous croyons donc qu'une telle condamnation a pour conséquence la mort civile du coupable.

En effet, outre qu'on pourrait soutenir que la sévérité des peines a été jugée nécessaire pour le maintien de la discipline, et que la mort civile a été conservée dans le même but, il suffit de faire attention aux termes généraux du Code civil. Traitant de l'état des personnes, il ne distingue pas suivant la composition du tribunal qui a prononcé la condamnation. Cette distinction ne se trouve pas non plus dans les lois militaires. Il faut donc se reporter à la loi générale, et la seule conclusion à en tirer c'est que les conseils de guerre, tribunaux appelés à prononcer sur les délits militaires au nom de la même puissance publique que les cours d'assises sur ceux des particuliers, en condamnant à mort voient la mort civile résulter de l'exécution de leur sentence (1). On objectera peut-être encore que le Code pénal ne s'applique pas aux délits militaires (2). Peu importe, puisque cette décision s'appuie sur le Code civil. Elle pourrait encore au besoin s'étayer sur la reconnaissance formelle qui en fut faite à la Chambre des pairs lors de la discussion du nouveau Code pénal militaire (3).

275. Les condamnations aux peines afflictives et infamantes à temps, c'est-à-dire aux fers, à la réclusion, à la gêne, et à la détention, et celles aux peines simplement infamantes, c'est-à-dire au carcan et à la dégradation civique, emportaient jusqu'au Code pénal privation perpétuelle de certains droits politiques et civils (4). Les premières rendaient de plus le condamné incapable d'exercer les actes de droit civil pendant la durée de la peine

(1) Merlin, *Rép.*, *Mort civile*, § 1, art. i, n° 3. — M. Duranton, tom. 1, n° 218. — M. Dalloz, *Rép.*, *Droits civils*, sect. 3, art. i, § 1, n° 6. — M. A. Dalloz, *Dict. gén.*, *Mort civile*, § 1, n° 11. — M. Demolombe, tom. 1, n° 197. — Sont opposés, Delvincourt, tom. 1, L. I, t. 2, ch. 2, sect. 1, § 1 ; et M. Marcadé, tom. 1, art. xxxiii, n° 3.

(2) Code pénal, art. 5.

(3) *Moniteur* du 21 avril 1829. — M. Demolombe, tom. 1, n° 197.

(4) Code du 25 septembre 1791, part. 1, t. 4, art. 1. — Merlin, *Rép.*, *Peine*, n° 1, et *Infamie*, n° 4. — M. Dalloz, *Rép.*, *Droits civils*, sect. 3, art. ii, § 1, n° 1.

en le mettant en état d'interdiction légale (1).

276. En 1810 les rédacteurs du Code pénal ont renouvelé ces dispositions, de sorte que tout condamné à la peine des travaux forcés à temps, de la réclusion, du bannissement, du carcan et de la dégradation civique, subissait une altération dans sa capacité pour toute sa vie (2).

Il en fut de même en 1832, avec cette différence cependant que la peine du carcan avait disparu du Code pénal, et que parmi les peines afflictives et infamantes on avait ajouté la détention qui, dès lors, produisit les mêmes effets sous ce rapport que les autres peines à temps en matière criminelle (3). En outre la condamnation aux travaux forcés à temps, à la réclusion (4) et à la détention, placent le condamné en état d'interdiction légale pendant la durée de la peine (5).

277. Les peines correctionnelles n'étaient pas infamantes et n'altéraient en rien la capacité du condamné (6). Il en est encore de même depuis

(1) Code du 25 septembre 1791, part. 1, t. 4, art. 2 et 3. — Carnot, *Com. sur le Cod. pén.*, tom. 1, art. XXIX, n° 1. — M. Dalloz, *Rép., Droits civils*, sect. 3, art. II, § 1, n°s 1 et 2. — M. A. Dalloz, *Dict. gén., Droits civils*, § 4, n° 85. — M. Faustin Hélie, *Th. du Cod. pén.*, tom. 1, ch. 6.

(2) Code pénal de 1810, art. 28.

(3) Code pénal, art. 28.

(4) Code pénal de 1810, art. 29.

(5) Code pénal, art. 29.

(6) Carnot, *Com. sur le Cod. pén.*, tom. 1, art. IX, n° 8.

la révision du Code pénal. Une d'entre elles néanmoins, introduite lors de la confection du Code pénal actuel, sans être infamante cependant, consiste précisément dans la privation de certains droits civils, civiques et de famille pour un certain temps (1). Il sera donc nécessaire d'examiner les effets de cette peine pour compléter le tableau des conséquences produites par les condamnations pénales sur la capacité des condamnés.

(1) Code pénal, art. 19.

CHAPITRE II.

DU MOMENT OU COMMENCE L'ALTÉRATION DE LA CAPACITÉ DES CONDAMNÉS.

§ I. — Du moment où commence la mort civile.

278. La mort civile, suite d'une condamnation à une peine afflictive et perpétuelle, ne peut évidemment être encourue tant qu'il n'existe pas de jugement sur le fait imputé à l'accusé. L'accusation n'emporte donc pas privation de la vie civile. Maintenant d'ailleurs qu'un des principes fondamentaux du droit criminel consiste à présumer innocent tout accusé, il serait illogique de se montrer plus rigoureux qu'autrefois relativement aux résultats de l'accusation.

279. Le droit intermédiaire avait supprimé cette distinction entre les faits criminels, en crimes atroces se poursuivant contre le cadavre ou la mémoire du coupable, et crimes ordinaires pour lesquels l'action publique s'éteignait à sa mort (1). Dans ces crimes atroces la mort civile ne résultait également que de la condamnation, mais elle remontait rétroactivement au jour où le délit avait été commis, de telle sorte que la capacité du coupable était censée n'avoir pas existé depuis la perpétration du crime.

D'après la législation actuelle les condamnations ont toujours un effet identique par rapport à la mort civile, quels que soient les faits par suite desquels elles sont venues frapper le condamné. Jamais maintenant la privation de la vie civile ne se reporte rétroactivement à une époque antérieure à l'exécution de la sentence (2), et si le meurtrier est privé de la succession de sa victime lorsqu'il a été condamné comme tel, ce n'est pas parce qu'il était censé incapable au moment de l'ouverture de la succession ; mais parce qu'il en est déclaré indigne (3). En outre la mort de l'accusé met toujours fin aux poursuites criminelles en ce qui concerne l'action publique pour l'application de la peine, car on ne fait plus de procès à la mémoire. La partie lésée a seulement le droit d'agir devant les tribunaux pour se faire indemniser

(1) Merlin, *Rép.*, *Mort civile*, § 1, art. IV, n° 4. — Legraverend tom. 1, ch. 11, sect. 3.

(2) M. A. Dalloz, *Dict. gén.*, *Mort civile*, § 2, n° 13.

(3) Code civil, art. 727.

par les héritiers du défunt du préjudice causé par le crime (1).

280. La mise en accusation laisse en conséquence la jouissance des droits civils. Les actes faits par l'accusé sont donc valables. On avait proposé au conseil d'État de déclarer frauduleux tous les actes d'aliénation de l'accusé d'un délit auquel la loi attache une peine emportant mort civile, mais cette disposition faite pour éviter des procès (2) fut regardée comme trop générale (3) et rejetée.

L'accusé peut administrer ses biens comme tout propriétaire. Les aliénations par lui faites, à titre gratuit entre-vifs ou à titre onéreux, sont également valables, quand même la poursuite se terminerait par un arrêt de condamnation à une peine perpétuelle (4). Son testament postérieur à l'accusation produira aussi tous ses effets si la mort naturelle de l'accusé vient mettre obstacle à la condamnation et empêcher la mort civile de prendre naissance. La puissance paternelle et maritale reste également intacte entre ses mains (5).

(1) Code d'instruction criminelle, art. 2. — Legraverend, tom. 1, ch. 11, sect. 3. — M. A. Dalloz, *Dict. gén.*, *Mort civile*, § 2, n° 13.

(2) Disc. au cons. d'Ét., Tronchet.

(3) Disc. au cons. d'Ét., Portalis et Cambacérès.

(4) Code civil, art. 26. — Merlin, *Rép.*, *Accusé*, n° 4. — Legraverend, tom. 1, ch. 11, sect. 3. — M. A. Dalloz, *Dict. gén.*, *Mort civile*, § 2, n° 24.

(5) M. A. Dalloz, *Dict. gén.*, *Mort civile*, § 2, n° 24.

281. Les actes de l'accusé, respectés comme ceux de tout autre individu, ne peuvent être anéantis qu'individuellement d'après les règles générales du droit civil, si, blessant les droits des tiers, ils ont été faits avec fraude (1).

Cependant une loi de la Révolution annulait tout acte contenant donation, reconnaissance, obligation ou engagement quelconque de la part d'un individu dont les biens avaient été confisqués par jugement, s'il n'avait pas une date authentique antérieure au décret d'arrestation ou d'accusation, mandat d'arrêt ou ordonnance de prise de corps (2). On restait dans le droit commun lorsque la confiscation ne devait pas s'adjoindre accessoirement à la peine principale. Depuis le Code civil, cette loi cessa d'être en vigueur. Au conseil d'État on entendit valider les actes de l'accusé quand ils étaient exempts de fraude. Il n'existe donc plus d'exception à la capacité civile de l'accusé, et dès lors il peut aliéner ses biens, comme il lui plaît, pourvu que ce ne soit pas en fraude de ses créanciers.

282. Mais si la mise en accusation ne porte pas atteinte aux droits civils de l'accusé, il n'en est

(1) Code civil, art. 1167. — Merlin, *Rép.*, *Accusé*, n° 4. — Legraverend, tom. 1, ch. 11, sect. 3. — M. A. Dalloz, *Dict. gén.*, *Mort civile*, § 2, n° 24. — M. Taulier, tom. 1, t. 1, ch. 2, sect. 2.
(2) Loi du 26 frimaire an II, art. 14.

14

de même quant aux droits politiques. Elle le suspend en effet dans l'exercice de ses droits de citoyen (1).

283. L'instruction étant terminée, il intervient un jugement soit de condamnation, soit d'acquittement. Dans le premier cas, si la peine prononcée est une de celles qui entraînent à leur suite privation totale ou partielle des droits civils, ses conséquences différeront entre elles selon que le jugement sera contradictoire ou par contumace. S'il s'agit, au contraire, d'une condamnation à une peine n'altérant en rien la capacité du condamné, il conserve la jouissance de ses droits civils, et l'état de contumace seul peut amener à son égard privation de quelques facultés.

Il est certain que la vie civile de l'accusé acquitté ou absous n'a jamais été altérée : il ne peut même plus la perdre désormais par suite d'une peine prononcée contre lui relativement au fait à raison duquel il a été poursuivi (2).

284. Jusqu'au Code civil la mort civile, d'après l'opinion commune, commençait lors de la prononciation à l'accusé de la condamnation contradictoire. Mais à cette époque il s'est opéré un

----

(1) Constitution de l'an VIII, Loi du 22 frimaire an VIII, art. 5. — Proudhon, *Cours de droit français*, tom. 1, ch. 8, sect. 3. — Legraverend, tom. 1, ch. 11, sect. 3.

(2) Code d'instruction criminelle, art. 360.

changement important dans la législation. La privation de la vie civile, encourue par cela seul que l'accusé a été condamné à une peine à laquelle la loi a attaché cet effet, sans qu'il soit besoin de la prononcer avec la peine dont elle dérive comme conséquence immédiate et forcée (1), n'est pas opérée cependant de plein droit par le jugement. Elle n'a lieu que quand la condamnation contradictoire a été exécutée soit réellement, si le condamné est sous la main de la justice, soit par effigie s'il s'est enfui depuis la prononciation de l'arrêt de la cour d'assises (2).

L'exécution intervient ici comme signification plus complète à la société du retranchement de l'un de ses membres. Telle était au moins le motif donné pour justifier cette innovation, mais il faut bien reconnaître qu'il avait beaucoup moins de force depuis que la procédure et les débats étaient

(1) Delvincourt, tom. 1, L. 1, t. 2, ch. 2, sect. 1, § 1. — M. Zachariæ, tom. 1, part. 1, sect. 5, n° 1, § 163. — M. Duranton, tom. 1, n° 219. — M. Valette, *sur Proudhon*, tom. 1, ch. 10, sect. 1. — M. Demolombe, tom. 1, n° 193.

(2) Delvincourt, tom. 1, L. 1, t. 2, ch. 2, sect. 1, § 1. — Toullier, tom. 1, n° 273. — Merlin, *Rép.*, *Condamné*, n° 1. — M. Dalloz, *Rép.*, *Droits civils*, sect. 3, art. 1, § 2, n° 3. — M. A. Dalloz, *Dict. gén.*, *Mort civile*, § 2, n° 16. — Proudhon, *Cours de dr. fr.*, tom. 1, ch. 10, sect. 2. — Carnot, *Com. sur le Cod. pén.*, tom. 1, art. xviii, n° 4. — M. Duranton, tom. 1, n° 219. — M. Zachariæ, tom. 1, part. 1, sect. 5, n° 1, § 163. — M. Marcadé, tom. 1, art. xxvi, n° 2. — M. Demolombe, tom. 1, n° 215. — M. Taulier, tom. 1, t. 1, ch. 2, sect. 2.

publics. Il est vrai en outre que la cause véritable de la mort civile c'est la peine, or la peine n'existe que quand elle est exécutée (1).

285. Des actes ont pu être faits par le condamné après la prononciation de l'arrêt, mais avant l'exécution. Quelle en sera la valeur ? Ils ont pour auteur un homme jouissant encore de tous ses droits civils, puisque la mort civile n'était pas encore encourue au moment de leur confection. Ils produiront donc tous leurs effets quand même il s'agirait d'aliénations à titre onéreux ou à titre gratuit. Le testament seul sera annulé par suite de l'indignité du testateur, dont on ne veut pas valider les dernières volontés, s'il devient mort civilement par l'exécution de la sentence. En un mot, de tels actes sont dans la même situation, quant à la question de leur validité, que ceux faits par un simple accusé d'un délit à la suite duquel une condamnation, si elle a lieu, doit produire la mort civile au moment de l'exécution. A l'exception du testament ils sont tous valables, sauf aux tiers lésés par eux à en provoquer l'annulation dans le cas de fraude d'après les règles ordinaires (2).

(1) Code civil, art. 26.
(2) Code civil, art. 26 et 1167. — Toullier, tom. 1, n° 288. — M. Dalloz, *Rép., Droits civils*, sect. 3, art. 1, § 2, n° 9. — M. A. Dalloz, *Dict. gén., Mort civile*, § 2, n° 23. — M. Duranton, tom. 1, n° 223. — M. Zachariæ, tom. 1, part. 1, sect. 5, n° 1, § 163. —

286. Lors de la discussion du Code civil au conseil d'État on voulait ajouter à l'article qui fixe le commencement de la mort civile au jour de l'exécution, une disposition déclarant que si le condamné mourait avant l'exécution, il décédait dans l'intégrité de ses droits, excepté en cas de suicide. Mais cette dernière restriction ne pouvait être admise puisque le suicide n'était pas puni par les lois pénales, et dès lors la proposition principale devait être supprimée comme inutile (1). Aussi le tout fut-il rejeté, et on resta sous l'empire des principes généraux. On admit donc la capacité jusqu'à l'exécution réelle ou par effigie de la condamnation contradictoire. La mort du condamné par suicide ou autrement avant l'exécution met dès lors obstacle à la naissance de la mort civile (2).

287. S'il est certain que la privation des droits civils ne commence en cas de condamnation contradictoire que du jour de l'exécution, il reste à rechercher à quel moment du jour ce doit être. Sur ce point trois systèmes se sont élevés. Les

M. Demolombe, tom. 1, n° 220. — M. Taulier, tom. 1, t. 1, ch. 2, sect. 2.

(1) Discussion au conseil d'État, Portalis et Boulay.

(2) M. Dalloz, *Rép.*, *Droits civils*, sect. 3, art. 1, § 2, n° 8. — M. A. Dalloz, *Dict. gén.*, *Mort civile*, § 2, n° 23. — M. Zachariæ, tom. 1, part. 1, sect. 5, n° 1, § 163.

uns veulent la faire reculer à la fin du jour, d'autres la font remonter au commencement, et les derniers en placent la date au moment même de l'exécution.

La première opinion ne peut souffrir un instant d'examen, car pour respecter cette règle commune de procédure que les délais ne comprennent pas le jour d'où l'on part (1), règle du reste qui n'a rien à faire dans la question, il faudrait supposer capable celui qui est mort naturellement depuis quelques heures, ou admettre que le moment où commence la mort civile varie suivant que la peine consiste dans la mort naturelle ou dans les travaux forcés ou la déportation, distinction dont on ne trouve aucune trace dans la loi.

Quant à ceux qui prétendent la faire dater du commencement du jour de l'exécution (2), ils se fondent sur le texte même de la loi qui, pris à la lettre, semble en effet leur donner raison, et sur e principe que la prescription se compte par jour et non par heure. Mais il n'y a pas la moindre ana-

(1) Code de procédure civile, art. 1033.
(2) Code civil, art. 2134 et 2260. — Toullier, tom. 1, n° 274. — Proudhon, *Cours de dr. fr.*, tom. 1, ch. 10, sect. 2. — M. Zachariæ, tom. 1, part. 1, sect. 5, n° 1, § 163. — Merlin, *Rép.*, *Mort civile*, § 1, art. v, n° 5, qui se contredit avec lui-même en faisant dater l'interdiction judiciaire du moment du jugement. *Rép.*, *Interdiction*, § 6, n° 8. — M. Taulier, tom. 1, t. 1, ch. 2, sect. 2.

logie entre la mort civile et la prescription, et leur système fait précéder la cause par l'effet.

Reste donc celui d'après lequel la mort civile commence à l'instant même de l'exécution réelle ou par effigie (1), le seul vrai, puisqu'elle n'est que la conséquence de la condamnation à une peine exécutée. En faveur de cette opinion on argumente encore de la loi du 20 prairial an IV, voulant que le dernier exécuté, si l'on peut constater le pré-décès, ou le plus jeune, lorsque ce n'est pas possible, succède à l'autre condamné mort dans la même exécution, lorsqu'ils sont d'ailleurs respectivement héritiers l'un de l'autre. Si la mort civile en effet remontait au commencement du jour, elle aurait lieu pour tous deux en même temps, de sorte qu'il n'y aurait pas de succession possible (2). Il est vrai que cette loi est antérieure au Code civil, mais elle sert à indiquer l'esprit de la législation. Ajoutons enfin que bien souvent dans

(1) M. Duranton, tom. 1, nº 221. — Delvincourt, tom. 1, L. I, t. 2, ch. 2, sect. 1, § 1. — Dalloz, *Rép.*, *Droits civils*, sect. 3, art. 1, § 2, nº 3. — M. A. Dalloz, *Dict. gén.*, *Mort civile*, § 2, nᵒˢ 17 et 18. — M. Richelot, *Cours de Code civil*, tom. 1, p. 105. — M. Valette, *sur Proudhon*, tom. 1, ch. 10, sect. 2. — M. Marcadé, tom. 1, art. xxvi, nº 2. — M. Demolombe, tom. 1, nº 217.

(2) Code civil, art. 720. — Loi du 20 prairial an IV. — M. Duranton, tom. 1, nº 221. — M. A. Dalloz, *Dict. gén.*, *Mort civile*, § 2, nº 18. — M. Richelot, tom. 1, p. 105. — M. Valette, *sur Proudhon*, tom. 1, ch. 10, sect. 2. — M. Demolombe, tom. 1, nº 217.

le Code civil ces mots à compter du jour signifient à compter du moment. Or, nous ne voyons pas pourquoi ici ils seraient pris dans un sens plus strict, lorsqu'on considère que par ce moyen il en résulterait rétroactivité des effets de l'exécution (1).

288. Mais quand y aura-t-il exécution? Par effigie elle consiste dans l'affiche de l'extrait du jugement sur un poteau placé sur la place publique du chef-lieu de l'arrondissement du lieu du crime, par l'exécuteur des jugements criminels (2). Le commencement de l'exécution a donc lieu dans ce cas au moment où cette affiche est placardée.

289. Quant à l'exécution réelle, elle se fait sur la personne même du coupable. Mais ici se présentent quelques difficultés pour savoir le moment où elle commence.

Pour la peine de mort, l'instant où elle est réalisée est celui où le condamné est frappé du coup mortel, et non celui des préparatifs de la privation de la vie : car ce qui constitue la peine, c'est

(1) Code civil, art. 502, 504, 30, 719. — Code d'instruction criminelle, art. 476. — Merlin, *Rép.*, *Mort civile*, § 1, art. v, nº 5. — M. Demolombe, tom. 1, nº 217.

(2) Code d'instruction criminelle, art. 472. — Toullier, tom. 1, nº 275. — Delvincourt, tom. 1, L. I, t. 2, ch. 2, sect. 1, § 1. — Carnot, *Inst. crim.*, tom. 2, art. ccccLxxii. — M. Valette, *sur Proudhon*, tom. 1, ch. 10, sect. 2. — M. Taulier, tom. 1, t. 1, ch. 2, sect. 2.

le mode tracé par la loi, et non les préparatifs variant selon le bon plaisir de l'administration (1).

290. Pour les travaux forcés à perpétuité il y a commencement d'exécution dans l'exposition publique qui la précède en règle générale, et à partir de laquelle se comptait avant 1832 la durée des travaux forcés à temps.

On dit, il est vrai, que l'exposition est une peine accessoire des travaux forcés et de la réclusion, mais non le commencement de l'exécution de la première, puisque tous les condamnés aux travaux forcés n'y sont pas même soumis (2). Dès lors dans l'entrée au bagne seul se verrait cette exécution demandée par la loi (3). Sans doute il est fait exception en faveur de certaines personnes, à cette règle que tout condamné aux travaux forcés doit être exposé, et dans ce cas il est bien certain que la mort civile datera seulement du jour de l'arrivée au bagne. Mais pour les autres il faut voir dans l'exposition une partie de la peine et par consé-

(1) M. Dalloz, *Rép.*, *Droits civils*, scct. 3, art. i, § 2, n° 4. — M. A. Dalloz, *Dict. gén.*, *Mort civile*, § 2, n° 19. — M. Marcadé, tom. 1, art. xxvi, n° 3. — M. Valette, *sur Proudhon*, tom. 1, ch. 10, sect. 2. — M. Demolombe, tom. 1, n° 218. — M. Taulier, tom. 1, t. 1, ch. 2, sect. 2.

(2) Code pénal, art. 22.

(3) Carnot, *Com. sur le Cod. pén.*, tom. 1, L. I, ch. 1, art. xviii, n° 4. — M. Richelot, tom. 1, p. 160. — M. Marcadé, t. 1, art. xxvi, n° 3. — M. Demolombe, tom. 1, n° 218.

quent un commencement d'exécution ; car autrement il serait impossible de comprendre l'article du Code pénal qui faisait compter le temps des travaux forcés à temps à partir de l'exposition, séparée souvent de beaucoup de l'entrée au bagne (1), si on ne la regarde pas comme une déclaration formelle du commencement de l'exécution de la peine. Ici donc la mort civile prend naissance lors de l'exposition (2).

291. Quant à la déportation, comme il n'y avait pas de lieu fixé hors du territoire continental, quelques jurisconsultes faisaient dater la mort civile du jour de l'affiche de l'arrêt de la cour d'assises (3). Mais d'autres, répondant avec raison que cette décision était arbitraire, reconnaissaient qu'elle ne pouvait résulter que du transport du condamné hors de France auquel rien ne suppléait (4). Or aucune résidence n'avait été déter-

(1) Code pénal de 1810, art. 23.

(2) Toullier, tom. 1, n° 275. — M. Dalloz, *Rép.*, *Droits civils*, sect. 3, art. I, § 2, n° 5. — M. A. Dalloz, *Dict. gén.*, *Mort civile*, § 2, n° 20. — M. Duranton, tom. 1, n° 222. — M. Coin Delisle, *Commentaire analytique du Code civil*, L. 1, t. 1, ch. 2, sect. 2, art. XXVI, n° 5. — M. Valette, *sur Proudhon*, tom. 1, ch. 10, sect. 2. — M. Zachariæ, tom. 1, part. 1, sect. 5, n° 1, § 163. — M. Taulier, tom. 1, t. 1, ch. 2, sect. 2.

(3) Delvincourt, tom. 1, L. I, t. 2, ch. 2, sect. 1, § 1. — M. Duranton, tom. 1, n° 222.

(4) Merlin, *Rép.*, *Mort civile*, § 1, art. V, n° 4. — Carnot, *Com. sur le Cod. pén.*, tom. 1, L. 1, ch. 1, art. XVIII, n° 5. — Bourguignon, *Jurisp. des Cod. crim.*, tom. 3, L. I, ch. 1, art. XVII. —

minée par le gouvernement pour recevoir les déportés à leur sortie du continent. La déportation ne pouvait donc pas être exécutée, et dès lors la mort civile n'en résultait pas avant 1832. La détention au Mont–Saint-Michel, substituée arbitrairement par le gouvernement à la déportation (1), ne rendait pas mort civilement, car ce n'était pas un mode légal d'exécution de la condamnation, mais bien une peine mise à la place d'une autre peine (2).

A partir de la révision du Code pénal, il y eut au contraire, au lieu de l'arbitraire, un mode d'exécution de la déportation fixé par la loi ; seulement cette exécution au moyen de la détention perpétuelle ne fut regardée que comme une mesure provisoire destinée à cesser quand un lieu de déportation sera créé (3). La mort civile depuis cette époque prend donc naissance à l'instant où le condamné est conduit à la maison de détention

M. Dalloz, *Rép.*, *Droits civils*, sect. 3, art. 1, § 2, nᵒ 6. — M. A. Dalloz, *Dict. gén.*, *Déportation*, § 1, nᵒ 20. — M. Zachariæ, tom. 1, part. 1, sect. 5, nᵒ 1, § 163. — M. Marcadé, tom. 1, L. I, t. 1, art. xxvi, nᵒ 3. — M. Valette, *sur Proudhon*, tom. 1, ch. 10, sect. 2. — M. Demolombe, tom. 1, nᵒ 219. — M. Taulier, tom. 1, t. 1, ch. 2, sect. 2.

(1) Ordonnance du 2 avril 1817.

(2) Toulouse, 21 août 1820, Dal., P. 1821, 2, 29. — M. Valette, *sur Proudhon*, tom. 1, ch. 10, sect. 2. — M. Demolombe, tom. 1, nᵒ 219.

(3) Code pénal, art. 17.

où il doit être retenu, ce qui fut maintenu et reconnu par les Chambres trois ans plus tard (1). On objecte, il est vrai, que la détention, n'emportant pas par elle-même la mort civile, est une peine particulière substituée transitoirement à la déportation dont l'exécution ne serait pas possible même maintenant. Mais la détention est le mode légal d'exécution de la déportation comme l'emprisonnement est celui des travaux forcés pour les femmes(2), et il était si bien dans l'intention du législateur de ne pas voir en elle une peine nouvelle qu'il a modifié la fin de l'article du Code pénal de telle façon qu'il n'aurait aucun sens si on ne reconnaissait pas la possibilité de l'exécution de la déportation sans sortir de France. D'ailleurs on a rejeté un amendement remplaçant cet état de mort civile du déporté simplement détenu que son auteur ne voulait pas reconnaître, par celui d'interdiction légale, précisément à cause de l'intention formelle où l'on était alors de le regarder comme mort civilement (3).

(1) Loi du 9 septembre 1835, Code pénal, art. 17. — M. Dalloz, *Rép.*, *Droits civils*, sect. 3, art. ɪ, § 2, n° 6. — M. A. Dalloz, *Dict. gén.*, *Déportation*, § 1, n° 22. — M. Faustin Hélie, *Th. du Cod. pén.*, tom. 1, ch. 6. — M. Duranton, édit. de 1844, tom. 1, n° 223. — M. Marcadé, tom. 1, art. xxɪv, n° 2. — M. Valette, *sur Proudhon*, tom. 1, ch. 10, sect. 2. — M. Demolombe, tom. 1, n° 219. — M. Taulier, tom. 1, t. 1, ch. 2, sect. 2.

(2) Code pénal, art. 16.

(3) Amendement de M. Vatisménil.

292. L'exécution des arrêts des cours d'assises doit se faire dans les vingt-quatre heures après le délai accordé au condamné pour se pourvoir en cassation (1). Il n'y a pas d'appel possible en cette matière. Le seul recours dont le condamné puisse se servir est le pourvoi en cassation, par suite duquel il est sursis à l'exécution jusqu'à la réception de l'arrêt de rejet (2). Dans cet intervalle le condamné jouit de toute sa capacité civile, et s'il meurt alors il meurt dans l'intégrité de ses droits. Au conseil d'État on avait demandé de déclarer frauduleux tous les actes faits depuis le pourvoi, mais cette dérogation au droit commun fut rejetée (3).

293. Le jour de l'exécution est fixé par le procès-verbal que le greffier est obligé de dresser et de transcrire au pied de la minute de l'arrêt dans les vingt-quatre heures de l'exécution (4).

294. Pour les condamnations par contumace deux systèmes étaient en présence devant le conseil d'État. La mort civile devra-t-elle être encourue provisoirement au moment de l'exécution par effigie, sauf la résolution avec effet rétroactif lorsque le condamné se représentera dans les cinq

(1) Code d'instruction criminelle, art. 373 et 375.
(2) Code d'instruction criminelle, art. 373.
(3) Discours au conseil d'État, Tronchet et Boulay.
(4) Code d'instruction criminelle, art. 378.

ans? Ou devra-t-elle être suspendue jusqu'à l'expiration des cinq ans, pendant lequel temps le contumax sera seulement frappé d'interdiction? Les deux opinions s'appuyaient sur de graves considérations.

Pour la première, conforme au droit de l'ordonnance de 1670 et de la loi de brumaire an III, on se fondait sur ce que vouloir ne pas réputer mort civilement le condamné à une peine entraînant mort civile après l'exécution, c'était demander qu'un mort fût considéré comme vivant, et préférer celui contre qui s'élève une présomption de culpabilité, à celui qui jouit de la plénitude de la vie civile. C'était par pure humanité, disait-on, qu'on avait donné au contumax un délai pour prouver son innocence. D'ailleurs, le jugement par contumace, simple jugement par défaut, d'après les principes reçus, devait être exécuté et produire ses effets, à moins d'opposition formulée par le condamné (1).

Le système de la simple interdiction, moins logique peut-être, mais plus humain, se refusait à mettre sur la même ligne le condamné sans retour et celui qui peut revivre à la société. L'innocent, remarquait-on, a pu craindre les préventions et les

(1) Discours au conseil d'État, Tronchet et Cambacérès.

haines que le temps seul peut calmer, et être conduit ainsi à fuir le jugement. On faisait observer, en outre, les dangers de la mort civile résoluble. Elle laissait planer la plus grande incertitude sur la légitimité des enfants qui naissaient pendant les cinq ans. Elle dissolvait le mariage; mais ici on reculait, il est vrai, devant les conséquences du principe en voulant empêcher l'époux du contumax de se remarier dans les cinq ans, de sorte que de la représentation du condamné pouvait dépendre l'adultère du conjoint, s'il avait enfreint cette défense. Elle rendait enfin la propriété incertaine, surtout par rapport aux successions; soit pour celles qui, échéant au contumax et partagées sans lui, devaient subir un nouveau partage à sa représentation, soit pour la sienne propre, qui, distribuée entre ses héritiers au moment de l'exécution par effigie, pouvait devenir une source de procès après la représentation, si les héritiers, à ce moment, étaient autres que ceux appelés au premier partage (1).

295. Quoi qu'il en soit, le conseil d'État s'était prononcé en faveur de la mort civile immédiate et résoluble. Il dissolvait le mariage, empêchait

______

(1) Discours au conseil d'État, Portalis, Berlier, Réal, Boulay et Emery.—Observations officieuses du Tribunat. — Treilhard, *Exposé des motifs* du t. 1, L. I, du Code civil. — Gary, *Rapport au Corps législatif sur le* t. 1, L. I, du Code civil.

seulement l'époux de se remarier dans les cinq ans, et forçait, soit les héritiers du contumax, soit la partie civile à donner caution avant de se mettre en possession de ses biens. Mais, sur les observations officieuses du tribunat, on renonça à ce système pour adopter celui qui nous régit maintenant, par suite duquel le contumax est privé de l'exercice de ses droits civils pendant cinq ans, à partir de l'exécution par effigie, et n'encourt la mort civile qu'après l'expiration de ce délai sans représentation (1).

296. La procédure à la suite de laquelle on devient contumax est fort simple. Le président de la cour d'assises rend une ordonnance portant que l'accusé devra se représenter dans les dix jours (2), et celle-ci étant publiée et affichée (3), l'accusé se trouve constitué en état de contumace après l'expiration du délai, sans qu'il soit besoin d'une seconde ordonnance, comme sous le Code de brumaire, dont la disposition à cet égard a été supprimée par le Code d'instruction criminelle. Il est ensuite procédé au jugement par contumace (4).

(1) Code civil, art. 27.
(2) Code d'instruction criminelle, art. 465.
(3) Code d'instruction criminelle, art. 466.
(4) Code d'instruction criminelle, art. 467.

297. Durant la période qui s'écoule entre les dix jours postérieurs à l'ordonnance de comparution et l'exécution par effigie du jugement de condamnation, quel est l'état de l'accusé contumax ? Son refus de rendre compte de sa conduite à la justice du pays le place dans une situation défavorable. Aussi est-il suspendu dans l'exercice de ses droits politiques (1), ses biens sont-ils séquestrés, et en outre toute action en justice lui est-elle interdite comme demandeur, car il peut, d'après le droit naturel commun à tous les hommes, se défendre contre les actions judiciaires intentées contre lui (2).

298. Dès que le contumax a été jugé, et il ne peut l'être que par la cour sans assistance de jury (3), sans défense (4), sans même qu'on puisse plaider l'incompétence du tribunal, comme sous le Code de brumaire, il est procédé à l'exécution de l'arrêt par effigie, au moyen d'une affiche contenant extrait du jugement. Elle est placardée par l'exécuteur des jugements criminels, sur un poteau planté, d'après la loi de la Convention, au lieu où le jugement a été rendu, et, d'après le Code

(1) Code d'instruction criminelle, art. 465.

(2) Code du 3 brumaire an IV, L. II, t. 9, art. 464, 480 et 481. — Code d'instruction criminelle, art. 465. — Merlin, *Rép.*, *Contumace*, § 1, n° 4. — Carnot, *Inst. crim.*, tom. 1, art. 465. — M. Demolombe, tom. 1, n° 221.

(3) Code d'instruction criminelle, art. 470.

(4) Code d'instruction criminelle, art. 470.

d'instruction criminelle, au chef-lieu d'arrondissement du lieu où le crime a été commis (1).

299. L'exécution se prouve par le procès-verbal du greffier, dressé dans les vingt-quatre heures, avec transcription, au bas, de la minute du jugement (2). On doute encore si ce procès-verbal peut se remplacer par d'autres preuves, ou s'il est exigé à peine de nullité. Nous croyons la première opinion préférable, car il ne peut dépendre de la plus ou moins grande exactitude d'un greffier d'enlever toute preuve d'une conséquence de la peine aussi grave que la privation de la vie civile (3).

300. La position du contumax varie considérablement selon qu'il se trouve dans l'une ou l'autre des trois périodes nécessaires à distinguer pour connaître sa capacité. La première commence à l'exécution par effigie et finit après cinq ans ; la seconde prend naissance ensuite, et se termine après vingt ans, à partir de l'arrêt de condamnation ; la troisième enfin comprend tout le temps qui suit cette dernière époque.

301. Pendant les cinq premières années après l'exécution par effigie, le contumax conserve la

(1) Code d'instruction criminelle, art. 472.
(2) Code d'instruction criminelle, art. 378.
(3) Cass., 2 avril 1844, Dal., P. 1844, 1, 191. — La cour de Riom, arrêt du 28 novembre 1838, est d'un avis contraire.

jouissance de ses droits civils, parce qu'on a voulu éviter une incertitude aussi longue sur l'état de la femme et des enfants, et sur la propriété des biens échus ou à échoir (1). Mais quand la condamnation est telle qu'elle eût emporté la mort civile si elle eût été contradictoire, le contumax durant ces cinq années est privé de l'exercice des droits civils (2).

502. A partir de l'exécution par effigie, la position du contumax se trouve donc aggravée : au lieu d'être privé seulement de l'exercice de ses droits de citoyen et de la faculté d'ester en justice, car l'article 465 du Code d'instruction criminelle ne peut s'étendre à tous les droits civils (3), il devient incapable d'exercer les actes du droit civil. Ceux-ci n'auront plus dès lors d'efficacité que s'ils ont été passés par l'entremise du représentant dont la loi l'a pourvu. Le contumax recueillera en conséquence les successions qui s'ouvriront pour lui dans cet intervalle de cinq ans, mais il n'aura

(1) Code civil, art. 27. — M. Dalloz, *Rép.*, *Droits civils*, sect. 3, art. 1, § 2, n° 10. — M. A. Dalloz, *Dict. gén.*, *Mort civile*, § 2, n° 25. — M. Demolombe, tom. 1, n° 223.

(2) Code civil, art. 28.

(3) M. Demante, *Programme du Cours de Code civil*, tom. 1, L. 1, t. 1, ch. 2, sect. 2, § 1, n° 56.—M. Richelot, tom. 1, p. 161.—M. Demolombe, tom. 1, n° 224. — M. Duranton, tom. 1, n° 217, professe un avis contraire.

pas par lui-même la capacité nécessaire pour les accepter ou les répudier (1).

303. Ici on se demande si cette suspension de l'exercice des droits civils est générale, et comprend, outre les actes relatifs à l'administration et à l'aliénation des biens dans lesquels la régie peut le remplacer, ceux que le condamné seul peut exercer, comme le droit de tester et celui de se marier.

Dans l'opinion négative on se conforme plus aux idées générales par lesquelles le législateur a paru être dominé en modifiant l'ancien droit, et l'on met le contumax sur la même ligne que l'interdit légalement (2). Mais la décision contraire, bien que plus rigoureuse, nous paraît être, dans ce cas particulier, l'expression de la volonté législative, manifestée par les termes positifs du Code civil qui ne fait aucune distinction (3). Il ne faut pas se dissimuler toutefois qu'en empêchant le contumax de faire lui-même usage de l'exercice de ses droits civils pour ceux dans lesquels seul il peut agir, on le frappe indirectement d'une sorte de mort civile partielle.

Quant au mariage cependant, la loi n'ayant

(1) Delvincourt, tom. 1, L. I, t. 2, ch. 2, sect. 1, § 1.

(2) Code pénal, art. 29. — M. **Valette**, *sur Proudhon*, tom. 1, ch. 10, sect. 2.

(3) M. Demolombe, tom. 1, n° 224.

prononcé nulle part la nullité de l'union contractée dans les cinq ans par le contumax, l'empêchement n'est que simplement prohibitif (1).

304. Outre les mesures prises contre la personne physique et la capacité du condamné pour faire cesser la contumace, il en est d'autres qui concernent ses biens. Mis sous séquestre depuis l'expiration du délai accordé pour se représenter par l'ordonnance de comparution du président, leur gestion avait été confiée à l'administration des domaines.

Que deviennent-ils, à partir de l'exécution par effigie? D'après le Code de brumaire, ils restaient sous la garde du directeur des domaines ; mais le Code civil en donna l'administration aux héritiers présomptifs, appelés à les recueillir si la condamnation n'était pas purgée dans les cinq ans (2). Ceux-ci les régissaient comme biens d'absent. Ils étaient donc envoyés en possession provisoire des biens du condamné (3), les administraient, exerçaient tous les droits du contumax (4), et avaient droit

---

(1) M. Marcadé, tom. 1, art. xxviii, n° 2.

(2) Code civil, art. 28. — M. Valette, *sur Proudhon*, tom. 1, ch. 10, sect. 2. — M. Demolombe, tom. 1, n° 225.

(3) Code civil, art. 120. — M. Valette, *sur Proudhon*, tom. 1, ch. 10, sect. 2. — M. de Moly, *Traité des absents*, n° 783. — M. Demolombe, tom. 1, n° 225.

(4) Code civil, art. 125 et 134.

aux quatre cinquièmes des fruits échus jusqu'à l'expiration des cinq ans, pour peine de leurs soins et comme encouragement à bien administrer (1). Jusque-là, les fruits avaient été attribués en totalité à l'État par une sorte de confiscation (2).

305. Mais il se présentait alors cette singulière bizarrerie, que le contumax condamné à une peine emportant la mort civile était plus favorablement traité que celui dont la peine était temporaire (3). Ce dernier voyait en effet tous ses revenus passer entre les mains de l'État, tandis que le premier en recueillait une partie. Il en fut néanmoins ainsi jusqu'au Code d'instruction criminelle, par suite duquel disparut une semblable anomalie (4).

A partir de ce moment, les biens du contumax sont dans tous les cas régis, comme biens d'absent, il est vrai, par l'administration des domaines (5). Le directeur des domaines du domicile du condamné est donc chargé du séquestre, et à ce titre

---

(1) Code civil, art. 127. — M. Valette, *sur Proudhon*, tom. 1, ch. 10, sect. 2. — M. Demolombe, tom. 1, n° 225.

(2) Code du 3 brumaire an iv, L. II, t. 9, art. 475 et 482. — M. Valette, *sur Proudhon*, tom. 1, ch. 10, sect. 2. — M. Demolombe, tom. 1, n° 225.

(3) Code de brumaire an iv, L. II, t. 9, art. 475 et 478. — Code civil, art. 28.

(4) Code d'instruction criminelle, art. 471.

(5) M. Taulier, *Théorie raisonnée du Code civil*, tom. 1, t. 1, ch. 2, sect. 2.

il se trouve obligé de rendre compte de son administration à qui de droit (1).

306. Le séquestre doit-il durer tant que le délai pour purger la contumace n'est pas expiré, c'est-à-dire, pendant vingt ans ; ou cesse-t-il après les cinq ans de grâce accordés au contumax pour éviter la mort civile par sa comparution ? Les deux systèmes ont été soutenus.

Pour le premier, on se fondait sur le texte de l'article 471 du Code d'instruction criminelle qui, pris dans sa généralité, semblerait devoir lui donner gain de cause (2). S'il fallait admettre cette opinion, on serait tout au moins forcé de reconnaître en lui une grave dérogation au Code civil. Mais cette disposition postérieure, faite pour les condamnations par contumace en général, n'a pas eu certainement en vue celles qui produisent la mort civile. Pour celles-ci, par l'article 476 du Code d'instruction criminelle, il est renvoyé au Code civil lui-même, quand il s'agit de rechercher quels effets a produits la privation de la vie civile après la révocation pour l'avenir de la mort civile par la représentation du contumax. Si donc il est vrai que le séquestre doit avoir une durée de vingt ans à partir de l'arrêt de condamnation lorsque la peine

______

(1) Code d'instruction criminelle, art. 471.
(2) Delvincourt, tom. 1, L. I, t. 2, ch. 2, sect. 2, § 1.

n'est pas de nature à entraîner la perte des droits civils, il n'en est pas moins certain que si la peine est afflictive et perpétuelle, il doit prendre fin cinq ans après l'exécution par effigie. La mort civile en effet ouvre la succession du condamné. Que pourrait-on opposer aux héritiers réclamant les biens qui la composent et dont ils sont devenus propriétaires irrévocablement depuis ce moment? Il faudrait, avant d'admettre l'opinion contraire, reconnaître préalablement la rétroactivité de la cessation de la mort civile, et c'est un principe rejeté par le législateur (1).

307. L'administration des domaines aura donc à rendre compte soit au contumax lui-même, soit à ses héritiers ; au contumax lorsqu'il se représentera dans les cinq ans, car il deviendra dès lors simple accusé ; à ses héritiers lorsque le condamné mourra avant l'expiration des cinq ans, ou quand ce terme fatal à la suite duquel la mort civile prend naissance sera expiré (2).

(1) Code d'instruction criminelle, art. 471 et 476. — Legraverend, tom. 2, ch. 9, sect. 2. — Carnot, *Inst. crim.*, tom. 2, art. cccclxxi, n° 4. — M. Dalloz, *Répert.*, *Contumace*, sect. 1, n° 2. — M. A. Dalloz, *Dict. gén.*, *Contumace*, § 2, n° 40. — M. Duranton, tom. 1, n° 229. — M. Marcadé, tom. 1, art. xxviii, n° 3. — M. Valette, *sur Proudhon*, tom. 1, ch. 10, sect. 2. — M. Taulier, tom. 1, L. I, tit. 1, sect. 2. — M. de Moly, *Tr. des absents*, n° 783. — Proudhon, *Tr. des dr. d'us.*, tom. 4, n° 2002. — M. Demolombe, tom. 1, n° 230. — M. Coin Delisle, *Com. an. du Code civil*, art. xxx, n° 5.
(2) Code d'instruction criminelle, art. 471.

508. Mais la régie doit-elle compte des fruits échus pendant son administration? Ici encore les avis sont partagés. D'après le Code de brumaire, l'État prélevait tous les fruits, sauf à donner sur eux les secours jugés nécessaires à la famille du contumax (1). S'il en fut ainsi jusqu'au Code d'instruction criminelle pour les condamnés à des peines afflictives, mais temporaires, le Code civil en priva entièrement l'État lorsqu'il s'agissait de condamnations emportant mort civile (2). Cette discordance d'un autre côté disparut en 1810, et depuis cette époque tous les fruits, même ceux échus avant le jugement de condamnation (3), doivent être remis soit au contumax, soit à ses héritiers (4). Tout au plus pourrait-on permettre à l'administration d'en conserver les quatre cinquièmes, comme le font les envoyés en possession provisoire des biens d'un absent (5). Ce serait cependant maintenir une sorte de confiscation des revenus contraire à notre constitution et incompréhensible en cette matière où il s'agit seulement d'un séquestre à liquider (6).

(1) Code de brumaire an IV, art. 475.
(2) Code civil, art. 28.
(3) Merlin, *Rép.*, *Séquestre pour contumace*, est d'un autre avis.
(4) Code d'instruction criminelle, art. 471.
(5) M. Marcadé, tom. 1, art. XXVIII, n° 4.
(6) Merlin, *Rép.*, *Séquestre pour contumace.* — Carnot, *Inst.*

309. Toutefois pendant le séquestre il faut bien veiller à la conservation de la famille du contumax, dont il lui est impossible de prendre soin. Aussi des secours peuvent-ils être accordés à sa femme, à ses enfants, à son père ou à sa mère dans le besoin. Ces secours, réglés jusqu'au Code d'instruction criminelle par le Corps législatif (1), le sont depuis par l'autorité administrative, ce qui en rend la distribution plus facile et plus prompte (2).

310. Dans les cinq ans le condamné, par cela seul qu'il est contumax, est suspendu dans l'exercice de ses droits politiques. Il ne peut le recouvrer qu'en faisant cesser par sa représentation l'état de contumace (3).

311. La condamnation par contumace n'est jamais susceptible d'appel, puisqu'il n'y a de contumace qu'en matière de grand criminel, c'est-à-dire pour les crimes jugés par les cours d'assises dont les arrêts sont toujours souverains. Le condamné n'a pas même la ressource de se pourvoir

---

crim., tom. 3, art. ccccLXXI, n° 5. — Bourguignon, *Jurisp. des Cod. crim.*, tom. 2, art. ccccLXXI. — Delvincourt, tom. 1, L. I, t. 2, ch. 2, sect. 2, § 1. — M. Dalloz, *Rép.*, *Contumace*, sect. 1, n° 3. — M. A. Dalloz, *Dict. gén.*, *Contumace*, § 2, n°s 45 et 46. — M. Duranton, tom. 1, n° 229. — M. Valette, *sur Proudhon*, tom. 1, ch. 10, sect. 2. — M. Demolombe, tom. 1, n° 225.

(1) Code de brumaire, L. II, t. 9, art. 475.
(2) Code d'instruction criminelle, art. 475.
(3) Code d'instruction criminelle, art. 465.

en cassation, car cette faculté en cas de contumace n'a été accordée qu'au ministère public (1), et, depuis le Code d'instruction criminelle, à la partie civile en ce qui la regarde (2). Il n'est donc pour lui qu'un moyen de prévenir les effets de la contumace, c'est de se représenter davant la justice pour se faire juger contradictoirement.

312. Lorsque le condamné par contumace s'est représenté volontairement ou a été saisi et fait prisonnier dans les cinq années postérieures à l'exécution par effigie, l'arrêt de condamnation est anéanti de plein droit et le contumax redevenu simple accusé est rétabli dans l'exercice de ses droits civils (3). Ses biens lui sont rendus, et il doit recevoir le compte de l'administration du séquestre (4).

313. Du reste la représentation ne produit cet effet que si elle est suivie de la comparution du contumax en justice. Il n'est fait exception que pour le cas où sa mort vient arrêter la procédure et empêcher le jugement, et ceci est logique. Que veut le législateur? Obtenir un jugement contra-

---

(1) Code de brumaire an IV, L. II, t. 9, art. 473. — Code d'instruction criminelle, art. 473. — Cass., 23 avril 1846, Dal., P. 1846, 4, 51.

(2) Code d'instruction criminelle, art. 473.

(3) Code d'instruction criminelle, art. 476. — Code civil, art. 29.

(4) Code d'instruction criminelle, art. 476.

dictoire précédé d'une accusation libre et d'une défense complète. Si le contumax meurt après la représentation, mais avant la prononciation de la sentence, rien ne peut lui être reproché, car il a satisfait à la loi en se soumettant à la justice du pays. Au contraire, si l'accusé s'échappe de nouveau avant de se purger de la condamnation, sa représentation n'est pas sérieuse, et dès lors il ne peut en réclamer les bénéfices. Dans cette dernière situation il ne sera donc pas nécessaire de procéder à un nouveau jugement, et la représentation sera considérée comme non avenue (1).

314. Après la représentation dans les cinq ans, la mort civile, conséquence du nouvel arrêt, ne remonte pas comme autrefois au jour de l'exécution par effigie du jugement par contumace. Elle date seulement du moment de l'exécution réelle ou par effigie du jugement contradictoire (2).

En cas d'acquittement, d'ailleurs, le contumax n'est plus condamné pour peine de sa fuite à huit (3)

---

(1) Cass., 18 vendémiaire an xiv. — Legraverend, tom. 2, ch. 9, sect. 2. — M. Dalloz, *Rép.*, *Droits civils*, sect. 3, art. i, § 5, subd. 1, nos 7 et 8. — M. A. Dalloz, *Dict. gén.*, *Contumace*, § 3, no 64. — M. Marcadé, tom. 1, art. xxix, no 2.

(2) Code civil, art. 29.

(3) Code du 25 septembre 1791. — Carnot, *Inst. crim.*, tom. 2, ch. 2, no 5. — Legraverend, *Tr. de la législation criminelle*, tom. 2, ch. 9, sect. 2.

ou dix jours (1) d'emprisonnement, mais seulement au payement des frais (2).

315. La mort du contumax pendant ce même intervalle de cinq années depuis l'exécution par effigie anéantit également le jugement par contumace, même par rapport aux condamnations civiles. Les poursuites criminelles s'éteignant maintenant par la mort de l'accusé, la partie lésée peut seulement poursuivre les héritiers du contumax devant les tribunaux civils pour obtenir réparation du dommage causé par leur auteur (3).

Le Code civil se sert toutefois, quant à la capacité du défunt, d'une expression malheureuse, par réminiscence de l'ancien droit. Il dit en effet que le contumax mort dans les cinq ans est réputé mort dans l'intégrité de ses droits, ce qui pourrait faire supposer qu'il voit en cela une fiction, tandis qu'en réalité la mort civile n'a pas été encore encourue.

316. Mais la représentation ou la mort du con-

----

(1) Code du 3 brumaire an iv, L. II, t. 9, art. 79.

(2) Code d'instruction criminelle, art. 478.

(3) Code civil, art. 31. — Carnot, *Inst. crim.*, tom. 1, art. ir, n° 1. — Proudhon, *Cours de dr. fr.*, tom. 1, ch. 10, sect. 2. — Toullier, tom. 1, n° 278. — Delvincourt, tom. 1, L. I, t. 2, ch. 2, sect. 1, § 2. — M. Duranton, tom. 1, n° 235. — M. Zachariæ, tom. 1, part. 1, sect. 5, n° 1, § 163. — M. Marcadé, tom. 1, art. xxxi, n° 3. — M. Demolombe, tom. 1, n° 226. — M. Taulier, tom. 1, t. 1, ch. 2, sect. 2.

tumax dans les cinq ans effacent-elles l'incapacité pour le passé, même par rapport à l'exercice des droits civils ? En d'autres termes, les actes par lui faits lorsqu'il en était privé deviennent-ils valables ? Sur cette question il se présente trois solutions.

Ces actes, quels qu'ils soient, doivent conserver leur force, disent certains jurisconsultes. Le jugement, en effet, est anéanti en entier par la représentation ou la mort du contumax. Comment en reconnaître les conséquences ? Or la privation de l'exercice des droits civils dérive du jugement de condamnation, et non de l'ordonnance du président, qui n'enlève que les droits politiques et la faculté d'ester en justice, en constituant l'accusé en état de contumace (1).

D'autres veulent établir une distinction entre le cas de mort du contumax et celui de sa représentation. Dans le premier, en effet, il est réputé mort dans l'intégrité de ses droits d'après la loi elle-même (2). Qu'est-ce que cela peut signifier, dans un système où la jouissance des droits civils lui a été conservée, sinon que la seule privation possible, celle de l'exercice de ces mêmes droits,

______

(1) Toullier, tom. 1, n° 278. — Delvincourt, tom. 1, L. I, t. 2, ch. 2, sect. 1, § 2. — M. Valette, *sur Proudhon*, tom. 1, ch. 10, sect. 2. — M. Demolombe, tom. 1, n° 226. — M. Taulier, tom. 1, t. 1, ch. 2, sect. 2.

(2) Code civil, art. 31.

est censée n'avoir pas eu lieu. Lorsqu'il est question, au contraire, des effets de la représentation du contumax, le législateur ne se sert plus des mêmes expressions, et cela avec intention. Les motifs ici ne sont plus les mêmes. Le condamné, en effet, aura toujours dans ce cas la faculté de recommencer ces actes après avoir recouvré l'exercice des droits civils. Dans ce système on valide les actes quand le contumax meurt dans les cinq ans, et on les annulle lorsqu'il s'est représenté dans ce même laps de temps.

Enfin il est une troisième opinion plus rigoureuse, mais plus conforme à une véritable interprétation de la volonté législative, d'après laquelle tous les actes faits dans ce moment d'incapacité sont nuls et restent tels après la mort ou la représentation du contumax dans les cinq ans. L'interdiction légale n'est pas autre chose qu'une peine contre la rébellion de l'accusé. Si elle ne date pas de l'ordonnance du président qui subsiste après la mort ou la représentation du contumax, elle n'en a pas moins pour but de frapper celui qui s'est soustrait à la justice de son pays. Il en est ici comme de l'interdiction judiciaire dont la mainlevée ne peut rétroagir sur le passé. Comment validerait-on d'ailleurs des actes qui légalement n'ont pas d'existence? Quelle a donc été l'intention incontestable du législateur en modifiant l'ancien droit sur cette matière, pour remplacer la mort civile sous condition résolutoire par la privation pendant un temps déterminé de l'exercice des droits civils? N'est-ce pas d'éviter l'incertitude qui accompagnait autrefois l'existence de tous les actes du contumax pendant cinq ans? Or, on ne propose rien moins que de retomber dans le même inconvénient à un autre titre. La loi n'a pu le vouloir. On objectera peut-être encore le texte de l'article 31 du Code civil. Qu'on prenne garde de lui donner plus de portée qu'il n'en a ! Il a voulu dire seulement que la mort civile n'avait pas été encourue, et si dans sa rédaction il s'est glissé un mot qui paraît indiquer dans ce fait une fiction, c'est uniquement par suite d'un souvenir historique (1).

317. Tous les actes faits par le contumax privé de l'exercice de ses droits civils restent donc nuls. Nous n'en exceptons que le mariage, car la situation du condamné engendre seulement un empêchement prohibitif (2).

Quant à son testament, il faut l'annuler s'il a

____

(1) M. Duranton, tom. 1, n°s 230 et 235, et tom. 8, n° 176. — M. A. Dalloz, *Dict. gén.*, *Mort civile*, § 5, n° 110. — M. Marcadé, tom. 1, art. xxix, n° 1.

(2) M. Marcadé, tom. 1, art. xxviii, n° 2. — M. Demolombe, tom. 1, n° 227.

été fait depuis l'exécution par effigie et avant la représentation du contumax, sans rechercher s'il était capable de tester au moment de sa mort, car la capacité nécessaire lui manquait lors de sa confection (1). Au contraire, le testament antérieur à l'exécution de la condamnation par contumace serait valable, si le condamné était mort en état de capacité (2).

518. Cinq ans après l'exécution par effigie, le condamné encourt la mort civile, s'il ne s'est pas représenté (3); mais, comme il s'agit ici de prescription on ne comptera pas le jour même de l'exécution (4). La privation des droits civils n'est cependant pas irrévocable, et la représentation du contumax pourra y mettre fin, mais pour l'avenir seulement (5). Cette non-rétroactivité, est peut-être un des plus graves défauts du système adopté par le législateur sur les conséquences des condamnations par contumace.

519. On peut se demander néanmoins ce qu'il faudra faire lorsque le condamné aura disparu,

---

(1) M. Duranton, tom. 1, n° 230. — M. A. Dalloz, *Dict. gén.*, *Mort civile*, § 5, n°s 110 et 111.

(2) M. Duranton, tom. 1, n° 231.

(3) Code civil, art. 27.

(4) Code de procédure civile, art. 1033. — M. Marcadé, tom. 1, art. xxvii.

(5) Code civil, art. 30. — Code d'instruction criminelle, article 476.

16

sans laisser de trace, avant l'expiration des cinq années. Devra-t-on appeler à la succession les héritiers présomptifs au moment où la mort civile a été encourue, ou bien ceux qui l'étaient au moment des dernières nouvelles comme pour les absents?

Ici se trouve, dit-on, une disparition sans nouvelles suffisantes pour faire appliquer cette dernière disposition, bien que l'absence ait une cause connue (1). D'ailleurs quant aux successions étrangères à recueillir, la règle générale consiste toujours à mettre la preuve de son droit à la charge de celui qui y prétend (2).

Mais il faut remarquer que la disposition du Code civil sur le moment où commence la mort civile en matière de contumace est absolue. C'est à ceux qui la nient à prouver que le décès est venu y mettre obstacle. Autrement il serait bien difficile de prouver l'existence de la mort civile pour un contumax. Il ne s'agit au surplus nullement ici de biens qui puissent jamais appartenir à l'absent lui-même, car de deux choses l'une : ou il vit, et alors il est mort civilement, et par conséquent dépouillé de son patrimoine; ou il est mort et alors

______

(1) Code civil, art. 120. — M. de Moly, *Tr. des absents*, nos 788 et suivants.

(2) Code civil, art. 135 et 136.

sa succession est également ouverte. En résumé nous croyons préférable l'opinion qui défère les biens aux héritiers à l'époque de la naissance de la mort civile (1).

520. Lorsqu'il s'est écoulé sans représentation vingt ans depuis la condamnation, la mort civile devient irrévocable même pour l'avenir, car les condamnés ne peuvent plus purger la contumace. Bien qu'ayant évité par la prescription la peine corporelle, ils restent à jamais privés de la vie civile perdue pour eux cinq ans après l'exécution par effigie (2).

§ II. — Du moment où commence l'infamie.

521. Les peines afflictives et infamantes ou simplement infamantes entraînent privation des droits politiques et de quelques-uns des droits civils. Cette privation commence du jour où la condamnation est devenue irrévocable, si elle est contradictoire ; et du jour de l'exécution par effigie, si elle est par contumace (3). Telle est la disposition du Code pénal de 1832. Jusque-là on n'avait pour

(1) M. Demolombe, tom. 1, n° 234. — M. Richelot, tom. 1, p. 161, *note* 10.

(2) Code civil, art. 32. — Code d'instruction criminelle, articles 635 et 661.

(3) Code pénal, art. 28.

tout document sur la question qu'un avis du conseil d'État qui la faisait dater du jour de l'exécution (1).

En cas de contumace l'accusé est préalablement suspendu dans l'exercice de ses droits politiques, et il ne peut plus ester en justice (2). En outre, le séquestre de ses biens prend naissance dès l'expiration des dix jours accordés par l'ordonnance du président, pour ne cesser qu'à sa représentation, à sa mort si elle arrive avant la prescription de la peine, ou vingt ans après l'arrêt de condamnation (3).

§ III. — Du moment où commence l'interdiction à temps de certains droits civiques, civils et de famille.

322. L'interdiction en tout ou partie de certains droits civiques, civils ou de famille, peine accessoire et temporaire, commence également quand le jugement est devenu irrévocable après avoir été prononcé en dernier ressort ou même en premier ressort si le condamné a laissé passer le délai de l'appel.

Relativement à cette peine, il ne peut y avoir de

(1) Avis du conseil d'État du 8 janvier 1823. — M. Dalloz, *Rép.*, *Droits civils*, sect. 3, art. II, § 1, n° 5. — M. A. Dalloz, *Dict. gén.*, *Droits civils*, § 4, n° 98.

(2) Code d'instruction criminelle, art. 465.

(3) Code d'instruction criminelle, art. 465 et 471.

contumace, puisqu'elle n'existe qu'en matière criminelle proprement dite. Si donc l'accusé ne se présente pas, il est jugé par défaut, et après le délai accordé pour former opposition, il n'a plus aucun moyen, sauf l'appel si le cas y échet, de demander la rétractation du jugement (1).

(1) Carnot, *Inst. crim.*, tom. 2, L. II, t. 4, ch. 2, n° 1. — M. Faustin Hélie, *Th. du Code pénal*, tom. 1, ch. 6.

CHAPITRE III.

DES EFFETS DE L'ALTÉRATION DE LA CAPACITÉ DES CONDAMNÉS.

---

§ I. — De la mort civile

323. La mort civile est la privation la plus absolue des droits civils. Elle laisse cependant subsister ceux qui sont indispensables à la conservation de l'existence du condamné. Mais d'un autre côté, outre-passant son pouvoir, la loi a trop confondu les droits naturels avec ceux dont le droit civil est la source, et par suite elle en a méconnu parmi les premiers qu'elle ne pouvait détruire. Ainsi donc, quant aux droits naturels, on ne peut en refuser la jouissance et l'exercice au mort civilement à moins d'une disposition expresse de la loi; et au contraire, relativement aux droits civils, il faut les lui interdire tous en lui laissant seulement ceux à l'égard desquels le législateur a formulé une exception (1).

(1) Code civil, art. 25. — Toullier, tom. 1, nº 280. — Delvin-

524. Le Code civil, en effet, ne donne pas une énumération exacte de tous les droits dont la mort civile prive le condamné. Il était difficile d'ailleurs de ne pas en omettre (1). Aussi aurait-il mieux valu se contenter de l'énonciation du principe général tel que nous venons de le poser, si on n'avait pas voulu prévenir les doutes sur les points les plus controversés dans le conseil d'État. Si donc les droits de sûreté et de liberté, en tant qu'ils ne sont pas en opposition avec la peine elle-même, sont conservés au mort civilement ; si la loi punit les attentats commis contre sa personne ou ses biens absolument comme s'il n'avait subi aucune condamnation (2), toute participation en général aux droits civils et politiques lui est interdite. L'article du Code civil n'est nullement limitatif. Aussi refusons-nous au condamné, malgré le silence de la loi, le droit d'adopter, ce—

court, tom. 1, L. 1, t. 2, ch. 2, sect. 1. — Merlin, *Rép.*, *Mort civile*, § 1, art. ii, n° 1. — Proudhon, *Cours de dr. fr.*, tom. 1, ch. 10, sect. 1. — M. Dalloz, *Rép.*, *Droits civils*, sect. 3, art. i, § 4, n° 1. — M. A. Dalloz, *Dict. gén.*, *Mort civile*, § 4, n° 35. — M. Faustin Hélie, *Th. du Code pénal*, tom. 1, ch. 6. — M. Duranton, tom. 1, n° 243. — M. Zachariæ, tom. 1, part. 1, sect. 5, n° 1, § 164. — M. Marcadé, tom. 1, art. xxv, n° 1. — M. Valette, *sur Proudhon*, tom. 1, ch. 10, sect. 1. — M. Demolombe, tom. 1, n° 208. — M. Taulier, tom. 1, t. 1, ch. 2, sect. 2.

(1) Discussion au conseil d'État, Tronchet et Portalis.

(2) Toullier, tom. 1, n° 230. — Delvincourt, tom. 1, L. 1, t. 2, ch. 2, sect. 1, § 2. — M. Taulier, tom. 1, t. 1, ch. 2, sect. 2.

lui d'être expert ou arbitre, et la puissance paternelle sur ses enfants (1).

325. Il est utile, avant d'examiner plus à fond l'altération de la capacité du mort civilement, de remarquer que la mort civile, étant un état, suit partout le condamné. Il est de principe, en effet, que la capacité des personnes est toujours réglée par la loi de la nation à laquelle elles appartiennent (2). L'état n'est pas autre chose que la qualité par suite de laquelle on est capable ou incapable. C'est la capacité juridique des individus, et tout ce qui lui porte atteinte en entraîne la modification en quelque lieu que puisse se rendre la personne dont l'état est altéré.

526. Le mort civilement ne fait plus partie de la société. Retranché à jamais du nombre des citoyens, il perd tous les droits civiques qui consistent principalement dans le droit d'élection et d'éligibilité, dans le droit d'être apte à remplir des

(1) Merlin, *Rép.*, *Puissance paternelle*, sect. 6, § 7. — M. Dalloz, *Rép.*, *Droits civils*, sect. 3, art. I, § 4, no 1. — M. A. Dalloz, *Dict. gén.*, *Mort civile*, § 4, nos 35 et 60. — M. Duranton, tom. 3, no 367. — M. Demolombe, tom. 1, no 208. — M. Taulier, tom. 1 t. 1, ch. 2, sect. 2.

(2) D'Aguesseau, 57e plaidoyer. — Delvincourt, tom. 1, L. I, t. 2, ch. 2, sect. 1. — M. Dalloz, *Répert.*, *Droits civils*, sect. 3, art. I, § 4, no 3. — M. A. Dalloz, *Dict. gén.*, *Mort civile*, § 4, no 36. — M. Duranton, tom. 1, no 244. — M. Zachariæ, tom. 1, part. 1, sect. 5, no 1, § 162. — M. Marcadé, tom. 1, art. xxv, no 12. — M. Demolombe, tom. 1, no 198.

fonctions publiques, et dans celui de pouvoir être juré, notaire, arbitre, expert, témoin dans un acte notarié (1). Par rapport aux droits politiques l'exécution d'une peine perpétuelle fait donc disparaître toute capacité, à bien plus forte raison que celle d'une peine temporaire afflictive ou infamante (2).

327. Nous ne voyons nulle part que le mort civilement cesse de rester Français. Aucun texte ne le prive de sa nationalité. Au contraire, les intitulés des chapitres du Code civil où cette matière est traitée, prouvent qu'il n'encourt pas la perte de la qualité de Français. Concluons-en qu'il ne peut être astreint à donner la caution *judicatum solvi*, ainsi que le serait un étranger, lorsqu'il prend part à une action comme demandeur (3).

328. Les peines infamantes rendent incapable de faire partie de l'ordre de la Légion d'hon-

(1) Proudhon, *Cours de dr. fr.*, tom. 1, ch. 8, sect. 3. — M. A. Dalloz, *Dict. gén.*, *Mort civile*, § 4, n°s 35 et 61. — M. Demolombe, tom. 1, n° 208. — M. Taulier, tom. 1, t. 1, ch. 2, sect. 2.

(2) Constitution du 22 frimaire an VIII, art. 4. — Code pénal, art. 34 et 38. — Proudhon, *Cours de dr. fr.*, tom. 1, ch. 8, sect. 3. — M. Dalloz, *Rép.*, *Droits civils*, sect. 4, § 1, n° 4. — M. A. Dalloz, *Dict. gén.*, *Droits politiques*, § 2, n° 28. — M. Duranton, tom. 1, n°s 244 et 266. — M. Marcadé, tom. 1, art. XXV, n° 2. — M. Demolombe, tom. 1, n° 208. — M. Taulier, tom. 1, t. 1, ch. 2, sect. 2.

(3) Code civil, art. 16. — M. Demolombe, tom. 1, n° 209.

neur (1). Le mort civilement ne peut donc plus réclamer les priviléges qui sont l'apanage des membres de cet ordre.

329. La mort civile fait perdre au condamné la propriété de ses biens. Le droit de propriété, du droit naturel cependant, ne devrait pas être anéanti par la privation de la vie civile ; mais le Code civil a cru devoir maintenir à cet égard les anciens principes. Il a donc déclaré que le mort civilement ne conserverait pas les biens dont il était propriétaire avant la mort civile (2).

330. Dès lors sa succession s'ouvre, et ses héritiers légitimes y sont appelés.

Au moment de la confection du Code civil, la confiscation était encore en vigueur (3). Maintenue par le Code pénal (4), surtout pour les crimes contre la sûreté de l'État, avec ce tempérament cependant que l'État, chargé de payer les dettes du condamné jusqu'à concurrence de l'émolument, devait donner aux enfants la moitié de ce qu'ils auraient eu par leur réserve (5), la confiscation fut abolie par la Charte de 1814 (6). Cette prohi-

---

(1) Décret du 29 ventôse an XII, art. 6. — Ordonnance du 26 mars 1816, art. 57.
(2) Code civil, art. 25.
(3) Loi du 14 floréal an III.
(4) Code pénal de 1810, art. 37.
(5) Code pénal de 1810, art. 38.
(6) Charte de 1814, art. 66.

bition existe aussi dans la Charte de 1830. On y déclara même que la confiscation ne pourrait sous aucun prétexte être rétablie de nouveau (1).

331. Quand il n'y a pas de confiscation à l'époque où elle est reconnue par la loi, et dans tous les cas de mort civile depuis l'abolition de l'attribution à l'état des biens du condamné, les héritiers du mort civilement arrivent à la succession *ab intestat* au moment de la privation de la vie civile, et peuvent exercer les droits et actions auxquels sa mort naturelle donnerait ouverture (2).

332. Aucun doute ne s'élève lorsque la mort civile a pris naissance après une condamnation contradictoire. Mais faut-il décider de même quand elle est la conséquence d'une condamnation par contumace?

On dit, en effet, que sa succession doit rester en suspens jusqu'à ce que la mort civile soit devenue irrévocable, c'est-à-dire jusqu'à l'expiration de vingt années sans représentation à partir du jour de la date du jugement (3). Les partisans de ce système s'appuient sur l'équité jusqu'au Code d'instruction criminelle, parce qu'autrement la

(1) Charte de 1830, art. 57.
(2) Code civil, art. 25 et 718.
(3) Delvincourt, tom. 3, L. I, t. 2, ch. 2, sect. 1, § 2.

représentation du mort civilement après cinq ans, suivie d'un acquittement, ne lui rendrait pas ses biens. Ensuite ils se fondent sur l'article 471 de ce Code suivant lequel le compte du séquestre ne doit être rendu qu'après vingt ans. Malgré l'humanité d'une pareille opinion, on ne peut l'admettre en présence du texte positif du Code civil (1). Quant au Code d'instruction criminelle, il faut appliquer dans l'espèce l'article 476 spécial à la condamnation par contumace emportant mort civile, et non l'article 471 qui se réfère au cas où elle ne produit pas privation de la vie civile. Il serait fort invraisemblable d'ailleurs que le législateur, par une disposition sur la durée du séquestre, eût entendu bouleverser les principes reconnus dans le titre spécial dela matière au Code civil (2).

533. Le condamné peut-il retenir sur ses biens la portion nécessaire pour subvenir à son existence ? Sans doute il a capacité suffisante pour recevoir à titre de pension alimentaire pendant la mort civile ; mais nulle part nous ne voyons qu'il

(1) Code civil, art. 25.

(2) Cass., arrêt du 1er février 1842, Dalloz, P. 1842, 1, 81. — Toullier, tom. 1, n° 282. — M. Duranton, tom. 1, nos 229 et 237. — M. Marcadé, tom. 1, art. xxviii, n° 3. — M. Demolombe, tom. 1, n° 230. — M. Taulier, tom. 1, t. 1, ch. 2, sect. 2.

puisse prélever à ce titre quelque chose sur sa succession (1). Le principe général appliqué dans toute sa rigueur résout donc la question négativement.

334. Quant aux droits viagers, s'éteignant à la mort naturelle de celui qui en jouit, les dispositions de la loi, par rapport au mort civilement, ne sont pas fort conséquentes entre elles.

Assimilant la mort civile à la mort naturelle, le législateur fait ouvrir la substitution à la mort civile (2), et met fin à l'usufruit, à l'usage et à l'habitation (3). Par analogie, le droit de retour peut aussi s'exercer lors de la privation de la vie civile, car le donateur s'est préféré aux héritiers du donataire autres que ses enfants (4). Mais d'un autre côté, il est dit formellement que la rente viagère continue à subsister après la mort civile (5).

Les arrérages doivent donc être payés aux héritiers du condamné, et même au mort civilement,

(1) Delvincourt est d'une opinion contraire, tom. 1, L. I, t. 2, ch. 2, sect. 1, § 2.

(2) Code civil, art. 25 et 1053. — M. Dalloz, *Répert.*, *Droits civils*, sect. 3, art. i, § 4, n° 28. — M. A. Dalloz, *Dict. gén.*, *Mort civile*, § 4, n° 78. — M. Zachariæ, tom. 1, part. 1, sect. 5, n° 1, § 164 1°. — M. Demolombe, tom. 1, n° 210.

(3) Code civil, art. 617 et 625.

(4) M. Dalloz, *Répert.*, *Droits civils*, sect. 3, art. i, § 4, n° 32. — M. A. Dalloz, *Dict. gén.*, *Mort civile*, § 4, n° 82. — M. Demolombe, tom. 1, n° 210. — M. Duranton, tom. 8, n° 490, est opposé.

(5) Code civil, art. 1982.

si elle a été constituée à titre d'aliments, ce qui est cependant fort controversé (1).

On peut se demander pourquoi cette différence entre la rente viagère et l'usufruit. Le motif est difficile à trouver, si l'on ne fait pas attention qu'il s'agit dans un cas de la consolidation de la propriété, tandis que dans l'autre il est seulement question de l'exécution d'une obligation; d'ailleurs on prend en considération l'intention présumée des parties, car l'usufruit est le plus souvent constitué à titre gratuit, et la rente viagère à titre onéreux, et il est certain qu'en créant la rente viagère, on n'avait nullement en vue la mort civile du créancier (2).

335. Ainsi privé de tous droits sur les biens dont il était propriétaire au moment de l'exécution, le condamné est capable d'acquérir et de posséder dans l'avenir, car c'est là un droit naturel dont on ne peut le dépouiller, sans le condamner implicitement à la peine de mort.

Mais a-t-il la capacité nécessaire pour consoli-

(1) Merlin., *Rép.*, *Rente viagère*, nᵒˢ 14 et 15, *et Légataire*, § 2, nᵒˢ 9 et 11. — Toullier, tom. 1, nᵒ 287 — M. Dalloz, *Rép.*, *Droits civils*, sect. 3, art. 1, § 4, nᵒ 27. — M. A. Dalloz, *Dict. gén.*, *Mort civile*, § 4, nᵒ 46. — M. Valette, *sur Proudhon*, tom. 1, ch. 1, sect. 3.

(2) M. Valette, *sur Proudhon*, tom. 1, ch. 10, sect. 3. — M. Demolombe, tom. 1, nᵒ 211.

der sa possession au moyen de la prescription ? La décision de cette question doit résulter de celle qui est donnée sur le point de savoir si la prescription est du droit naturel ou du droit civil. Comme la première opinion nous semble plus exacte, nous ne croyons pas qu'on puisse lui refuser de se servir de ce mode d'acquisition de la propriété (1).

336. Le condamné existe comme homme. Il peut acquérir à titre onéreux, commercer, posséder, en un mot faire tous les actes du droit des gens, tels que les contrats de vente, d'échange, de louage (2). Nous ne voyons pas même pourquoi il lui serait défendu soit d'acheter ou de vendre par-devant notaire (3), soit de donner un mandat authentique, soit même d'hypothéquer ses biens (4),

(1) Delvincourt, tom. 1, L. I, t. 2, ch. 2, sect. 1, § 2. — M. Vareille, *Tr. de la prescription*, tom. 1, ch. 1, n° 23. — M. Zachariæ, tom. 1, part. 1, sect. 5, n° 1, § 164 4°. — M. Troplong, *Tr. de la prescription*, tom. 1, ch. 1, art. MMCCXIX, n° 36. — M. Demolombe, tom. 1, L. I, t. 1, ch. 2, § 208. — Tronchet n'était pas de cet avis lors de la discussion du Code civil au conseil d'État.

(2) Code civil, art. 33. — Cass., arrêt du 28 juin 1808, Dal., P. 1808, 1, 368. — Merlin, *Rép.*, *Mort civile*, § 1, art. II, n° 3. — Toullier, tom. 1, n° 281. — Delvincourt, tom. 1, L. I, t. 2, ch. 2, sect. 1, § 2. — Proudhon, *Cours de dr. fr.*, tom. 1, ch. 10, sect. 3. — M. Zachariæ, tom. 1, part. 1, sect. 5, n° 1, § 164 4°. — M. Marcadé, tom. 1, art. XXV, n°s 1 et 3. — M. Valette, *sur Proudhon*, tom. 1, ch. 10, sect. 3. — M. Demolombe, tom. 1, n° 208. — M. Taulier, tom. 1, t. 1, ch. 2, sect. 2.

(3) M. Demolombe, tom. 1, n° 208. — Sont opposés, M. Troplong, *Tr. de la vente*, tom. 1, n° 175, et M. Richelot, tom. 1, 169.

(4) M. Demolombe, tom. 1, n° 208. — M. Taulier, tom. 1, t. 1,

ou de faire transcrire son privilége de vendeur, actes presque indispensables pour pouvoir faire le commerce (1). Autrement on devrait logiquement lui enlever le droit de profiter de l'article par suite duquel les actes à titre onéreux sont annulés lorsqu'ils ne sont pas faits en deux originaux, car c'est là aussi une forme de droit civil (2).

557. Faut-il, par rapport à cette faculté de commercer, faire une distinction entre le criminel condamné à mort, et celui qui n'a été reconnu coupable que d'un crime puni des travaux forcés à perpétuité ou de la déportation? Les anciens auteurs le voulaient ainsi et refusaient toute capacité au premier. Une telle opinion avait pour effet de reconnaître deux sortes de mort civile, l'une plus rigoureuse que l'autre. Comme le législateur n'a manifesté nulle part une semblable intention, on est amené maintenant, sans aucune distinction de peine, à reconnaître au mort civilement la capacité nécessaire pour contracter dont jouissent tous les individus d'après le droit na-

ch. 2, sect. 2. — Sont opposés, M. Troplong, *Tr. des hypothèques,* tom. 1, n° 453, et M. Richelot, tom. 1, p. 166 et 168.

(1) Merlin, *Rép., Mort civile,* § 1, art. ii, n° 5. — M. Marcadé, tom. 1, art. xxv, n° 3. — M. Valette, *sur Proudhon,* tom. 1, ch. 10, sect. 3. — M. Demolombe, tom. 1, n° 208.

(2) Code civil, art. 1325.

turel.

338. Mais la mort civile rend incapable de disposer ou de recevoir par donation entre-vifs. Ce principe est formellement consacré par la loi, bien que la donation de sa nature soit du droit des gens. Il est fait exception cependant pour les donations à titre d'aliments, que le mort civilement peut recevoir pour soutenir son existence (1).

339. Le législateur, par suite des formalités substantielles auxquelles elle a été astreinte, a considéré la donation entre-vifs comme un acte du droit civil. Il ne nous paraît pas exact de croire que la forme d'un acte puisse en modifier la nature; aussi dans le silence du Code nous aurions décidé le contraire. Quoi qu'il en soit, puisque telle a été la pensée de la loi, il en résulte clairement qu'il faut valider les donations manuelles exemptes de toute formalité, et restées dans le domaine du droit des gens (2). D'ailleurs une solution différente, outre qu'elle blesserait les principes, aurait encore l'inconvénient de man-

(1) Code civil, art. 25.
(2) Toullier, tom. 1, n° 282. — M. Dalloz, *Rép.*, *Droits civils* sect. 3, art. 1, § 4, n° 11. — M. A. Dalloz, *Dict. gén.*, *Mort civile*, § 4, n° 56. — M. Duranton, tom. 1, n° 263. — M. Zachariæ, tom. 1, part. 1, sect. 5, n° 1, § 164 3°. — M. Richelot, tom. 1, p. 171. — M. Taulier, tom. 1, t. 1, ch. 2, sect. 2. — Sont opposés, Delvincourt, tom. 1, L. I, t. 2, ch. 2, sect. 1, § 2; M. Valette, *sur Proudhon*, tom. 1, ch. 10, sect. 2, et M. Demolombe, tom. 1, n° 203.

quer de sanction, tant elle serait facilement éludée, inconvénient, du reste, qui se rencontre également pour ces donations dans tous les cas d'incapacité.

340. Le mort civilement peut aussi faire remise d'une dette à son débiteur, ou la recevoir de son créancier (1). La remise de la dette n'est pas autre chose, en effet, qu'un mode d'extinction des obligations rentrant dans le droit naturel comme toute la matière des contrats.

341. S'il est vrai toutefois que le mort civilement puisse encore recevoir par donation entre-vifs à titre d'aliments, la réciprocité n'existe pas. La loi parle uniquement de la capacité de recevoir. Elle a proclamé l'incapacité de donner sans aucune dictinction (2), et d'ailleurs les motifs par suite desquels l'exception a été admise ne se présentent pas ici. On comprend donc que le Code civil ait cru devoir garder le silence sur ce point (3).

(1) Code civil, art. 1682. — M. Dalloz, *Rép.*, *Droits civils*, sect. 3, art. 1, § 4, n° 12. — M. A. Dalloz, *Dict. gén.*, *Mort civile*, § 4, n° 57. — M. Duranton, tom. 1, n° 263. — M. Zachariæ, tom. 1, part. 1, sect. 5, n° 1, § 164 3°. — M. Richelot, tom. 1, p. 171. — M. Valette, *sur Proudhon*, tom. 1, ch. 10, sect. 2. — M. Demolombe, tom. 1, n° 203.

(2) Code civil, art. 25.

(3) M. Coin-Delisle, *Com. anal. du Cod. civ.*, L. I, t. 1, ch. 2, sect. 2, art. xxv, n° 28. — M. Demolombe, tom. 1, n° 204. — M. Du-

342. Tels sont les effets de la mort civile relativement à la capacité du condamné par rapport aux contrats postérieurs à l'exécution de la condamnation. A l'égard de ceux passés avant la privation de la vie civile, cessant d'être obligatoires pour le mort civilement, ils le deviennent pour ses héritiers comme à la mort naturelle du contractant. Il en est deux toutefois dont l'extinction coïncide avec la mort civile de l'un des contractants, ce sont les contrats de société (1) et de mandat (2). Le mort civilement peut seulement former légalement une société nouvelle, et accepter ou donner un nouveau mandat, après la dissolution de la société et du mandat précédemment formés.

343. La mort civile rend nul le testament du condamné. Laisse-t-elle cependant subsister les donations antérieures de biens à venir? Cette question n'est pas unanimement résolue.

Il faut, disent quelques jurisconsultes, capacité de transmettre au moment de la transmission; or la transmission n'a lieu qu'à la mort du donateur, c'est-à-dire postérieurement à la mort civile (3).

ranton fait exception lorsqu'il s'agit d'aliments donnés à ses descendants, ascendants, frères ou sœurs, tom. 1, n° 262.

(1) Code civil, art. 1805.
(2) Code civil, art. 2003.
(3) M. Demante, Thémis, tom. 7, p. 476 et 485.

D'un autre côté, répond-on, il n'est pas exact de dire que la transmission s'opère uniquement à la mort du donateur. Ne lui est-il pas impossible de disposer à titre gratuit ? Le donataire a donc par suite de l'institution contractuelle un droit acquis au moment même de la donation ; et si la survie lui est indispensable pour recueillir les biens, nul ne peut néanmoins lui enlever ce droit acquis, lequel est plus qu'une simple espérance. D'ailleurs si on n'avait pas pris en considération l'indignité du mort civilement, son testament antérieur à la mort civile aurait dû produire tous ses effets. La loi ne le veut pas sans doute, mais elle garde le silence sur la donation de biens à venir, car l'indignité du donateur ne doit pas, en le dépouillant de ses droits, nuire au donataire innocent (1).

344. Parmi les droits de famille, les plus importants sont ceux dont le mariage est la source. La mort civile entraîne encore sous ce rapport d'injustes conséquences.

345. Lors de la discussion au conseil d'État, il fallait choisir entre deux systèmes. L'un, plus

______

(1) Code civil, art. 1803. — Delvincourt, tom. 1, L. I, t. 2, ch. 2, sect. 1, § 2. — M. Dalloz, *Rép., Droits civils*, sect. 3, art. 1, § 4, n° 7. — M. A. Dalloz, *Dict. gén., Mort civile*, § 4, n° 49. — M. Zachariæ, tom. 1, part. 1, sect. 5, n° 1, § 164 1°. — M. Duranton, tom. 1, n° 249. — M. Marcadé, tom. 1; art. xxv, n° 11. — M. Valette, sur Proudhon, tom. 1, ch. 10, sect. 2. — M. Demolombe, tom. 1, n° 201.

logique, voulait que la mort civile mît fin au mariage du condamné; l'autre, plus moral, lui refusait au contraire cet effet.

Cette dernière opinion, reproduite de l'ancien droit, était vivement appuyée par ses partisans. La loi, disaient-ils, ne pouvait détruire le contrat naturel de mariage sans le consentement des deux époux. Était-il possible de voir une concubine dans la femme qui ne croyait pas, par principe de conscience, devoir abandonner son mari? La mort civile devait autoriser seulement le divorce. Dans l'intérêt des mœurs il fallait, disait-on, accorder les honneurs de la légitimité aux enfants du condamné, nés et conçus après la perte de la vie civile, en leur refusant le droit de lui succéder, sauf peut-être aux biens acquis par lui postérieurement à la mort civile. Le système contraire par pure rigidité punissait le conjoint innocent, et rompant un contrat synallagmatique qu'aucune des parties ne voulait résilier, faisait de la femme une concubine et des enfants qui pourraient naître des bâtards inhabiles à succéder (1).

Dans l'autre opinion on observait que la loi ne s'occupait ni du contrat naturel du mariage ni du

____

(1) Disc. au cons. d'Ét., Napoléon, le ministre de la justice, Malleville, Regnier, Bigot-Préameneu et Crétet. — Observ. offic. du trib.

sacrement, mais du contrat civil et des effets qui en devaient découler. Or, le contrat civil ne peut subsister après la mort civile. Quant à la femme, elle est libre de suivre son mari, sans que la loi ait à s'occuper de la nature de son union. Toute autre théorie était inconséquente, ajoutait-on. Comment pouvait-on vouloir laisser le mort civilement chef de la communauté? Comment aurait-il pu autoriser sa femme à ester en justice, quand lui-même était incapable de se présenter devant les tribunaux? Les enfants nés de l'union naturelle sont illégitimes, sans doute, mais il serait contradictoire de leur donner la légitimité en les privant de la succession (1).

En présence de ces deux opinions le conseil d'État se décida en faveur de la dissolution du mariage, et malgré la répulsion du tribunat pour cette disposition, il persista dans ce système.

346. Le mariage est donc dissous par la mort civile dans ses effets civils (2), expression dont le Code s'est servi pour montrer qu'on faisait abstraction de toute idée religieuse et que tous les cultes étaient respectés. Le conjoint peut se remarier.

(1) Disc. au cons. d'Ét., Tronchet, Portalis, Boulay et Rœderer. — Treilhard, *Exposé des motifs* du tit. 1, L. 1 du Code civil. — Gary, *Rapport* du tit. 1, L. I du Code civil, *au Corps législatif.*
(2) Code civil, art. 25.

Si on ne l'a pas dit, c'est pour ne pas laisser croire aux personnes timorées que la loi rompait le lien religieux (1). Les enfants nés des anciens époux, lorsque leur conception est postérieure à la mort civile, sont illégitimes (2). Ils peuvent seulement réclamer le bénéfice de la légitimité dans le droit canonique.

L'abolition du divorce en 1816 en donnant plus de part aux idées religieuses par rapport à l'indissolubilité du mariage pendant la vie naturelle des époux, n'a pourtant pas, même implicitement, abrogé le Code civil relativement à la dissolution du mariage par la mort civile (3).

347. A l'instant où la privation de la vie civile est encourue, le mariage prend fin, de sorte qu'on cesse légalement d'être père, époux, fils et parent, quoique les liens naturels et les devoirs de

______

(1) Disc. au cons. d'Ét., Tronchet et Regnier. — Merlin, *Rép.*, *Mariage*, sect. 2, § 2, n° 3. — Proudhon, *Cours de dr. fr.*, tom. 1, ch. 10, sect. 3, et *Tr. des dr. d'us.*, tom. 4, ch. 42, sect. 2, n° 2020. — M. Dalloz, *Rép.*, *Droits civils*, sect. 3, art. I, § 4, n° 23. — M. A. Dalloz, *Dict. gén.*, *Mort civile*, § 4, n° 71. — M. Démolombe, tom. 1, n° 206. — M. Taulier, tom. 1, t. 1, ch. 2, sect. 2. — Toullier, tom. 1, n° 285, est d'un avis contraire.

(2) Delvincourt, tom. 1, L. I, t. 2, ch. 2, sect. 1, § 2. — M. Dalloz, *Rép.*, *Droits civils*, sect. 3, art. I, § 4, n° 25. — M. A. Dalloz, *Dict. gén.*, *Mort civile*, § 4, n° 75. — M. Duranton, tom. 1, n° 251. — M. Zachariæ, tom. 1, part. 1, sect. 5, n° 1, § 164 7°. — M. Taulier, tom. 1, t. 1, ch. 2, sect. 2.

(3) Loi du 8 mai 1816. — M. A. Dalloz, *Dict. gén.*, *Mort civile*, § 4, n° 74. — M. Demolombe, tom. 1, n° 206.

parenté ou d'alliance ne puissent être détruits.

Le mariage est-il également dissous en cas de condamnation par contumace ? L'article 227 du Code civil au titre du Mariage n'a-t-il pas apporté dérogation à l'article 25 du titre de la Jouissance des droits civils ? D'après lui, en effet, le mariage serait dissous par la condamnation devenue définitive de l'un des époux à une peine emportant mort civile (1). En s'en tenant à la lettre de cet article, la dissolution du mariage, par suite d'une condamnation par contumace, n'existerait qu'après vingt ans (2). D'un autre côté, pour être conséquent, il faudrait dire que si la condamnation est contradictoire, elle s'opérera, non au moment où commence la mort civile, c'est-à-dire lors de l'exécution, mais trois jours après l'arrêt, délai passé lequel la condamnation est définitive quand il n'y a pas pourvoi en cassation. En un mot, le mariage serait dissous pour le contumax quinze ans après, et pour le condamné contradictoirement quelques jours avant la privation de la vie civile. Est-ce là le résultat demandé par les rédacteurs du Code civil ? Ils ont songé seulement

(1) Code civil, art. 227.

(2) Angers, Arrêt du 21 août 1840, Dal., P., 1840, 2, 243.—Delvincourt, tom. 1, L. I, t. 2, ch. 2, sect. 1, § 2.—M. Vareille, *Tr. du mariage*, tom. 2. — M. Duranton, tom. 1, n° 253. — M. Taulier, tom. 1, t. 1, ch. 2, sect. 2.

à faire souvenir du délai accordé au contumax pour se représenter avant d'encourir la perte des droits civils. Il faut donc simplement changer leur rédaction nécessairement vicieuse, et dire que le mariage est dissous par la condamnation exécutée lorsqu'elle a produit la mort civile (1).

348. Le mariage cessant d'exister, la communauté prend fin sur-le-champ. On opérera donc sa liquidation comme si l'un des époux était mort naturellement. La puissance maritale s'évanouit aussi, et l'épouse et les héritiers peuvent exercer respectivement les droits et les actions auxquels la mort du condamné donnerait ouverture (2).

Le conjoint, en conséquence, réclamera à bon droit les gains de survie stipulés dans les conventions matrimoniales (3). Il n'en était pas ainsi autrefois. Au conseil d'État on avait combattu cette innovation parce que la condition d'où dépendent

______

(1) Douai, arrêt du 3 août 1819, Dal., A. 6, 524. — Cass., 1er février 1842, Dal., P., 1842, 1, 81. — Rennes, arrêt du 11 mai 1847, Dal., P., 1847, 2, 113. — Merlin, *Rép.*, *Mariage*, sect. 2, § 2, n° 3. — M. Dalloz, *Rép.*, *Droits civils*, sect. 3, art. 1, § 4, n° 23. — M. Marcadé, tom. 1, art. xxv, n° 5. — M. Valette, *sur Proudhon*, tom. 1, ch. 22, sect. 10. — M. Demolombe, tom. 1, n° 231. — M. A. Dalloz, *Dict. gén.*, *Mort civile*, § 3, n° 35. — M. Zachariæ, tom. 3, p. 347. — MM. Rodière et Pont, *Du contrat de mariage*, tom. 1, n° 756.

(2) Code civil, art. 25.

(3) Code civil, art. 25. — Merlin, *Rép.*, *Mort civile*, § 1, art. III, n° 10. — Toullier, tom. 1, n° 286. — M. Dalloz, *Rép.*, *Droits civils*, sect. 3, art. 1, § 4, n° 26. — M. A. Dalloz, *Dict. gén.*, *Mort civile*, § 4, n° 76. — M. Demolombe, tom. 1, n° 210.

les gains de survie, dus seulement à la mort naturelle, n'est pas accomplie. On ne voulait pas permettre à la loi d'ajouter, au détriment d'une des parties, aux droits que l'autre tient d'une convention (1). Mais tout en reconnaissant qu'elle n'était qu'une simple créancière, on a jugé utile, puisque la succession s'ouvre, d'en faire profiter la femme pour ne pas favoriser les héritiers à ses dépens. La loi d'ailleurs doit faire ce qu'eussent fait les parties si elles avaient pu prévoir la mort civile du conjoint (2).

349. Non-seulement le mariage du mort civilement est rompu, mais il ne lui est pas permis par la loi civile de contracter une nouvelle union (3).

On s'était élevé, dans le conseil d'État, contre cette conséquence des principes sur la mort civile, en disant que le mariage est un acte du droit naturel dont on ne peut dépouiller le condamné (4). Mais on réfuta l'argument en faisant remarquer qu'il s'agissait seulement du contrat civil et de ses effets. Il était, du reste, complétement impossible de reconnaître des conventions matrimoniales pour le mort civilement. Quelle protection d'ailleurs

(1) Disc. au cons. d'Ét., Tronchet et Regnier.
(2) Disc. au cons. d'Ét., Berlier, Réal, Duchâtel et Bigot-Préameneu. — M. Demolombe, tom. 1, n° 210.
(3) Code civil, art. 25.
(4) Disc. au cons. d'Ét., le ministre de la justice.

devait-on à l'individu qui ne craint pas de s'unir avec une personne flétrie par une condamnation judiciaire (1)? Les enfants nés de cette union ne jouissent donc pas des droits de la légitimité. On les traite au contraire comme des enfants naturels (2).

350. Toutefois il faut se demander si la bonne foi du conjoint ne ferait pas produire des effets civils au mariage du mort civilement. Cette question ainsi posée ne présente aucune difficulté. Aussi les jurisconsultes maintiennent généralement les effets civils d'une telle union par rapport au conjoint du mort civilement et aux enfants issus du mariage putatif (3). Un seul point peut arrêter quelques instants, car il est évident, quoi qu'en ait dit un auteur (4), que la bonne foi est possible en cette matière, puisque l'exécution, simple

(1) Disc. au cons. d'Ét., Portalis et Boulay.

(2) Toullier, tom. 1, n° 284. — M. Duranton, tom. 1, n° 256. — M. Zachariæ, tom. 1, part. 1, sect. 5, n° 1, § 164 7°. — M. Taulier, tom. 1, t. 1, ch. 2, sect. 2.

(3) Toullier, tom. 1, n° 284. — Delvincourt, tom. 1, L. I, t. 2, ch. 2, sect. 1, § 2. — M. Dalloz, *Rép., Droits civils*, sect. 3, art. I, § 4, n° 21.—M. A. Dalloz, *Dict. gén., Mort civile*, § 4, n°s 68 et 69.— M. Duranton, tom. 1, n° 257. — M. Marcadé, tom. 1, art. xxv, n° 7. — M. Richelot, tom. 1, p. 173. — M. Coin-Delisle, *Com. anal. du Cod. civ.*, L. I, t. 1, ch. 2, sect. 2, art. xxv, n° 37. — M. Demolombe, tom. 1, n° 207. — M. Taulier, tom. 1, t. 1, ch. 2, sect. 2.

(4) Merlin, *Rép., Empêchement*, § 5, et *Questions de droit, Légitimité*, sect. 1, § 1.

fait, a pu n'être pas connue : c'est quand il s'agit de rechercher jusqu'où s'étendent ces effets civils. S'il est certain que les enfants sont légitimes et aptes à succéder au conjoint de bonne foi et à ses parents (1), trois opinions sont en présence lorsqu'il faut décider s'ils succéderont également au mort civilement et à ses parents. On soutient donc qu'il en est incapable entièrement ; ou, à l'opposé, que sa capacité est entière ; ou enfin par un moyen terme, selon l'ancienne jurisprudence, qu'il succédera aux parents du mort civilement et non à ce dernier. Il n'est question d'ailleurs, quant à la succession du condamné, que des biens acquis postérieurement à la mort civile, tous les autres ayant déjà été distribués à ses héritiers au moment de l'exécution par effigie.

Dans la seconde opinion on pose en principe l'indivisibilité de la légitimité. L'enfant légitime à l'égard de l'époux de bonne foi, doit donc l'être aussi à l'égard du mort civilement. En outre, dit-

____

(1) Toullier, tom. 1, nº 284. — Delvincourt, tom. 1, L. 1, t. 2, ch. 2, sect. 1, § 2. — M. Dalloz, *Rép.*, *Droits civils*, sect. 3, art. 1, § 4, nᵒˢ 22 et 23. — M. A. Dalloz, *Dict. gén.*, *Mort civile*, § 4, nᵒˢ 68 et 69. — M. Duranton, tom. 1, nᵒˢ 258 et 259. — M. Marcadé, tom. 1, art. 25, nº 8. — M. Richelot, tom. 1, p. 173. — M. Coin-Delisle, *Comm. anal. du Cod. civ.*, L. I, t. 1, ch. 2, sect. 2, art. xxv, nº 37. — M. Demolombe, tom. 1, nº 207. — M. Taulier, tom. 1, t. 1, ch. 2, sect. 2.—Merlin, *Rép.*, *Mort civile*, § 1, art. iii, et *Quest. de droit*, *Légitimité*, sect. 1, § 1, est opposé.

on, le droit de succéder à son père et à sa mère, est un droit dérivant des effets civils du mariage, et il paraît étrange de vouloir le scinder (1).

A l'inverse on s'appuie sur l'incapacité de transmettre du mort civilement et son isolement absolu de toute famille. Les enfants ne manquent pas certainement de la capacité indispensable pour recueillir la succession, mais le condamné n'a pas celle nécessaire pour transmettre son patrimoine. Sur cette première partie de la question la solution est donc certaine. Quant aux successions de la famille du condamné, comme le lien de parenté est brisé, l'enfant ne peut pas se rattacher à la famille du mort civilement, et dès lors on lui refuse tout droit à une portion quelconque de ses biens (2).

Enfin le troisième système donne toute étendue à la fiction par suite de laquelle le mariage nul est censé valable. Il considère l'enfant comme capable de recevoir toutes les successions qu'il aurait recueillies si véritablement l'union avait été légalement contractée. Si donc les ascendants ou

____

(1) Delvincourt, tom. 1, L. I, t. 2, ch. 2, sect. 1, § 2. — M. Dalloz, *Rép.*, *Droits civils*, sect. 3, art. 1, § 4, n° 23. — M. A. Dalloz, *Dict. gén.*, *Mort civile*, § 4, n° 70. — M. Richelot, tom. 1, p. 173.

(2) Merlin, *Questions de droit, Légitimité*, § 5. — M. Coin-Delisle, *Comm. anal. du Cod. civ.*, L. I, t. 1, ch. 2, sect. 2, art. xxv, n° 37. — M. Demolombe, tom. 1, n° 207.

collatéraux de l'une et l'autre branche ont toute capacité de transmettre, les successions entre eux et l'enfant né du mariage putatif se trouveront régies par les règles ordinaires. En deux mots, dans cette opinion, plus conforme aux principes selon nous, l'enfant succédera aux parents du mort civilement, mais non au mort civilement lui-même dont l'État recueille les biens (1).

351. Le contrat d'adoption est entièrement du droit civil. Il établit civilement des rapports de famille entre deux personnes étrangères l'une à l'autre par les liens du sang. Le mort civilement privé de toute famille civile, même parmi ses parents naturels, ne peut certainement pas s'en créer une nouvelle. Il manque par conséquent de la capacité nécessaire pour adopter ou être adopté (2).

352. La puissance paternelle par suite de laquelle on a droit à l'usufruit des biens des enfants, autres que ceux acquis par leur propre industrie, rend nécessaire pour leur mariage le consentement du père et de la mère sans que rien

(1) Code civil, art. 25 et 33. — Cass., arrêt du 15 janvier 1816. — Gary, *Rapport au Corps législatif* du tit. 1, L. 1, du Code civil. — Toullier, tom. 1, n° 284. — M. Duranton, tom. 1, n°s 258 et 259.— M. Marcadé, tom. 1, art. xxv, n° 10.— M. Taulier, tom. 1, t. 1, ch. 2, sect. 2.

(2) M. A. Dalloz, *Dict. gén.*, *Mort civile*, § 4, n° 35. — M. Demolombe, tom. 1, n° 208.

puisse le suppléer dans certains cas. C'est encore un présent de la loi civile dont est dépouillé le mort civilement (1). Il ne peut donc plus émanciper son enfant mineur (2), car ce droit découle également de la puissance paternelle.

353. La mort civile met-elle obstacle à une demande d'aliments formée par le condamné contre ses parents ? Sans doute la famille civile est rompue pour lui. Il n'a donc plus à se prévaloir des droits qui en sont une conséquence. Mais la faculté de demander des aliments, et l'obligation d'en fournir nous semblent dériver du droit naturel. Sanctionnées simplement par la loi civile, elles ne peuvent en aucun cas être détruites par elle sans violer les principes les plus élémentaires de l'humanité. Le mort civilement dans le besoin, s'il n'a aucun moyen de subvenir à son existence, pourra donc, puisque aucun texte ne le lui défend, réclamer efficacement des aliments (3).

(1) M. A. Dalloz, *Dict. gén.*, *Mort civile*, § 4, n⁰ˢ 35 et 60. — M. Demolombe, tom. 1, n° 208. — M. Taulier, tom. 1, t. 1, ch. 2, sect. 2.

(2) M. Marcadé, tom. 1, art. xxv, n° 2. — M. Demolombe, tom. 1, n° 208.

(3) Cour de Paris, arrêt du 18 avril 1808. — Merlin, *Rép.*, *Légataire*, § 2, n⁰ˢ 9 et 11. — Delvincourt, tom. 1, L. I, t. 2, ch. 2, sect. 1, § 2. — M. A. Dalloz, *Dict. gén.*, *Mort civile*, § 4, n° 58. — M. Duranton, tom. 1, n° 255. — M. Marcadé, tom. 1, art. xxv, n° 3. — M. Demolombe, tom. 1, n° 204. — M. Taulier, tom. 1, t. 1, ch. 2, sect. 2.

354. La perte de la vie civile rend incapable de remplir les fonctions de tuteur ou de concourir aux opérations de la tutelle (1). A cette prescription de la loi, il faut ajouter que le mort civilement est également privé de la capacité indispensable pour être subrogé tuteur, curateur, conseil judiciaire, ou membre d'un conseil de famille, même pour ses propres enfants (2).

S'il était lui-même mineur il n'aurait ni tuteur, ni conseil de famille, puisque ce sont des protections réservées par la loi pour les personnes dont les droits civils sont intacts (3).

355. Au moment où commence la mort civile, le condamné peut avoir un testament. Sa succession étant déférée à ses héritiers légitimes, les légataires devraient recueillir les legs contenus dans l'acte de dernière volonté. Cependant il est annulé et la succession s'ouvre toujours ab intestat (4).

Presque tous les auteurs expliquent cette disposition de la loi en disant que le mort civilement, au moment de la privation de la vie civile, n'est plus capable de transmettre par testament. Il faut reconnaître alors par fiction, en ayant soin de s'en servir uniquement pour parvenir à l'annu-

(1) Code civil, art. 25.
(2) M. Demolombe, tom. 1, n° 208.
(3) M. Demolombe, tom. 1, n° 208.
(4) Code civil, art. 25.

lation du testament, qu'il est censé mort pour la vie civile un instant de raison avant l'exécution (1). Le condamné, en effet, doit être capable aussi bien au moment de sa mort civile qu'à celui de sa mort naturelle, ce qui est évident surtout en cas d'exécution capitale.

Néanmoins, il nous paraît plus exact et plus simple de penser que la mort civile annulle le testament, non parce que le mort civilement est incapable de transmettre au moment de l'ouverture de sa succession, car autrement pour être logique, il faudrait refuser sa succession à ses héritiers légitimes pour la donner à l'État à titre de déshérence, mais parce que la loi l'a jugé indigne de jouir d'une des faveurs les plus grandes du droit civil, celle de disposer de ses biens pour le temps qui suit la mort. D'ailleurs, pour examiner si la capacité existe, le moment à considérer est toujours celui qui précède la mort et non celui qui la suit, à moins de rendre toute succession testamentaire impossible (2).

356. Après la mort civile le condamné ne peut

______

(1) Toullier, tom. 1, n° 282. — Delvincourt, tom. 1, L. I, t. 2, ch. 2, sect. 1, § 2. — M. Dalloz, *Rép., Droits civils*, sect. 3, art. 1, § 4, n° 5. — M. A. Dalloz, *Dict. gén., Mort civile*, § 4, n°s 47 et 48. — M. Duranton, tom. 1, n°s 248 et 261.

(2) M. Marcadé, tom. 1, art. 25, n° 11. — M. Valette, *sur Proudhon*, tom. 1, ch. 10, sect. 3. — M. Demolombe, tom. 1, n° 200.

plus tester. Ici la capacité lui ayant manqué au moment de la confection de l'acte, il est radicalement nul. Le testament a de tout temps été considéré comme un acte du droit civil, et on a toujours regardé le mort civilement comme incapable d'en laisser un apte à produire quelques effets (1).

357. Le condamné après la perte de la vie civile ne peut également recevoir par testament, car c'est encore là un privilége donné par la loi civile. Il est fait exception cependant pour les legs à titre d'aliments. Les lui refuser, en l'empêchant de soutenir son existence, équivaudrait à prononcer contre lui la peine de mort (2).

358. Le mort civilement est même incapable de figurer dans un testament comme témoin. Il lui est en effet interdit de remplir cette fonction dans un acte authentique et solennel quel qu'il soit (3).

359. Lorsque la mort civile est encourue, le condamné perd la capacité nécessaire pour recevoir une succession quelconque. Deux motifs s'opposent à ce qu'il en soit autrement. D'abord le droit de succéder appartient au droit civil. En second lieu, les parents du défunt peuvent seuls y prétendre; or, tous les liens de pa-

(1) Code civil, art. 25.
(2) Code civil, art. 25.
(3) Code civil, art. 25 et 980.

renté civile ont disparu pour le mort civilement (1).

560. La transmission à titre de succession des biens par lui acquis postérieurement à la mort civile n'est plus possible non plus. Ils deviennent donc la propriété de l'État à titre de déshérence à la mort naturelle du condamné (2).

On réclama contre cette exclusion des parents du mort civilement au conseil d'État, parce qu'on y voyait une confiscation. Permettre d'ailleurs au condamné de transmettre à ses parents le produit de son industrie, ce serait, disait-on, l'encourager à travailler avec zèle (3). Malgré ces observations présentées officieusement par le tribunat, on persista dans la décision attaquée. Et en effet, si la capacité d'acquérir dérivant du droit naturel ne doit pas être interdite au mort civilement, celle de transmettre par succession ne peut lui être accordée puisqu'elle est établie par le droit civil. Ses biens à défaut d'héritiers doivent donc retourner à l'État. Ce n'est évidemment pas une confiscation, mais une succession par déshérence attribuée à l'État comme celle de toute personne sans héritier. Si la parenté existe encore, ce qu'on ne nie pas, pour

(1) Code civil, art. 25.
(2) Code civil, art. 25 et 33.
(3) Disc. au cons. d'Ét., Malleville. — Observations officieuses du tribunat.

lé mort civilement, ses effets civils ont disparu, et parmi eux le droit de succéder toujours réglé par les lois propres à la société (1).

La capacité de transmettre manquant dans la personne du défunt, sa succession serait encore attribuée à l'État, dans le cas où il aurait des enfants d'un mariage putatif, quoique les effets civils du mariage soient conservés à leur égard dans une telle union (2).

361. Toutefois, bien que le patrimoine du mort civilement, acquis depuis la perte de la vie civile, devienne à sa mort la propriété de l'État, il est permis au roi de faire au profit de la veuve, des enfants ou des parents du condamné, les dispositions que l'humanité lui suggérera (3). C'est là une dérogation aux règles sur l'aliénation du domaine de l'État, car elle ne peut avoir lieu ordinairement qu'en vertu d'une loi.

(1) Disc. au cons. d'Ét., Tronchet. — Gary, *Rapport au Corps législatif* du t. 1, L. I, du Code civil. — Montesquieu, *Esprit des lois*, L. XVI, ch. 26.

(2) Gary, *Rapport au Corps législatif* du t. 1, L. I, du Cod. civ. — Toullier, tom. 1, n° 284. — Merlin, *Quest. de dr.*, *Légitimité*, § 5. — M. Duranton, tom. 1, n°s 258 et 259. — M. Marcadé, tom. 1, art. xxv, n° 10. — M. Coin-Delisle, *Comm. anal. du Cod. civ.*, L. I, t. 1, ch. 2, sect. 2, art. xxv, n° 37. — M. Demolombe, tom. 1, n° 207. — M. Taulier, tom. 1, t. 1, ch. 2, sect. 2. — Sont opposés, Delvincourt, tom. 1, L. I, t. 2, ch. 2, sect. 1, § 2; M. A. Dalloz, *Dict. gén.*, *Mort civile*, § 4, n° 70; et M. Dalloz, *Rép.*, *Droits civils*, sect. 3, art. I, § 4, n° 22.

(3) Code civil, art. 33.

562. Le mort civilement peut acquérir et contracter, dès lors il faut lui permettre d'ester en jugement. Comme cependant la majesté de la justice paraissait devoir empêcher la comparution devant elle d'un individu qu'elle avait flétri, on décida qu'il serait représenté par un curateur spécial (1). D'abord on voulut lui permettre de le nommer lui-même; mais cette faculté lui fut encore refusée, de sorte qu'il doit être choisi par le tribunal devant lequel l'action est portée, sur la requête présentée par le mort civilement demandeur ou défendeur dans l'instance (2). Du reste ayant perdu tout droit à avoir un domicile, autre privilége de la vie civile, c'est toujours au tribunal du domicile de l'adversaire à désigner le curateur (3).

Les procédures faites par le mort civilement lui-même sont nulles. La nullité, d'ordre public, peut en être proposée en tout état de cause (4).

563. Les actions du mort civilement anté-

---

(1) Code civil, art. 25.

(2) Disc. au cons. d'Ét., Cambacérès.

(3) M. Dalloz, *Rép.*, *Droits civils*, sect. 3, art. 1, § 4, n° 16. — M. A. Dalloz, *Dict. gén.*, *Mort civile*, § 4, n° 62. — M. Duranton, tom. 1, n° 373. — M. Richelot, tom. 1, p. 348, note 25. — M. Taulier, tom. 1, t. 1, ch. 2, sect. 2. — M. Demolombe, tom. 1, n° 209, est opposé.

(4) Cass., arrêt du 23 novembre 1808. — Delvincourt, tom. 1, L. 1, t. 2, ch. 2, sect. 1, § 2. — M. Dalloz, *Rép.*, *Droits civils*, sect. 3, art. 1, § 4, n° 18. — M. A. Dalloz, *Dict. gén.*, *Mort civile*, § 4, n° 65.

rieures à la mort civile compètent à ses héritiers. En revanche ceux-ci sont tenus des dettes de la même époque. Mais les créanciers peuvent-ils avoir recours contre le mort civilement sur ses biens postérieurement acquis? Nous ne le pensons pas, quelque rigoureuse que puisse être cette opinion. En effet, à la mort civile la succession s'est ouverte. Dès lors, les créanciers peuvent agir contre les héritiers ou le curateur à la succession vacante, et non contre d'autres, absolument comme s'il s'agissait de mort naturelle (1).

Cependant quand la succession est insuffisante, préoccupé du résultat funeste d'une telle décision pour le créancier, on a voulu l'éviter en disant: les uns, que l'action naturelle continuait à subsister (2), ce qui n'apportait aucun remède efficace puisque le créancier restait toujours désarmé; les autres, et ceci était plus sérieux, que la mort civile, conséquence d'une punition infligée par la société, ne pouvait tourner à l'avantage du criminel, de sorte qu'il ne devait être libéré que jusqu'à concurrence de ce dont il était dépouillé (3). Toutefois en présence du silence de la loi sur ce

(1) Merlin, *Questions de dr.*, *Inscription hypothécaire*, § 1. — Delvincourt, tom. 1, L. I, t. 2, ch. 2, sect. 1, § 2. — M. Demolombe, tom. 1, n° 202.

(2) M. Coin-Delisle, *Comm. anal. du Cod. civ.*, L. I, t. 1, ch. 2, sect. 2, art. xxv, n° 14.

(3) M. Dalloz, *Rép.*, *Droits civils*, sect. 3, art. 1, § 4, n° 9. — M. A. Dalloz, *Dict. gén.*, *Mort civile*, § 4, n° 51.

point tout spécial, et des principes généraux sur les effets de la mort civile et de l'ouverture des successions, nous ne croyons pas pouvoir adopter ce système illogique mais humain; car permettre aux créanciers d'agir d'abord contre la succession et puis ensuite contre le mort civilement lui-même, c'est les autoriser à considérer ce dernier comme mort et vivant en même temps.

564. Le mort civilement est privé du bénéfice de cession, bien qu'il puisse invoquer les modes d'extinction des obligations. C'est là un droit civil refusé même à l'étranger (1). Ce seul motif, il est vrai, ne suffirait peut-être pas pour en dépouiller le mort civilement; mais en outre, il lui est impossible de se présenter lui-même à l'audience, et cette formalité est indispensable dans toute cession de biens (2). De ceci il résulte qu'il ne peut échapper à la contrainte par corps (3).

565. Le mort civilement est incapable de porter témoignage en justice. En matière civile, où l'on ne peut témoigner qu'en prêtant serment, son incapacité est complète; mais en matière criminelle l'usage permet de l'appeler, en vertu du pouvoir discrétionnaire du président pour donner des

(1) Code de procédure civile, art. 905.
(2) Code de procédure civile, art. 901.
(3) M. Duranton, tom. 1, n° 266. — M. Demolombe, tom. 1, n° 209.

renseignements à la justice sans prestation de serment (1). On a du reste tel égard qu'il convient à sa déposition.

On aurait voulu qu'il pût témoigner en justice, quand il se trouverait témoin nécessaire. Aussi avait-on proposé au conseil d'État d'admettre une exception pour ce cas au principe de l'incapacité (2). Mais on l'a rejetée parce qu'il répugnait de laisser entendre un homme flétri pour en faire condamner un autre. Certains témoins même nécessaires en effet, tel que le fils contre le père, ne peuvent être entendus par respect pour la morale publique (3), et l'on a mis le mort civilement sur la même ligne.

366. Il se présente une dernière question sur la capacité du mort civilement. Pendant la durée de la peine, peut-il vendre, acheter, faire les actes en un mot pour lesquels sa capacité est certaine quand la peine a cessé d'exister pour une cause

(1) Code civil, art. 25. — Code d'inst. crim., art. 635. — Toullier, tom. 1, n° 283. — Delvincourt, tom. 1, L. I, t. 2, ch. 2, sect. 1, § 2. — Proudhon, *Cours de dr. fr.*, tom. 1, ch. 10, sect. 3. — Merlin, *Rép.*, *Mort civile*, § 1, art. ii, n° 4, et *Témoin judiciaire*, § 1, art. ii, n° 1. — M. Duranton, tom. 1, n° 264. — M. Dalloz, *Rép.*, *Droits civils*, sect. 3, art. i, § 4, n° 15. — M. A. Dalloz, *Dict. gén.*, *Témoin*, art. ii, n° 207. — M. Valette, *sur Proudhon*, tom. 1, ch. 10, sect. 3. — M. Legraverend, tom. 1, ch. 6, sect. 2, § 2. — M. Taulier, tom. 1, t. 1, ch. 2, sect. 2.

(2) Disc. au cons. d'Ét., ministre de la justice et Rœderer.

(3) Disc. au cons. d'Ét., Boulay et Réal.

quelconque? L'affirmative paraît étrange au premier abord. En effet, le condamné aux travaux forcés à temps serait, comme interdit légalement, dans une situation moins favorisée que le mort civilement; et le contumax, en encourant la mort civile après cinq ans, recouvrerait par rapport à ces actes l'exercice de ses droits civils dont il a été privé jusqu'à cette époque. Frappés de ces résultats choquants, quelques auteurs pensent que pendant toute la durée de la peine le mort civilement reste entièrement incapable (1). Nulle part cependant le législateur n'a fait entrevoir une telle restriction. C'est donc le cas de faire ici application de cette maxime favorable que les lois pénales ne s'étendent pas, en conservant aux condamnés des droits qu'aucun texte ne leur enlève (2).

567. Qui pourra demander la nullité des actes passés par le mort civilement malgré son incapacité? Tous les intéressés sans doute. Mais lui-même sera-t-il recevable? Le reconnaître c'est l'autoriser à se fonder sur son propre crime, et cependant il faut regarder cette nullité comme absolue, d'ordre public, et l'acte comme radicalement nul et sans existence. Ces incapacités sont évidemment pénales, car l'interdiction de certaines

(1) M. Richelot, tom. 1, p. 166.
(2) M. Demolombe, tom. 1, n° 212.

facultés constitue une peine. La décision que nous proposons était du reste dans la pensée du législateur. On en trouve, en effet, la preuve dans son silence, au titre du Mariage, sur la nullité du mariage contracté par un mort civilement. Il n'en a pas parlé parce qu'il a vu dans une telle union un acte sans aucune existence légale, un acte nul de plein droit (1).

568. Il est pourtant parmi les morts civilement une classe de condamnés moins rigoureusement traitée : c'est celle des déportés quand ils ont obtenu du gouvernement l'exercice des droits civils ou de quelques-uns d'entre eux (2). Cette exception ne remonte pas toutefois jusqu'au Code civil.

569. Au conseil d'État, pour la prospérité de la colonie elle-même dans laquelle devaient se réunir les déportés, on songea à modifier en faveur de ceux-ci les principes de la mort civile, en leur permettant surtout de se marier et d'avoir des enfants légitimes. Partant de cette base, on avait proposé de déclarer que le déporté conserverait l'exercice de ses droits civils dans le lieu de la déportation. Une telle disposition aurait eu pour effet de lui

(1) Cass., arrêts du 14 juin 1827 et du 8 mai 1839, Dal., P., 1827, 1, 272 ; et Dal., P., 1839, 1, 234. — M. Demolombe, tom. 1, n° 214.

(2) Code pénal, art. 18.

laisser la propriété de ses biens situés dans ce lieu au moment de la mort civile; aussi abandonna-t-on cette rédaction pour dire seulement qu'il y reprendrait l'exercice de ses droits civils (1).

Sans s'en tenir à ce principe général, il fut demandé en outre de rendre le déporté capable de se marier, de ne pas dissoudre son mariage antérieurement contracté, mais en reconnaissant les effets civils de l'une et de l'autre union uniquement dans le lieu de la déportation. Les enfants qui en naîtraient auraient eu dans ce système le droit de succéder aux biens situés dans le lieu de la déportation. Mais le mariage devait cependant être rompu puisque la mort civile avait été encourue, et tout ce qu'on pouvait faire dès lors c'était de permettre d'en contracter un nouveau et de donner le jour à des enfants, légitimes partout, mais aptes à succéder dans la colonie seulement (2). Aussi le conseil d'État se prononça-t-il pour la dissolution du mariage par la déportation, pour l'exclusion des enfants de toute succession en France du chef du déporté, et leur admission, au contraire, du chef de l'autre conjoint, bien que quelques membres eussent demandé de faire pour les déportés un Code tout spécial et de renvoyer

(1) Disc. au cons. d'Ét., Tronchet, Portalis et Réal.
(2) Disc. au cons. d'Ét., Tronchet, Réal, Regnier et Crétet.

l'examen de ces questions à l'époque de sa confection (1).

Toutefois, sur une nouvelle discussion, on reconnut qu'il n'était pas exact de dire que le mariage produirait des effets civils dans le lieu de la
déportation et non ailleurs, puisque les droits et
devoirs personnels des époux, entre autres ceux
dérivant de la puissance maritale, devaient les suivre partout, et que les enfants à naître devaient
être aussi toujours et en tout lieu soumis à la
puissance paternelle. Il n'était possible de parler
ainsi que par rapport aux droits des enfants sur
les successions du chef du déporté inhabile à leur
transmettre des droits plus étendus que ceux qu'il
pouvait avoir (2). Il se produisit donc un nouveau
système tendant à laisser au gouvernement le droit
de décider s'il fallait accorder au déporté la vie
civile, en lui donnant le pouvoir de le faire quand
il le jugerait à propos (3). On le rejeta néanmoins,
parce qu'il aurait fallu préalablement reconnaître
le droit de grâce. D'ailleurs il ne remplissait pas
le but, puisqu'on voulait, dans l'intérêt même de
la colonisation, rendre toujours au déporté la jouissance de ses droits civils (4).

(1) Disc. au cons. d'Ét., Réal et Regnaud de St-Jean-d'Angely.
(2) Disc. au cons. d'Ét., Tronchet.
(3) Disc. au cons. d'Ét., Rœderer.
(4) Disc. au cons. d'Ét., Malleville, Berlier et Réal.

Le conseil d'État s'en tint, en dernier résultat, à l'énoncé du principe qui restituait le déporté dans ses droits civils pour le lieu de la déportation, en supprimant tout détail (1). Il renonça cependant à l'exprimer dans le Code civil, de sorte que la solution des difficultés soulevées fut renvoyée au moment où l'on discuterait le Code pénal.

370. A cette époque on voulut laisser le gouvernement seul arbitre de l'opportunité et de l'étendue de la restitution, et il lui fut permis d'accorder au déporté l'exercice de tous ou de quelques-uns des droits civils dans le lieu de la déportation (2). On crut par là engager le condamné à tenir une conduite laborieuse, dans l'espoir d'obtenir pour l'avenir sa réintégration dans la vie civile.

371. En 1830 on conserva la même disposition, mais la restriction par laquelle il n'était permis d'accorder l'exercice des droits civils que dans le lieu de la déportation fut supprimée (3). Le déporté étant maintenant un simple détenu, cette permission donnée au gouvernement est fort difficile à expliquer, car il n'y a plus les mêmes mo-

(1) Disc. au cons. d'Ét., Portalis et Cambacérès.
(2) Code pénal de 1810, art. 18.
(3) Code pénal, art. 18. — Loi du 28 avril 1832. — Loi du 9 septembre 1835, art. 11.

tifs de rendre au déporté ses droits civils. On se demande pourquoi il est permis au détenu pour toujours éloigné de la société d'acquérir des droits dont l'exercice lui est interdit, ou au moins rendu fort difficile. Et cependant il ne peut s'agir que de droits civils à venir. On n'a pas voulu certainement restreindre les effets de la mort civile elle-même encourue au moment de l'exécution, car autrement c'eût été permettre au gouvernement de porter atteinte aux droits des tiers, et le laisser maître de renouer le mariage, de suspendre ou non les droits de famille et d'ouvrir ou non les successions, pouvoir exorbitant, qu'il n'était nullement dans l'intention du législateur de lui accorder (1).

§ II. — De l'Infamie.

572. Les peines afflictives et infamantes à temps, ou simplement infamantes, n'entraînent pas l'anéantissement total de la vie civile, mais seulement la perte de certains droits civils et de famille et de toute capacité politique (2). Sur ce point, le Code pénal n'a pas innové mais maintenu les lois criminelles du droit intermédiaire.

La privation des droits politiques est juste et

(1) M. Faustin-Hélie, *Th. du Cod. pén.*, tom. 1, ch. 6.
(2) Code pénal, art. 28.

utile à conserver. On ne peut en dire autant d'une manière absolue de celle de quelques droits civils et de famille. Bien souvent, au lieu de priver le condamné de certains avantages, elle ne sert qu'à le dispenser de devoirs dont autrement il aurait été tenu (1).

575. Quant aux droits politiques, toute condamnation à une peine afflictive ou infamante en emporte la perte (2). Il y a donc pour le condamné incapacité complète de remplir une fonction publique, exclusion pour l'avenir et destitution à l'égard des charges exercées lors de la condamnation. Si le Code pénal de 1810 a gardé le silence sur ce point, il n'a pas cependant entendu déroger à la constitution en vigueur en France à cette époque. Il n'a rien dit parce qu'il n'avait pas à s'occuper des droits politiques régis par des lois spéciales (3). En 1832, du reste, on a été plus explicite et on a posé le principe dans le Code pénal lui-même (4).

(1) M. Rossi, *Tr. de dr. pén.*, L. III, ch. 11. — M. Faustin-Hélie, *Th. du Cod. pén.*, tom. 1, ch. 6.

(2) Constitution du 22 frimaire an VIII. — Observations officieuses du tribunat sur le t. 1, L. I du Code civil. — Proudhon, *Cours de dr. fr.*, tom. 1, ch. 8, sect. 3. — Merlin, *Rép.*, *Infamie*, n° 4. — Toullier, tom. 1, n° 295. — M. Dalloz, *Rép.*, *Droits civils*, sect. 4, § 1, n° 4. — M. A. Dalloz, *Dict. gén.*, *Droits politiques*, § 2, n° 28. — M. Taulier, tom. 1, t. 1, ch. 2, sect. 2.

(3) Merlin, *Rép.*, *Infamie*, n° 4.

(4) Code pénal, art. 28 et 34.

574. Comme conséquence de la perte des droits civiques, le condamné est privé du droit de vote, d'élection et d'éligibilité (1). Il ne peut être juré, expert, ni témoin dans un acte notarié (2). Il est également incapable, malgré sa qualité de Français, d'être témoin instrumentaire dans tout autre acte ; car si pour pouvoir remplir cette fonction il n'est pas nécessaire d'être citoyen, il faut cependant n'être pas atteint par la dégradation civique (3). Pour les actes des notaires, au contraire, il est indispensable, sauf pour les testaments (4), de recourir à des témoins français et citoyens (5).

575. Le condamné à une peine afflictive et infamante, ou simplement infamante, est déchu des droits de membre de la Légion d'honneur. Après le jugement le président déclare aussitôt qu'il a cessé de faire partie de cet ordre (6).

Il est de plus privé de la faculté de servir dans les armées françaises (7), et du droit de port d'armes, refusé en général aux seuls vagabonds et

(1) Code pénal, art. 28 et 34.
(2) Code pénal, art. 28 et 34.
(3) Code pénal, art. 34.
(4) Code civil, art. 980.
(5) Loi du 25 ventôse an xi, art. ix.
(6) Décret du 29 ventôse an xii, art. vi. — Ordonnance du roi du 26 mars 1816, art. v. — Code pénal, art. 28 et 34.
(7) Code pénal, art. 28 et 34. — Loi du 21 mars 1832, art. ii.

gens sans aveu, et classé parmi les droits civils dont tout le monde peut jouir (1).

A ces incapacités le Code pénal de 1832 a ajouté celles de faire partie de la garde nationale (2), et de tenir école ou d'enseigner et d'être employé dans aucun établissement d'instruction à titre de professeur, maître ou surveillant (3).

376. La condamnation à une peine afflictive ou infamante entraîne encore l'incapacité de déposer en justice comme témoin avec prestation de serment (4). Il est seulement permis d'entendre le condamné sous forme de renseignements en matière criminelle, en vertu du pouvoir discrétionnaire du président (5). Cette incapacité est assez singulière, car si le témoignage est suspect, il ne doit pas produire une grande impression, et dès lors, puisqu'il n'est pas à craindre, il semble qu'il était inutile de le défendre.

377. Enfin le condamné est incapable de faire partie d'aucun conseil de famille, et d'être tuteur,

---

(1) Décret de 1789. — Loi du 30 avril 1790, art. xv. — Code pénal, art. 28 et 34. — M. Faustin-Hélie, *Th. du Cod. pén.*, tom. 1, ch. 6.

(2) Code pénal, art. 28 et 34. — Loi du 22 mars 1831, art. xiii.

(3) Code pénal, art. 28 et 34. — Loi du 28 juin 1833, art. v.

(4) Code pénal, art. 28 et 34. — Code d'instruction criminelle, art. 156, 189 et 322.

(5) Code d'instruction criminelle, art. 269.—M. Faustin-Hélie, *Th. du Cod. pén.*, tom. 1, ch. 6.

curateur, subrogé tuteur ou conseil judiciaire, si ce n'est de ses propres enfants, et sur l'avis conforme de la famille (1). Cette incapacité toute civile, en le déchargeant de ses devoirs, peut être quelquefois funeste pour le mineur, surtout si la nature du délit, cause de la condamnation, ne doit pas faire craindre une gestion infidèle ou mal entendue de la part du condamné.

578. Telle est l'étendue de la privation des droits civiques, civils et de famille produite par une condamnation à une peine afflictive et infamante à temps ou infamante seulement. Sans aucun doute, elle est personnelle (2); mais, conséquence forcée de la condamnation, elle suit le condamné partout à perpétuité (3). Du reste, elle se renferme strictement dans les limites fixées par la loi, de sorte que le condamné peut succéder, recueillir des donations ou legs et transmettre, donner entre-vifs et tester (4); sauf, quant à la capacité active, le cas d'interdiction légale qui lui enlève la faculté d'aliéner et d'administrer ses biens.

579. En effet, il existe encore une nouvelle

(1) Code pénal, art. 28 et 34.
(2) Merlin, *Rép.*, *Infamie*, n° 4.
(3) Code pénal, art. 28 et 34. — Merlin, *Rép.*, *Infamie*, n° 4. — Carnot, *Comm. sur le Cod. pén.*, tom. 1, art. xxviii, n° 3. — Toullier, tom. 1, n° 295. — M. A. Dalloz, *Dict. gén.*, *Droits civils*, § 4, n° 85. — M. Zachariæ, tom. 1, part. 1, sect. 5, n° 3, § 167 3°.
(4) Merlin, *Rép.*, *Infamie*, n° 4. — M. Duranton, tom. 1, n° 210.

incapacité pour les condamnés à une peine afflictive à temps. Elle résulte de leur mise en interdiction pendant la durée de la peine (1). Cette
disposition, tirée du Code de la Constituante, se
justifie facilement. Il fallait d'un côté prévenir le
scandale d'une vie fastueuse dans les établisse-
ments où l'on renferme les individus frappés par
la justice, et enlever tout moyen de corruption
destiné à préparer une évasion, et de l'autre pourvoir à l'administration des biens du condamné,
incapable par sa position pendant la durée de
la peine de les gérer en bon père de famille (2).

380. Quelle est l'étendue de l'interdiction légale ? Trois systèmes distincts sont formulés sur
cette question par les jurisconsultes.

D'après le premier, l'interdit ne peut administrer ses biens; mais, maintenu dans la jouissance et l'exercice de ses droits civils, il est capable
de s'obliger, d'aliéner, de tester, de se marier.
Telle est, pense-t-on, la volonté de la loi manifestée suffisamment par la non-reproduction de la
disposition générale et absolue du Code de 1791
dans le Code pénal de 1810 (3). D'ailleurs son
but certainement a été non d'augmenter la peine

(1) Code pénal, art. 29.
(2) M. A. Dalloz, *Dict. gén.*, *Droits civils*, § 4, n°⁸ 85 et suiv.
— M. Faustin-Hélie, *Th. du Cod. pén.*, tom. 1, ch. 6.
(3) Code pénal de 1791, part. 1, t. 4, art. 2.

principale, mais de veiller sur l'administration des biens du condamné dont il ne peut s'occuper lui-même, et de l'empêcher de recevoir des secours pendant la durée de la peine (1).

Une autre opinion tout au contraire voit dans l'interdiction légale, comme dans l'interdiction judiciaire, la privation complète de l'exercice des droits civils, et par conséquent l'incapacité d'administrer, de s'obliger, d'aliéner, de tester, de se marier. Il n'existe qu'une interdiction, dit-on, aussi le Code pénal renvoie-t-il au Code civil pour en reconnaître les effets. N'y aurait-il pas au surplus contradiction flagrante à permettre d'aliéner en défendant en même temps d'administrer (2)?

Enfin le dernier système, le plus juste selon nous, empêche l'interdit d'administrer et d'aliéner, parce qu'au moyen d'une aliénation, il éviterait facilement les prohibitions portées contre lui; mais il lui permet de tester et de se marier. En

(1) Toullier, tom. 6, n° 111. — M. Faustin-Hélie, *Th. du Code pénal*, tom. 1, ch. 6.

(2) Boitard, *Leç. de Cod. pén.*, p. 188. — M. Duranton, tom. 1, n° 211, et tom. 8, n° 181. — M. Demante, *Prog. du cours de dr. civ.*, tom. 1, L. 1, t. 1, ch. 2, sect. 2, § 2, n° 66. — M. Valette, *sur Proudhon*, tom. 2, ch. 19, appendice n° 1, excepté pour le mariage, qu'il valide. — M. Taulier, tom. 1, t. 1, ch. 2, sect. 2. — Carnot, *Comm. sur le Cod. pén.*, tom. 1, art. XXIX. — M. Duvergier, *Tr. de la vente*, tom. 1, p. 211, note 1. — Rauter, *Droit criminel*, tom. 1, n° 158.

un mot, recherchant le but de la loi, et croyant la situation de l'interdit légalement fort différente de celle de l'interdit pour cause de faiblesse de raison, les partisans de cette opinion pensent que le condamné, pendant la durée de sa peine, est seulement incapable de faire les actes incompatibles avec l'administration du tuteur et tendant à lui procurer des ressources (1). Il ne pourra donc pas administrer, aliéner, s'obliger (2), ainsi souscrire des lettres de change (3), donner entre-vifs (4). Il sera également incapable d'ester en justice par lui-même, si ce n'est comme défendeur, car le droit de se défendre est impérissable et peut être réclamé par tout le monde (5). Mais il aura la faculté de tester (6), de se ma-

(1) Cass., arrêt du 25 janvier 1825, Dal., P., 1825, 1, 147. — Merlin, *Quest. de dr.*, *Testament*, § 3 *bis*.—M. A. Dalloz, *Dict. gén.*, *Droits civils*, § 4, nos 86 et suiv.—M. Zachariæ, tom. 1, part. 1, sect. 5, n° 3, § 167 2°. — M. Demolombe, tom. 1, n° 192.

(2) M. A. Dalloz, *Dict. gén.*, *Droits civils*, § 4, n° 87.

(3) Rouen, arrêt du 27 novembre 1823.

(4) Merlin, *Rép.*, *Condamné*, n° 3. — Carnot, *Comm. sur le Cod. pén.*, tom. 1, art. xxix, n° 5.

(5) Carnot, *Comm. sur le Cod. pén.*, tom. 1, art. xxix, n° 5. — Cass., arrêt du 25 juin 1846, Dal., P., 1846, 1, 302. — Poitiers, arrêt du 24 janvier 1846, Dal., P., 1846, 2, 54.

(6) Cour royale de Rouen, arrêt du 22 décembre 1822. — Merlin, *Quest. de dr.*, *Testament*, § 3 *bis*. — Toullier, tom. 6, n° 111. —M. Dalloz, *Rép.*, *Dispositions entre-vifs et testamentaires*, ch. 12, sect. 4, art. i, n° 10. — M. A. Dalloz, *Dict. gén.*, *Dispositions entre-vifs et testamentaires*, art. iv, n° 156. — M. Zachariæ, tom. 1, part. 1, sect. 5, n° 3, § 167 2°. — M. Faustin-Hélie, *Th.*

rier (1), et de porter plainte au criminel lorsqu'un délit lui aura porté préjudice (2).

Son incapacité du reste, quand elle existe, est absolue comme fondée sur des motifs d'ordre public (3).

381. L'interdiction toutefois ne frappe que le condamné qui subit sa peine. Toutes ces dispositions ne concernent pas le condamné par contumace dont les biens sont régis comme biens d'absent par l'administration des domaines (4).

382. Pour veiller à la gestion de ses biens, le tribunal nommait un curateur au condamné sous

du Cod. pén., tom. 1, ch. 6. — M. Demolombe, tom. 1, n° 192. — M. Poujol, *Tr. des obligations*, p. 147.— Colmar, arrêt du 1er avril 1846, Dal., P., 1846, 2, 145.—Carnot, *Comm. sur le Cod. pén.*, tom. 1, art. xxix, n° 5 ; M. Duvergier, *Tr. de la vente*, tom. 1, p. 211, note 1 ; M. Duranton, tom. 8, n° 181 ; Boitard, *Leç. de dr. crim.*, p. 134 ; M. Taulier, tom. 1, t. 1, ch. 2, sect. 2 ; Rauter, *Dr. crim.*, tom. 1, n° 158, sont d'avis contraire.

(1) Toullier, tom. 6, n° 111. — M. Zachariæ, tom. 1, part. 1, sect. 5, n° 3, § 167 2°. — M. Faustin-Hélie, *Th. du Cod. pén.*, tom. 1, ch. 6. — M. Valette, *sur Proudhon*, tom. 2, ch. 19, appendice n° 1. — M. Demolombe, tom. 1, n° 192. — Cass., arrêt du 12 novembre 1844, Dal., P., 1845, 1, 98.

(2) Cass., 6 novembre 1817. — Bourguignon, *Jurisp. des Cod. crim.*, tom. 3, L. I, ch. 1, art. xxix. — M. Faustin-Hélie, *Th. du Cod. pén.*, tom. 1, ch. 6.

(3) Cass., arrêt du 25 janvier 1825, Dal., P., 1825, 1, 147. — M. Zachariæ, tom. 1, part. 1, sect. 5, n° 3, § 167 2°. — M. Valette, *sur Proudhon*, t. 1, ch. 19, appendice n° 1.—M. Demolombe, tom. 1, § n° 193.

(4) Code d'instruction criminelle, art. 471.

le Code de 1791. Exprimée positivement à l'égard du condamné aux fers (1), cette décision par analogie devait être également acceptée pour tout autre (2).

A partir du Code pénal le curateur fut désigné dans la forme des nominations des tuteurs aux interdits judiciairement, c'est-à-dire par le conseil de famille sous la présidence du juge de paix (3).

Depuis la révision du Code pénal en 1832, il est donné au condamné par le conseil de famille présidé par le juge de paix, non plus un curateur, mais un tuteur et un subrogé tuteur (4).

383. Compte est rendu par le tuteur au condamné quand il a subi sa peine (5). Ce dernier reprend alors l'administration de ses biens.

Pendant la durée de la peine aucun secours ne peut lui être remis (6). Cette prohibition sévère a pour but de maintenir l'égalité entre tous les condamnés.

(1) Code de 1791, part. 1, t. 4, art. II et III.

(2) Merlin, *Rép., Condamné*, n° 2. — Carnot, *Com. sur le Cod. pén.*, tom. 1, art. XXIX, n° 1. — M. Dalloz, *Rép., Droits civils*, section 3, art. II, § 1, n° 3. — M. A. Dalloz, *Dict. gén., Droits civils*, § 4, n° 96.

(3) Code pénal de 1810, art. 29. — Carnot, *Com. sur le Cod. pén.*, tom. 1, art. XXIX. — M. A. Dalloz, *Dict. gén., Droits civils*, § 4, n° 95.

(4) Code pénal, art. 29.

(5) Code pénal, art. 30.

(6) Code pénal, art. 31.

384. Le curateur pouvait avec l'avis du conseil de famille et l'homologation du tribunal, prélever sur les biens du condamné pendant l'interdiction légale les sommes nécessaires pour élever et doter ses enfants, et fournir des aliments à sa femme, à ses descendants et ascendants. Ainsi le voulait le Code de 1791 (1).

385. Cette disposition n'a pas été reproduite par le Code pénal, mais elle n'en doit pas moins être exécutée (2). En 1832 un amendement, destiné à l'insérer dans la loi, a été rejeté comme inutile, puisqu'on renvoyait sur l'administration des biens du condamné, aux règles de l'interdiction judiciaire (3).

Le concours de l'autorité administrative n'est pas nécessaire ici, comme quand il s'agit de venir au secours de la famille du contumax sur ses biens séquestrés, car l'administration est toute différente. Dans un cas, en effet, les biens sont régis comme biens d'absent, dans l'autre comme biens d'interdit (4).

---

(1) Code du 25 septembre 1791, part. 1, t. 4, art. v.

(2) Carnot, *Com. sur le Cod. pén.*, tom. 1, art. xxx, n° 5. — Toullier, tom. 1, n° 295. — M. A. Dalloz, *Dict. gén.*, *Droits civils*, § 4, n° 97. — M. Faustin-Hélie, *Th. du Cod. pén.*, tom. 1, ch. 6.

(3) M. Faustin-Hélie, *Th. du Cod. pén.*, tom. 1, ch. 6.

(4) Code pénal, art. 29. — Toullier, tom. 1, n° 295. — M. A. Dalloz, *Dict. gén.*, *Droits civils*, § 4, n°s 95 et 97. — M. Faustin-

§ III. — De l'interdiction à temps de certains droits civiques, civils et de famille.

386. Les peines correctionnelles ne sont pas infamantes, et dès lors elles n'entraînent pour le condamné aucune privation de droits civils ou politiques. Toutefois une peine nouvelle, créée dans cette classe par le Code pénal de 1810 et maintenue en 1832, consiste précisément dans la privation partielle ou totale de certains droits civiques, civils et de famille pendant un temps déterminé par les tribunaux (1).

Cette peine emporte l'interdiction des droits de vote, d'élection et d'éligibilité. Elle empêche d'être appelé ou nommé aux fonctions de juré ou autres fonctions publiques, ou aux emplois de l'administration, et d'exercer ces fonctions ou emplois. Elle prive du droit de port d'armes. Elle enlève celui de vote et de suffrage dans les délibérations de famille, et interdit d'être tuteur, curateur, si ce n'est de ses enfants et sur l'avis seulement de la famille. Enfin, elle rend incapable d'être expert ou employé comme témoin dans les actes, et de témoigner en justice autrement que pour y faire de simples déclarations sans prestation de serment (2).

Hélie, *Th. du Cod. pén.*, tom. 1, ch. 6. — Carnot, *Comm. sur le Cod. pén.*, tom. 1, art. xxx, n° 5, professe une opinion opposée.

(1) Code pénal, art. 42.

(2) Code pénal, art. 42.

587. L'interdiction de certains droits civiques, civils et de famille n'est jamais employée seule. Temporaire, elle peut encore être divisée et appliquée en tout ou partie par les tribunaux, faculté dont ils ne jouissent pas pour la dégradation civique qui, en outre, est perpétuelle.

Elle est prononcée dans les cas seuls où la loi le permet, et la latitude quant à sa durée et à son étendue est également fixée par les dispositions du Code pénal (1).

La privation dont est frappé le condamné porte, comme on a pu le remarquer, principalement sur les droits politiques. On a cru ne pas devoir les lui laisser avec sécurité tant qu'il ne s'était pas écoulé un certain délai depuis le jour de la condamnation.

(1) Code pénal, art. 43.

CHAPITRE IV.

DE LA CESSATION DE L'ALTÉRATION DE LA CAPACITÉ DES CONDAMNÉS.

§.I. — De la cessation de la mort civile.

388. Il y a deux sortes de restitution pour le mort civilement : la restitution légale, et la restitution gracieuse. L'une dépend de la volonté du roi, l'autre de la loi.

389. La restitution légale se présente principalement pour le contumax. Par dérogation aux principes généraux sur les jugements par défaut, la condamnation par contumace n'entraîne pas la perte de la vie civile pour le condamné au moment de l'exécution par effigie. On a cru devoir lui laisser un délai de cinq ans à partir de l'exécution, pendant lequel il lui est possible d'éviter la mort civile en purgeant la contumace. Après l'expiration de ce délai, la privation de la vie civile est encourue; mais l'humanité ne permettant pas de refuser d'entendre celui qui ne s'est pas défendu (1), quand il ne s'est pas écoulé un trop grand nombre d'années depuis la condamnation, le contumax mort civilement peut encore se représenter en justice et prouver son innocence tant qu'il n'a pas prescrit la peine prononcée contre lui (2). Or, la prescription n'a lieu que quand vingt ans se sont passés depuis l'exécution par effigie de la condamnation par contumace sans représentation volontaire ou forcée du condamné (3).

390. La représentation du contumax peut être suivie de différents événements, et il importe de les examiner tour à tour pour savoir quels résultats elle doit produire. La représentation, en effet, a pu amener soit un jugement d'absolution, d'acquittement ou de condamnation à une peine n'emportant pas mort civile, soit une sentence de condamnation à une peine dont la privation des droits civils est la conséquence légale; ou bien le contumax a pu , soit mourir après s'être représenté, mais antérieurement à l'arrêt contradictoire, soit parvenir à s'évader avant d'avoir été jugé contradictoirement.

(1) Treilhard, *Exposé des motifs* du titre 1, L. I du Cod. civ.
(2) Code civil, art. 30. — Code d'instruction criminelle, article 476.
(3) Code d'instruction criminelle, art. 635.

591. La représentation peut encore être volontaire ou forcée; mais peu importe quant à ses résultats. Avant le Code d'instruction criminelle, le condamné devait prouver le payement des amendes et réparations civiles pour pouvoir faire reviser son procès. Dans le silence du Code on ne doit plus exiger l'accomplissement préalable de cette formalité (1).

592. Si le contumax, après s'être représenté, est absous ou condamné à une peine n'emportant pas mort civile, il est réintégré dans la jouissance de ses droits civils, mais seulement pour l'avenir, et cela à partir du jour de la représentation (2).

Devons-nous en dire autant s'il est acquitté? Sans doute l'acquittement doit produire au moins le même effet que l'absolution; mais un auteur a voulu aller plus loin, et, refusant d'appliquer ici l'article 30 du Code civil, il décide que, dans ce cas, la vie civile renaît rétroactivement pour le passé (3). Cette opinion, quelque favorable qu'elle soit, ne peut être adoptée; car, en droit, l'absous est aussi innocent que l'acquitté. Sous l'ancienne législation, le mot absolution était le

(1) M. Dalloz, *Rép., Droits civils*, sect. 3, art. 1, § 5, n° 11. — M. A. Dalloz, *Dict. gén., Mort civile*, § 5, n° 97.

(2) Code civil, art. 30. — Code d'instruction criminelle, article 476.

(3) Carnot, *de l'Inst. crim.*, tom. 2, art. CCCCLXXVI, n° 5.

seul terme connu pour indiquer la décharge de l'accusation. Le droit intermédiaire le remplaça par celui d'acquittement. Dans le Code d'instruction criminelle seulement ces deux mots commencèrent à prendre chacun une signification toute spéciale. Ce ne pouvait donc être prévu au moment de la confection du Code civil. Quand le jury a déclaré l'accusé non coupable, il y a acquittement; quand, au contraire, il l'a déclaré coupable, mais lorsqu'en même temps la Cour n'a pas trouvé de disposition pénale à lui appliquer, il y a absolution. Dans l'un et dans l'autre cas la mort civile cesse pour l'avenir du jour de la représentation (1).

393. Lorsque le contumax est condamné à une peine égale à celle prononcée par contumace, ou à une peine différente, bien qu'emportant également la mort civile, quel a été son état depuis la représentation? quel sera-t-il pour l'avenir?

(1) Code civil, art. 30. — Merlin, *Rép.*, *Mort civile*, § 1, art. iv, n° 3. — Legraverend, tom. 2, ch. 9, sect. 2. — Toullier, tom. 1, n° 293. — Delvincourt, tom. 1, L. I, t. 2, ch. 2, sect. 1, § 2. — Proudhon, *Cours de dr. fr.*, tom. 1, ch. 10, sect. 2. — M. Duranton, tom. 1, n° 237. — M. Dalloz, *Rép.*, *Droits civils*, sect. 3, art. 1, § 5, n° 15. — M. A. Dalloz, *Dict. gén.*, *Mort civile*, § 5, n° 102. — M. Zachariæ, tom. 1, part. 1, sect. 5, n° 1, § 165. — M. Marcadé, tom. 1, art. xxx, n° 1. — M. Coin-Delisle, *Com. anal. du Cod. civ.*, L. I, t. 1, ch. 2, sect. 2, art. xxx, n° 9. — M. Valette, *sur Proudhon*, tom. 1, ch. 10, sect. 2. — M. Demolombe, tom. 1, n° 230. — M. Taulier, tom. 1, t. 1, ch. 2, sect. 2.

Sur cette dernière question il ne peut s'élever aucun doute. Le condamné après l'exécution de la condamnation contradictoire se trouvera frappé de mort civile, et sa position sera identique à celle qu'il avait lors de sa représentation, avec cette différence cependant, qu'elle sera désormais irrévocablement fixée (1).

Mais au contraire, quand il s'agit de déterminer l'état du contumax pendant l'intervalle écoulé entre la représentation et la condamnation nouvelle, la difficulté est beaucoup plus grande. Sous l'empire du Code civil toutefois, en présence du texte de la loi, il paraît conforme à la volonté législative de reconnaître l'existence sans interruption de la mort civile depuis le moment où elle a pris naissance par suite de l'exécution de la condamnation par contumace. On y prévoit en effet le cas où la condamnation contradictoire contient une peine temporaire et celui d'un acquittement, pour lesquels il est dit formellement que la mort civile a cessé du jour de la représentation (2). Dans toute autre circonstance elle a donc continué à subsister, d'où l'on conclut que la privation des droits civils a toujours existé quand la condamnation contradictoire emporte mort civile (3).

(1) Code civil, art. 26.
(2) Code civil, art. 30.
(3) M. Zachariæ, tom. 1, part. 1, sect. 5, n° 1, § 165. — M. Coin-

Une décision toute différente résulte cependant d'une disposition législative postérieure. D'après le Code d'instruction criminelle (1), la représentation du contumax anéantit de plein droit le jugement par contumace et toutes ses conséquences, parmi lesquelles se rencontre la mort civile, et cela sans distinguer selon la peine prononcée par le jugement contradictoire, avec cette restriction cependant que, si la mort civile a pris naissance par suite de l'expiration des cinq années postérieures à l'exécution du jugement par coutumace, ce jugement conserve tous les effets produits par la perte des droits civils jusqu'à la comparution en justice du condamné. A partir de cette époque, quelle que soit l'issue du procès contradictoire, il a donc recouvré la vie civile (2). On fait une objection cependant. Ce principe admis, dit-on, produira, comme conséquence, la nécessité d'un nou-

Delisle, *Com. anal. du Cod. civ.*, L. I, t. 1, ch. 2, sect. 2, art. xxx n° 1. — M. Taulier, tom. 1, t. 1, ch. 2, sect. 2.

(1) Code d'instruction criminelle, art. 476.

(2) Code d'instruction criminelle, art. 476. — Legraverend, tom. 2, ch. 9, sect. 2. — M. Dalloz, *Rép.*, *Droits civils*, sect. 3, art. i, § 5, n° 10. — M. A. Dalloz, *Dict. gén.*, *Mort civile*, § 5, n° 96. — M. Duranton, tom. 1, n° 238. — M. Marcadé, tom. 1, art. xxx, n° 1. — M. Valette, *sur Proudhon*, tom. 1, ch. 10, sect. 2. — M. Demolombe, tom. 1, n° 229. — Sont d'une opinion contraire : Delvincourt, tom. 1, L. I, t. 2, ch. 2, sect. 1, § 2 ; M. Zachariæ, tom. 1, part. 1, sect. 5, n° 1, § 165 ; M. Coin-Delisle, *Com. anal. du Cod. civ.*, L. 1, t. 1, ch. 2, sect. 2, art. xxx, n° 1 ; M. Taulier, tom. 1, t. 1, ch. 2, sect. 2.

veau jugement par contumace pour rendre mort civilement, cinq ans seulement après son exécution, le contumax parvenu à s'évader entre la représentation et le jugement contradictoire. Dût-il en être ainsi, ce qui ne paraît pas exact, cela seul ne suffirait pas pour se refuser à appliquer la loi, dont la volonté est, avant tout, de placer le contumax dans la situation de tout accusé lors du jugement contradictoire. Il ne doit donc pas être déjà sous le coup de la mort civile, quand même elle n'existerait que sous condition résolutoire. Sans doute le condamné mourra deux fois au point de vue de la vie civile ; mais quelque étrange que cela puisse paraître, c'est un résultat forcé du système adopté par le législateur. La mort civile résoluble conduira en effet à la même situation, si, après le retour à la vie civile, une nouvelle condamnation vient frapper le même individu et lui infliger une peine emportant la privation des droits civils.

394. La représentation peut toutefois ne pas être suivie d'un jugement contradictoire. C'est ce qui aura lieu lorsque le prisonnier mourra avant l'arrêt. Dans ce cas, rigoureusement le Code civil ne reconnaissait pas la cessation de la mort civile à la représentation, mais cette décision était déjà vivement combattue. Maintenant, d'après le Code d'instruction criminelle, elle doit être formellement rejetée, de sorte qu'on peut dire que le contumax devenu simple accusé est mort dans l'intégrité de ses droits (1).

395. Si le contumax se représente volontairement ou est fait prisonnier, puis ensuite parvient à s'évader avant le jugement contradictoire, a-t-il recouvré la vie civile au moment de la représentation, et faut-il un nouveau jugement par contumace pour la lui faire perdre de nouveau? Sous le Code civil il n'en peut être ainsi, puisque la représentation ne produit la cessation de la mort civile que si elle est suivie d'un jugement contenant absolution ou condamnation légère, condition dont l'accomplissement n'a pas eu lieu dans l'espèce. Depuis le Code d'instruction criminelle le doute est possible. Toutefois, si l'on considère que dans l'esprit du législateur de cette époque, la représentation ne doit dans tous les cas avoir pour effet la réintégration des droits civils que si elle est sérieuse, c'est-à-dire si le contumax a la volonté persévérante de se soumettre à l'action de

(1) Merlin, *Rép.*, *Contumace*, § 3, nº 5. — Legraverend, tom. 2, ch. 9, sect. 2. — M. Dalloz, *Rép.*, *Droits civils*, sect. 3, art. 1, § 5, nº 9. — M. A. Dalloz, *Dict. gén.*, *Mort civile*, § 5, nº 95. — Delvincourt, tom. 1, L. I, t. 2, ch. 2, sect. 1, § 2. — M. Duranton, tom. 1, nº 238. — M. Demolombe, tom. 1, nº 229. — Sont opposés : M. Coin-Delisle, *Com. anal. du Cod. civil*, L. 1, t. 1, ch. 2, sect. 2, art. xxx, nº 1 ; M. Zachariæ, tom. 1, part. 1, sect. 5, nº 1, § 163 ; et M. Taulier, tom. 1, t. 1, ch. 2, sect. 2.

la justice et d'attendre l'arrêt de la cour d'assises, on sera convaincu que cette circonstance venant à manquer par suite de sa fuite, la représentation est privée de ses effets ordinaires, et entre autres du rétablissement des droits civils (1).

396. Quand le mort civilement recouvre la vie civile, il le fait seulement pour l'avenir (2), et cette restriction est profondément injuste. On n'a pas voulu qu'il pût venir troubler l'état des familles et contester les droits acquis par des tiers pendant la durée de la mort civile (3), après avoir compté peut-être sur le dépérissement des preuves de son crime, tandis qu'il dépendait de lui seul de se représenter avant l'expiration du délai de grâce de cinq ans. Mais il n'est pas équitable de révoquer la cause en laissant subsister l'effet, et de maintenir un état comme conséquence d'une condamnation quand l'innocence est démontrée. Quoi qu'il en soit, la loi est formelle sur ce point.

397. Les droits acquis par les tiers leur sont donc irrévocablement maintenus. Aussi les héri-

---

(1) Legraverend, tom. 2, ch. 9, sect. 2. — M. Dalloz, *Rép.*, *Droits civils*, sect. 3, art. 1, § 5, nᵒˢ 7 et 8. — M. A. Dalloz, *Dict. gén.*, *Mort civile*, § 5, nᵒ 92. — M. Zachariæ, tom. 1, part. 1, sect. 5, nᵒ 1, § 165. — M. Coin-Delisle, *Comm. anal. du Cod. civ.*, L. I, t. 1, ch. 2, sect. 2, art. xxx, nᵒ 1. — Sont opposés : M. Duranton, tom. 1, nᵒ 238; et M. Demolombe, tom. 1, nᵒ 229.

(2) Code civil, art. 30. — Code d'instr. criminelle, art. 476.

(3) Treilhard, *Exposé des motifs* du t. 1, L. I du Cod. civ.

tiers du contumax réintégré ne lui rendent-ils pas les biens dont il était propriétaire au moment de la mort civile. Il en serait autrement si l'on adoptait l'opinion d'après laquelle, en cas de contumace, le séquestre continue d'exister pendant vingt ans, sans que la succession du mort civilement soit ouverte, parce qu'alors seulement il ne peut plus purger sa contumace (1). Mais la mort civile a été encourue, et ses effets sont définitifs ; par conséquent la succession a dû s'ouvrir, car il n'y a pas deux sortes de mort civile(2).

De même le mort civilement ne peut rien réclamer des successions échues pendant la mort civile (3), ni même de celle du défunt dont la mort lui a été imputée par le jugement par contumace, l'indignité n'étant également anéantie que pour l'avenir (4).

398. Le legs fait à un mort civilement est valable, quand il a recouvré la vie civile au moment du décès du testateur, ou même au moment de

______

(1) Delvincourt, tom. 1, L. I, t. 2, ch. 2, sect. 1, § 2.

(2) Cass., arrêt du 1er février 1842, Dal., P., 1842, 1, 81. — Toullier, tom. 1, n° 293. — Proudhon, *Cours de dr. fr.*, tom. 1, ch. 10, sect. 2. — M. Duranton, tom. 1, n° 236. — M. Marcadé, tom. 1, art. xxviii, n° 3. — M. Demolombe, tom. 1, n° 230. — M. Taulier, tom. 1, t. 1, ch. 2, sect. 2.

(3) Cass., arrêts du 28 juin 1809 et du 29 décembre 1809.

(4) M. Dalloz, *Rép.*, *Droits civils*, sect. 3, art. i, § 5, n° 18. — M. A. Dalloz, *Dict. gén.*, *Mort civile*, § 5, n° 105. — M. Duranton, tom. 6, n° 99.

l'événement de la condition si le legs est conditionnel (1). Le contumax après sa réintégration peut également accepter valablement une donation antérieure, si le donateur vit encore, et s'il ne l'a pas révoquée (2).

599. Que deviendra le testament du mort civilement après la restitution légale ? Pour résoudre cette question il faut rechercher quel était l'état du testateur au moment de la confection de cet acte de dernière volonté.

Si le testament remonte à une époque antérieure à l'exécution par effigie, il sera valable, car l'incapacité pendant le temps intermédiaire est considérée comme sans effet. Sseulement il ne pourra avoir pour objet que les biens acquis par le mort civilement depuis la mort civile, les autres ayant été donnés irrévocablement aux héritiers (3).

Si le testament au contraire est postérieur à l'exécution par effigie, il est nul parce qu'au moment de sa confection il manquait au testateur soit

(1) M. A. Dalloz, *Dict. gén.*, *Mort civile*, § 5, n° 106. — M. Duranton, tom. 8, n° 230.

(2) M. A. Dalloz, *Dict. gén.*, *Mort civile*, § 5, n° 107. — M. Duranton, tom. 8, n° 234.

(3) Delvincourt, tom. 1, L. I, t. 2, ch. 2, sect. 1, § 2. — M. Dalloz, *Rép.*, *Droits civils*, sect. 3, art. 1, § 5, n° 19. — M. A. Dalloz, *Dict. gén.*, *Mort civile*, § 5, n° 112. — M. Duranton, tom. 8, n° 174.

l'exercice, soit la jouissance de ses droits civils (1); or, ce qui est nul lors de sa création ne peut être valable plus tard par la seule expiration de quelques années et la réintégration dans la capacité nécessaire pour pouvoir faire un acte de même nature.

400. Le mariage du contumax qui renaît à la vie civile reste à jamais dissous. Il n'y a donc pas résurrection de la puissance maritale et des conventions matrimoniales, simples accessoires de l'union des époux. S'il veut vivre légitimement avec son ancien conjoint comme avant la mort civile, il lui faudra procéder à une nouvelle célébration, puisque la privation de la vie civile par suite d'une condamnation par contumace ne laisse pas survivre le mariage jusqu'à ce qu'elle soit définitive (2).

401. La réintégration restitue les droits de fa-

(1) Delvincourt, tom. 1, L. I, t. 2, ch. 2, sect. 1, § 2. — M. Dalloz, *Rép.*, *Droits civils*, sect. 3, art. 1, § 5, n° 19. — M. A. Dalloz, *Dict. gén.*, *Mort civile*, § 5, n°s 109, 110 et 111. — M. Duranton, tom. 8, n°s 175, 176 et 177.

(2) Proudhon, *Cours de dr. fr.*, tom. 1, ch. 10, sect. 3, et *Tr. des dr. d'us.*, tom. 4, ch. 42, sect. 2, n° 2020. — M. Dalloz, *Rép.*, *Droits civils*, sect. 3, art. 1, § 3, n° 4, et sect. 3, art. 1, § 5, n° 20. — M. A. Dalloz, *Dict. gén.*, *Mort civile*, § 5, n°s 113 et 114. — M. Valette, *sur Proudhon*, tom. 1, ch. 22, sect. 10. — M. Demolombe, tom. 1, n° 231. — M. Marcadé, tom. 1, art. ccxxvii. — Sont opposés : la cour d'Angers, arrêt du 21 août 1840, Dal., P., 1840, 2, 243 ; M. Duranton, tom. 1, n° 253 ; et M. Taulier, tom. 1, t. 1, ch. 2, sect. 2.

mille, car les liens de parenté sont indestructibles (1). Il pourra donc se faire que le condamné après la restitution deviendra l'héritier de celui qui lui a succédé au moment où il a encouru la mort civile (2). Il recouvre également la puissance paternelle (3), mais il ne peut pas rescinder l'émancipation de ses enfants si elle a eu lieu (4). Il a droit aussi à l'usufruit légal sur les biens de ses enfants, suite ordinaire de la puissance paternelle (5). Les enfants auxquels il a donné le jour pendant la mort civile sont illégitimes, mais ils sont susceptibles d'être légi-

(1) Merlin, *Quest. de dr.*, *Émigrés*, § 4. — Proudhon, *Cours de dr. fr.*, tom. 1, ch. 10, sect. 2, et *Tr. des dr. d'us.*, tom. 1, ch. 42, sect. 2, n° 2018. — M. Dalloz, *Rép.*, *Droits civils*, sect. 3, art. I, § 5, n° 22. — M. A. Dalloz, *Dict. gén.*, *Mort civile*, § 5, n° 115. — M. Duranton, tom. 1, n° 239. — M. Marcadé, tom. 1, art. XXX, n° 6. — M. Demolombe, tom. 1, n° 232.

(2) M. Duranton, tom. 1, n° 239. — M. Demolombe, tom. 1, n° 232.

(3) Merlin, *Quest. de dr.*, *Émigrés*, § 4. — Proudhon, *Cours de dr. fr.*, tom. 1, ch. 10, sect. 2, et *Tr. des dr. d'usuf.*, tom. 4, ch. 42, sect. 2, n° 2018. — M. Dalloz, *Rép.*, *Droits civils*, sect. 3, art. I, § 5, n° 22. — M. A. Dalloz, *Dict. gén.*, *Mort civile*, § 5, n° 115. — M. Demolombe, tom. 1, n° 232.

(4) M. Dalloz, *Rép.*, *Droits civils*, sect. 3, art. I, § 5, n° 22. — M. A. Dalloz, *Dict. gén.*, *Mort civile*, § 5, n° 116.

(5) Code civil, art. 384. — Proudhon, *Cours de dr. fr.*, tom. 1, ch. 10, sect. 2, et *Tr. des dr. d'usuf.*, tom. 4, ch. 42, sect. 2, n° 2019. — M. Dalloz, *Rép.*, *Droits civils*, sect. 3, art. I, § 5, n° 23. — M. A. Dalloz, *Dict. gén.*, *Mort civile*, § 5, n° 117. — M. Demolombe, tom. 1, n° 232.

timés par mariage subséquent ou reconnus après la réintégration du contumax (1).

402. Quelque incomplète que soit la restitution du contumax dont la représentation a amené la cessation de la mort civile pour l'avenir, la faculté d'obtenir la réintégration dans la vie civile n'en est pas encore moins un bienfait de la loi. Devait-on cependant permettre au condamné par contumace de demander à prouver son innocence lorsqu'il n'existera plus de preuves du crime? Fallait-il ne pas voir dans les angoisses du contumax, naturelles dans sa position, bien qu'elles se fussent longtemps prolongées, une punition assez complète de l'acte criminel pour lequel il avait été frappé? Le législateur ne l'a pas pensé. Il a reconnu en principe que toute peine en matière criminelle se prescrirait par le laps de vingt ans écoulés sans exécution depuis le jour de la condamnation (2). La société est satisfaite après un intervalle aussi long; et comme on a perdu le souvenir de l'événement, il n'a pas été jugé utile de le raviver par de nouvelles poursuites.

403. Lors donc que la peine est prescrite, le contumax ne peut plus être jugé, ni demander à

(1) M. Zachariæ, tom. 1, part. 1, sect. 5, n° 3, § 167 2°. — M. Marcadé, tom. 1, art. xxx, n° 7.

(2) Code d'instruction criminelle, art. 635.

l'être (1). Tout est consommé à son égard. Il reste libre ; seulement il lui est interdit de demeurer dans le département où réside celui contre la personne ou la propriété duquel le crime a été commis, ou ses héritiers directs. Le gouvernement peut, en outre, lui assigner le lieu de son domicile (2).

404. La prescription de la peine ne réintègre pas le condamné dans ses droits civils pour l'avenir ; telle est la disposition précise de la loi (3). Combattue au conseil d'État, parce qu'on ne voulait pas laisser survivre l'accessoire au principal, l'effet à la cause, et parce que vingt ans d'exil paraissaient suffire pour l'expiation des plus grands crimes, elle fut votée cependant. Le délai pour purger la contumace parut assez long, et l'on ne voulut voir aucune présomption d'innocence en faveur de celui qui ne s'est représenté qu'après son expiration (4).

405. Puisque d'une part il n'est pas permis à

(1) Code d'instruction criminelle, art. 635. — M. Dalloz, *Rép.*, *Droits civils*, sect. 3, art. 1, § 5, subd. 5, n° 12. — M. Duranton, tom. 1, n° 242. — M. Zachariæ, tom. 1, part. 1, sect. 5, n° 1, § 165. — M. Marcadé, tom. 1, art. xxxii. — M. Demolombe, tom. 1, n° 233. — M. Taulier, tom. 1, t. 1, ch. 2, sect. 2.

(2) Code d'instruction criminelle, art. 635.

(3) Code civil, art. 32.

(4) Discours au conseil d'État, Tronchet, Malleville et Defermon.

celui dont la condamnation n'est plus possible de demander à paraître devant la justice pour prouver son innocence, et que d'un autre côté la prescription de la peine non exécutée ne peut entraîner celle de la mort civile, qui a toujours accompagné le contumax à partir du moment où elle a été encourue, après vingt ans depuis le jugement sans représentation, la privation de la vie devient irrévocable pour le condamné par contumace (1).

406. La révision, dont l'application est fort restreinte et ne peut être demandée que quand il n'y a pas d'autre moyen de revenir sur la condamnation, est un autre mode de restitution légale. Abolie par la Constituante, et remise en vigueur par l'Assemblée législative (2), la révision ne fut pas révoquée par le Code de brumaire an iv, ni par le sénatus-consulte relatif au rétablissement du droit de grâce (3).

(1) Toullier, tom. 1, n° 294. — Delvincourt, tom. 1, L. I, t. 2, ch. 2, sect. 1, § 2. — M. Duranton, tom. 1, n° 242. — M. Zachariæ, tom. 1, part. 1, sect. 5, n° 1, § 165. — M. Marcadé, tom. 1, art. xxxii. — M. Valette, *sur Proudhon*, tom. 1, ch. 10, sect. 1. — M. Demolombe, tom. 1, ch. 2, § n° 233. — M. Taulier, tom. 1, t. 1, ch. 2, sect. 2.

(2) Décrets du 10 août 1792 et du 13 mai 1793. — Carnot, *Inst. crim.*, tom. 2, L. II, t. 3, ch. 3, n°s 3 et 4.

(3) Cass., arrêts des 30 novembre 1810 et 27 juin 1811, Dal., P., 1810, 1, 86. — Carnot, *Instr. crim.*, tom. 2, L. II, t. 3, ch. 3, n°s 5 et 6.

Le Code d'instruction criminelle la maintint également; mais il ne l'autorisa qu'en matière de grand criminel, et dans trois cas spéciaux, en chargeant la cour de cassation de l'accorder quand elle jugerait que l'on se trouverait dans l'un des trois cas désignés. Lorsqu'elle est obtenue, celui qui est déchargé de l'accusation est censé n'avoir jamais été condamné, et tous les effets de la première sentence, et parmi eux la mort civile, disparaissent même pour le passé (1).

407. Les trois cas dans lesquels seuls la révision peut être obtenue, sans qu'on puisse jamais opposer la prescription, sont : quand l'accusé est condamné et qu'un autre individu a été déjà condamné pour le même crime, les deux arrêts étant inconciliables (2); quand, après une condamnation pour homicide, des pièces représentées postérieurement à l'arrêt donnent des indices suffisants de l'existence de la personne prétendue homicidée (3), et c'est même le seul cas où la révision peut être demandée après le décès du condamné, la procédure se faisant alors par l'intermédiaire d'un curateur à la mémoire nommé par la cour de cas-

(1) D'Aguesseau, 57e plaidoyer. — Legraverend, tom. 2, ch. 17. — M. A. Dalloz, *Dict. gén.*, *Révision*, nos 1 et suiv.
(2) Code d'instruction criminelle, art. 443.
(3) Code d'instruction criminelle, art. 444.

sation (1) ; quand enfin la condamnation a suivi la déposition de témoins à charge condamnés depuis pour faux témoignage dans l'affaire (2).

408. La réhabilitation est aussi un moyen de faire disparaître les incapacités ; mais elle ne peut pas s'appliquer au mort civilement. En effet, elle a lieu seulement lorsque la peine a été subie entièrement ; or la mort civile ne résulte que d'une condamnation à une peine perpétuelle (3).

409. Outre les restitutions légales, le condamné peut encore espérer une restitution gracieuse dérivant de la seule volonté du souverain.

410. Et d'abord nous avons vu déjà qu'après de longues discussions au conseil d'État on avait fini par autoriser le gouvernement, en 1810, à accorder au déporté l'exercice de tous ou quelques droits civils dans le lieu de la déportation (4). La même faculté lui fut conservée en 1832, avec suppression toutefois de cette dernière limitation (5).

La capacité du déporté dépendra donc de la volonté du roi. Il jouira des droits qu'on aura bien

____

(1) Code d'instruction criminelle, art. 447.
(2) Code d'instruction criminelle, art. 445.
(3) Code civil, art. 24.
(4) Code pénal de 1810, art. 18.
(5) Code pénal, art. 18.

voulu lui accorder pour l'avenir, mais de ceux-là seuls (1).

411. Quant au droit de grâce proprement dit , supprimé par le droit intermédiaire (2), il fut rétabli par le Sénat (3) et maintenu par la Charte (4). Le roi , dans l'état actuel de la législation , a le droit de faire grâce, c'est-à-dire de remettre entièrement la peine, et celui de commuer les peines, c'est-à-dire d'en substituer une plus douce à celle que doit subir le condamné.

412. La grâce se donne au moyen de lettres qui, pour produire leur effet, doivent être entérinées par une cour royale (5). Le roi d'ailleurs ne doìt compte à personne des motifs par suite desquels il l'accorde.

413. Quels seront les effets de la grâce? Elle fait, sans aucun doute, cesser la peine. Mais laisse-t-elle subsister la mort civile? Aucun texte ne vient éclairer la question.

D'après quelques auteurs , décider la négative serait permettre de léser les droits des tiers, ce qui n'est pas possible. Ils refusent donc aux let-

(1) M. Faustin-Hélie, *Th. du Cod. pén.*, tom. 1, ch. 6. — M. Demolombe, tom. 1, n° 213.

(2) Code du 25 septembre 1791, part. 1, L. VII, art. xiii.

(3) Sénatus-consulte du 16 thermidor an x.

(4) Charte de 1814, art. lxvii. — Charte de 1830, art. lviii.

(5) Décret du 6 juillet 1811.

tres de grâce, destinées simplement à mettre fin à la peine principale et directe, le pouvoir de rendre la vie civile pour l'avenir, même quand elles contiennent une mention expresse à ce sujet (1). Mais la plupart des jurisconsultes et la jurisprudence accordent, au contraire, au roi le droit d'anéantir la mort civile en respectant les droits acquis par les tiers (2). Les lettres de grâce ne produisent cependant ce résultat que si elles en expriment la volonté (3). Elles règlent donc l'état du gracié, qui n'a que ce qu'on lui donne pour l'avenir seulement, et ainsi elles ne nuisent pas aux tiers dans leurs droits acquis, mais leur enlèvent uniquement des espérances purement éventuelles. Si elles gardent le silence sur les droits civils du gracié, les lettres de grâce emportent

____

(1) Favard de Langlade, *Rép.*, *Réhabilitation*, § 3. — M. Foucart, *Tr. de dr. adm.*, tom. 1, p. 115. — M. Trolley, *Tr. de dr. adm.*, tom. 1, p. 148.

(2) Merlin, *Rép.*, *Mort civile*, § 1, art. vi, n° 5. — Toullier, tom. 1, n° 291. — Proudhon, *Tr. des dr. d'usuf.*, tom. 4, n° 2023. — Legraverend, tom. 2, ch. 18, § 5. — M. Duranton, tom. 1, n° 240. — M. A. Dalloz, *Dict. gén.*, *Amnistie*, art. ii, n° 157. — M. Richelot, tom. 1, p. 178. — M. Marcadé, tom. 1, art. xxxiii, n° 4. — M. Demolombe, tom. 1, n° 235. — M. Taulier, tom. 1, t. 1, ch. 2, sect. 2. — Cour de Rouen, arrêt du 23 avril 1845, Dal., P., 1845, 2, 350.

(3) Rouen, arrêt du 23 avril 1845, Dal., P., 1845, 4, 350. — Nancy, arrêt du 21 novembre 1846, Dal., P., 1847, 2, 48. — Proudhon, *Tr. des dr. d'us.*, tom. 4, n° 2023. — M. Marcadé, tom. 1, art. xxxiii, n° 4. — M. Demolombe, tom. 1, n° 235.

simplement la remise de la peine et le laissent en état de mort civile. Quant au passé, elles ne produisent jamais aucun effet, la rétroactivité n'étant pas admise en cette matière (1).

414. La grâce obtenue après l'exécution de la peine peut donc, dans certains cas, réintégrer l'impétrant dans sa vie civile; et si elle précède, au contraire, l'exécution, elle a pour effet d'empêcher la mort civile elle-même de naître en mettant obstacle à l'exécution, sans laquelle elle n'existe pas (2).

415. Le roi peut faire grâce à tout condamné; mais, en fait, on ne gracie plus le contumax dont la représentation suffit pour faire tomber la condamnation (3). Cependant, légalement, ce serait possible, et après la prescription de la peine, la grâce aurait encore un but, celui de lui rendre la vie civile (4).

---

(1) Merlin, *Rép.*, *Mort civile*, § 1, art. vi, n° 5. — Legraverend, tom. 2, ch. 18, § 5. — M. Duranton, tom. 1, n° 240. — M. Richelot, tom. 1, p. 178. — M. Marcadé, tom. 1, art. xxxiii, n° 4. — M. Demolombe, tom. 1, n° 235. — Cass., arrêt du 1er février 1842, Dal., P., 1842, 1, 81. — M. Taulier, tom. 1, t. 1, ch. 2, sect. 2.

(2) M. Duranton, tom. 1, n° 240. — M. Marcadé, tom. 1, article xxxiii, n° 4. — M. Demolombe, tom. 1, n° 235. — M. Taulier, tom. 1, t. 1, ch. 2, sect. 2.

(3) Legraverend, tom. 2, ch. 18, § 5.

(4) M. Marcadé, tom. 1, art. xxxiii, n° 4, l'interdit pour un contumax.

416. Quant à la commutation de peine, lorsqu'elle arrive avant l'exécution de la condamnation, si la nouvelle peine substituée à la première n'entraîne pas mort civile, le condamné évite la perte de ses droits civils. Mais quand elle n'est obtenue qu'après la privation de la vie civile, le mort civilement, lors même que la nouvelle peine est temporaire, reste tel si les lettres de commutation ne lui font pas remise spéciale de la mort civile (1).

Après la prescription de la peine, il ne peut plus y avoir de commutation, car il n'existe plus de peine à laquelle on puisse en substituer une autre. Pendant la contumace il est dans l'usage de ne rien changer à la condamnation, que le contumax a toujours la faculté de faire tomber par sa représentation (2).

417. Outre la grâce proprement dite, c'est-à-dire la remise individuelle de la peine, il est encore un autre acte de faveur souveraine, l'amnistie, par suite duquel la mort civile peut être anéantie. L'amnistie a pour but, soit de faire cesser la peine, soit même d'arrêter les poursuites

______

(1) M. Zachariæ, tom. 1, part. 1, sect. 5, § 165. — M. Marcadé, tom. 1, art. xxxiii, n° 4. — M. Demolombe, tom. 1, n° 235. — M. Taulier, tom. 1, t. 1, ch. 2, sect. 2.

(2) M. Marcadé, tom. 1, art. xxxiii, n° 4.

commencées, mais d'une manière collective (1).
Au lieu d'avoir en vue dans ce cas les individus
comme dans la grâce, le pouvoir songe au délit sans
nommer le plus souvent les personnes amnistiées ;
au lieu de se préoccuper d'un intérêt particulier,
il prend en considération l'utilité générale.

L'amnistie, acte d'ordre public, a et doit avoir
des effets plus étendus que la grâce. Destinée à
effacer tout vestige du crime, elle demande l'oubli
de la condamnation et de toutes ses conséquences.
Dès lors le condamné, s'il avait perdu la vie civile, la recouvre, sans qu'il soit besoin de trouver
une disposition expresse à ce sujet dans l'acte
d'amnistie. Mais d'un autre côté, elle peut n'être
pas pleine et entière, et dans ce cas la restriction
imposée doit être exécutée, et par conséquent laisser subsister la mort civile, si telle a été la volonté
exprimée dans l'acte de pardon (2). D'ailleurs,
quand la mort civile vient à cesser pour l'amnistié,

(1) Cass., arrêt du 19 juillet 1839, Dal., P. 1839, 1, 361. — M. de
Peyronnet, *Pensées d'un pris.* — M. Mangin, *Tr. de l'act. publ.*, tom. 2,
n° 442. — Legraverend, tom. 2, ch. 19. — M. Dalloz, *Rép.*,
2e édit., *Amnistie*, art. II, n° 9. — M. Demolombe, tom. 1, n° 236.

(2) Cass., arrêt du 11 juin 1825, Dal., P., 1825, 1, 395 ; arrêt du 29
juin 1829, Dal., P., 1829, 1, 277 ; arrêt du 7 mars 1844, Dal., P., 1844,
1, 222. — Merlin, *Quest. de dr.*, *Amnistie*, § 5. — Carnot, *Com.
sur le Cod. pén.*, tom. 1, art. I, n° 14. — Legraverend, tom. 2,
ch. 19. — M. de Peyronnet, *Pensées d'un pris.*, ch. 14. — M. Rauter, *Tr. de dr. crim.*, tom. 2, n° 866. — M. Mangin, *Tr. de l'act.
publ.*, tom. 2, n° 448. — M. Faustin-Hélie, *Th. du Cod. pén.*, tom. 1.

c'est pour l'avenir seulement, car l'équité veut qu'on respecte les droits acquis des tiers (1).

418. Cependant pour produire de tels effets, l'amnistie doit avoir été accordée par le pouvoir compétent. Or cette faculté d'amnistier est-elle une prérogative de l'autorité royale? Ou bien appartient-elle au roi et aux deux Chambres, c'est-à-dire au pouvoir législatif? Les deux systèmes sont vivement soutenus.

En faveur du pouvoir législatif, on invoque le silence de la Charte. Elle accorde sans doute au roi le droit de grâce (2), mais elle lui refuse celui de suspendre les lois et de dispenser de leur exécution (3). C'était tellement senti par le pouvoir exécutif lui-même que l'empereur, dans l'acte additionnel, a cru devoir dire que le droit d'am-

---

ch. 9. — M. Le Sellyer, *Tr. des act. publ. et priv.*, tom. 5, n° 2157. — M. A. Dalloz, *Dict. gén.*, *Amnistie*, n°s 4, 99 et 3. — M. Dalloz, *Rép.*, 2ᵉ édit., *Amnistie*, art. v, n° 117. — M. Demolombe, tom. 1, n° 236.

(1) Cass., arrêt 8 fév. 1817, Dal., P., 1817, 1, 63; arrêt du 11 juin 1825, Dal., P., 1825, 1, 395; arrêt du 24 septembre 1838, Dal., P., 1838, 1, 482; arrêt du 1ᵉʳ février 1842, Dal., P., 1842, 1, 81. —Carnot, *Inst. crim.*, tom. 2, L. II, t. 3, ch. 3, n° 7. — M. Rauter, *Tr. de dr. crim.*, tom. 2, n° 866. — M. Mangin, *Tr. de l'act. publ.*, tom. 2, n° 446. — M. Le Sellyer, *Tr. des act. publ.*, tom. 5, n° 2162. — M. Demolombe, tom. 1, n° 236. — M. Dalloz, *Rép.*, 2ᵉ édit., *Amnistie*, art. 5, n° 139. — Legraverend, tom. 2, ch. 19, est d'un avis contraire.

(2) Charte de 1830, art. LVIII.

(3) Charte de 1830, art. XIII.

nistier lui appartiendrait exclusivement (1). Les différences radicales entre la grâce et l'amnistie empêchent donc de les faire dériver légalement d'un acte émané de la seule volonté royale (2).

Pour l'opinion contraire, on remarque avec raison que le droit de grâce, attribut de la royauté, comporte dans son sens général aussi bien le droit d'arrêter les poursuites que celui de dispenser de la peine. Dès lors, si le droit public et les anciens usages ne suffisent pas pour fonder le droit du pouvoir royal, la Charte elle-même tranche la question en sa faveur (3). N'est-ce pas d'ailleurs le seul moyen propre à faire produire les effets qu'on doit attendre d'un tel acte? Appeler les Chambres à voter sur de pareilles matières, n'est-ce pas, sinon empêcher l'amnistie elle-même, au moins renoncer à choisir l'opportunité d'une mesure aussi éminemment politique. On oppose un article de la Charte (4), mais il est évident d'après les faits historiques, qu'il n'a pas eu pour but de restreindre sur ce point les prérogatives royales. Il a voulu simplement prévenir l'inter-

---

(1) Acte additionnel du 22 avril 1815, art. LVII.

(2) M. Rauter, *Tr. de dr. crim.*, tom. 2, n° 886. — M. Dupin, *Encyclop. du dr.*, *Amnistie*, n° 20. — M. Demolombe, tom. 1, n° 236.

(3) Charte de 1830, art. LVIII.

(4) Charte de 1830, art. XIII.

prétation donnée à l'un des articles de la Charte de 1814 (1). D'ailleurs, s'il en était autrement, il serait en contradiction formelle avec la disposition d'après laquelle le roi seul jouit du droit de grâce, car en remettant la peine le roi dispense de l'exécution des lois au même degré que quand il proclame une amnistie. Une ordonnance d'amnistie sans intervention des Chambres est donc valable sous la constitution qui nous régit actuellement. Sans doute le concours des deux Chambres peut être sollicité par le pouvoir royal, mais rien ne l'oblige à prendre cette voie (2).

§ II. — De la cessation de l'infamie.

419. La dégradation civique, suite légale de toute condamnation à une peine afflictive et infamante à temps, ou simplement infamante, entraîne pour le condamné des incapacités qui le suivent partout et ne finissent pas avec la peine elle-même (3). Peu importe d'ailleurs que la condamnation soit contradictoire ou par contumace, si le

(1) Charte de 1814, art. xiv.

(2) Cass., arrêt du 1er septembre 1837, Dal., P., 1838, 1, 6 ; arrêt du 19 juillet 1839, Dal., P., 1839, 1, 361. — Carnot, *Inst. crim.*, tom. 2, L. III, t. 3, ch. 5, n° 14. — Legraverend, tom. 2, ch. 19. — M. Mangin, *Tr. de l'act. publ.*, tom. 2, n° 445. — M. Le Sellyer, *Tr. des act. publ.*, tom. 5, n° 2144. — M. Dalloz, *Rép.*, 2ᵉ édition, *Amnistie*, art. iii, n°ˢ 23 et 3.

(3) Merlin, *Rép.*, *Infamie*, n° 4.

délai pour se représenter est entièrement écoulé. L'interdiction légale, dont le condamné contradictoirement est frappé pendant la durée de la peine afflictive, cesse seule à l'expiration de celle-ci.

420. Contre ces incapacités, il est également deux sortes de restitution.

Celle par justice a lieu pour le contumax dont la représentation est suivie d'un acquittement, d'une absolution ou d'une condamnation à une simple peine correctionnelle. Elle se présente encore lorsque le condamné obtient la révision de son arrêt dans les cas énumérés plus haut (1).

421. La prescription de la peine anéantit la peine elle-même et fait cesser la contumace avec ses effets, mais elle laisse subsister la privation de certains droits civils, suite de la condamnation infamante devenue irrévocable (2).

422. Nous avons reconnu à la grâce le pouvoir de rendre la vie civile, nous pensons donc également qu'elle peut faire cesser la privation partielle des droits civils; seulement, pour produire cet effet, les lettres de grâce doivent en contenir l'expression formelle (3).

(1) Code d'instruction criminelle, art. 443, 444, 445.
(2) Carnot, *Inst. crim.*, tom. 2, L. 2, t. 7, ch. 5, n° 13.
(3) Avis du conseil d'État du 8 janvier 1823. — Legraverend, tom. 2, ch. 18, § 5. — M. Dalloz, *Rép., Droits civils*, sect. 3, art. 1, § 5, subd. 2.

L'amnistie rend aussi la jouissance des droits civils. Il n'est pas nécessaire qu'il soit statué expressément sur ce point dans l'acte de clémence royale.

423. La réhabilitation est encore un moyen dont peut user le condamné pour être rétabli dans ses droits civils pour l'avenir, en mettant fin aux incapacités dont il est atteint. Elle se faisait depuis la Constituante par le concours des autorités municipale et judiciaire ; mais cette dernière ne jouait qu'un rôle purement passif, car sur l'attestation du conseil général de la commune, le président du tribunal devait la prononcer sans examen (1).

D'après le Code d'instruction criminelle, et sans qu'il soit besoin comme auparavant du payement préalable des réparations civiles (2), après cinq ans de résidence dans une commune (3), au lieu de deux, le condamné peut former une demande en réhabilitation. Mais pour arriver à l'obtenir, il lui faut recourir au pouvoir municipal, au pouvoir judiciaire et au pouvoir royal. En effet, après des attestations de bonne conduite délivrées par les conseils municipaux des lieux où il a résidé depuis

---

(1) Carnot, *Instr. crim.*, tom. 2, L. II, t. 7, ch. 4, n° 5. — Merlin, *Rép.*, *Réhabilitation*, § 1ᵉʳ, n° 2. — M. A. Dalloz, *Dict. gén.*, *Réhabilitation*, n° 5.

(2) Carnot, *Inst. crim.*, tom. 2, L. II, t. 7, ch. 4, n° 6. — M. A. Dalloz, *Dict. gén.*, *Réhabilitation*, n° 16.

(3) Code d'instruction criminelle, art. 619.

l'expiration de sa peine, approuvées par le sous-préfet, le procureur du roi et le juge de paix (1), après la publication de la demande (2) et l'avis favorable de la cour royale rendu sur les conclusions du procureur général (3), rapport est fait au roi (4) qui prononce définitivement et accorde ou refuse les lettres de réhabilitation (5). Lorsque la cour royale a donné un avis défavorable, une demande nouvelle ne peut être formée qu'après un nouveau délai de cinq ans (6).

424. Les lettres de réhabilitation sont transcrites en marge de la minute de l'arrêt de condamnation, et adressées à la cour qui donne son avis (7). Elles font cesser les incapacités du jour où il en est donné connaissance aux parties (8).

Tout condamné avant le Code d'instruction criminelle pouvait y prétendre (9). Depuis, les récidivistes ne peuvent plus être réhabilités (10). La

(1) Code d'instruction criminelle, art. 620.
(2) Code d'instruction criminelle, art. 625.
(3) Code d'instruction criminelle, art. 626.
(4) Code d'instruction criminelle, art. 630.
(5) Code d'instruction criminelle, art. 631.
(6) Code d'instruction criminelle, art. 629.
(7) Code d'instruction criminelle, art. 632.
(8) Code d'instruction criminelle, art. 633. — Avis du conseil d'État du 12 prairial an XIII.
(9) Carnot, *Instr. crim.*, tom. 2, L. II, t. 7, ch. 4, n° 7. — M. A. Dalloz, *Dict. gén.*, *Réhabilitation*, n° 9.
(10) Code d'instruction criminelle, art. 634.

condition première pour obtenir la réhabilitation, c'est d'avoir subi sa peine, de sorte que le contumax et celui qui a prescrit sa peine sont exclus (1). Elle s'applique, du reste, aussi bien aux condamnés à des peines purement infamantes qu'à ceux frappés par des peines tout à la fois infamantes et afflictives (1).

§ III. — De la cessation de l'interdiction à temps de certains droits civiques, civils et de famille.

425. En matière correctionnelle il n'y a pas lieu à la réhabilitation, car la condamnation n'est pas infamante. Les incapacités qui naissent de l'interdiction de certains droits civiques, civils ou de famille, cessent quand le temps fixé par le tribunal dans son jugement est expiré, ou lorsque le condamné en obtient la remise par le moyen de la grâce. Dans ces deux cas, il recouvre la jouissance de tous les droits dont il avait été privé par la condamnation.

(1) Code d'instruction criminelle, art. 619. — Merlin, *Rép.*, *Réhabilitation*, § 1, n° 3. — Carnot, *Inst. crim.*, tom. 2, art. DCXIX. Delvincourt, tom. 1, L. 1, t. 2, ch. 2, sect. 2. — M A. Dalloz, *Dict. gén.*, *Réhabilitation*, n° 9.

(2) Carnot, *Inst. crim.*, tom. 2, art. DCXIX, et *Còm. sur le Cod. pén.*, tom. 1, art. XXXIV, n° 5. — Bourguignon, *Jurisp. des Cod. crim.*, tom. 2, art. DCXIX. — M. Dalloz, *Rép.*, *Droits civils*, sect. 3, art. II, § 2, n° 5. — M. A. Dalloz, *Dict. gén.*, *Réhabilitation*, n°s 10 et 11. — Legraverend, tom. 2, n° 20, est d'un autre avis.

TABLE DES MATIÈRES.

PREMIÈRE PARTIE.

DROIT ROMAIN.

CHAP. I. — **Des peines emportant altération de la capacité des condamnés.**

§ III. — De l'Infamie.

CHAP. II. — Du moment où commence l'altération de la capacité des condamnés.

§ I. — Du moment où commence la mort civile.

§ II. — De l'infamie.

CHAP. IV. — De la cessation de l'altération de la capacité des condamnés.

§ I. — De la cessation de la mort civile.

§ II. — De la cessation de l'infamie.

SECTION II.

DROIT NOUVEAU.

CHAP. I. — Des peines emportant altération de la capacité des condamnés.

CHAP. II. — Du moment où commence l'altération de la capacité
des condamnés.

§ I. — Du moment où commence la mort civile.

CHAP. IV. — De la cessation de l'altération de la capacité des condamnés.

§ 1. — De la cessation de la mort civile.

§ II. — De la cessation de l'infamie.

§ III. — De la cessation de l'interdiction à temps de certains droits
civiques, civils et de famille.

FIN.

www.ingramcontent.com/pod-product-compliance
Lightning Source LLC
Chambersburg PA
CBHW061302030726
47595CB00001B/179